LES AMBITIONS INAVOUÉES

Du même auteur

Guerres invisibles. Nos prochains défis géopolitiques, Paris, Tallandier, 2021 ; « Texto », 2022.

L'Affolement du monde. 10 enjeux géopolitiques, Paris, Tallandier, 2019 ; « Texto », 2020 (prix Louis Marin, prix du livre géopolitique).

Notre intérêt national. Quelle politique étrangère pour la France ?, codirigé avec Thierry de Montbrial, Paris, Odile Jacob, 2017.

Le Retour du risque géopolitique. Le triangle stratégique Russie, Chine, États-Unis, Paris, Institut de l'entreprise/Ifri, 2016.

Russian Energy Security and Foreign Policy, codirigé avec Adrian Dellecker, Londres, Routledge, 2011.

Russian Civil-Military Relations. Putin's Legacy, Washington, Carnegie Endowment for International Peace, 2008.

Double Détente. Les relations franco-soviétiques de 1958 à 1964, Paris, Publications de la Sorbonne, 2003 (prix Jean-Baptiste Duroselle).

Un lycée dans la tourmente. Jean-Baptiste Say (1934-1944), dirigé par Jean-Pierre Levert avec Alexis Merville, Paris, Calmann-Lévy, 1994.

Thomas Gomart

LES AMBITIONS INAVOUÉES

Ce que préparent les grandes puissances

Tallandier
ESSAIS

48, rue du Faubourg-Montmartre – 75009 Paris
www.tallandier.com

À Bénédicte,
en souvenir du 20 août 2007.

Prologue

Potsdam, château de Cecilienhof, juin 2005 : « Vous qui êtes français, je voudrais vous montrer quelque chose. » Devant une vitrine, Richard von Weizsäcker (1920-2015), ancien président de la République fédérale d'Allemagne, pointe une archive de mars 1945 : le projet de démembrement du Reich en cinq États indépendants préparé par la diplomatie britannique. « Voilà ce à quoi nous avons échappé », me confie-t-il. Nous évoquons alors la réconciliation franco-allemande, notre héritage le plus précieux. C'est ici que Joseph Staline, Harry Truman et Winston Churchill, vite remplacé par Clement Attlee, s'opposèrent sur les frontières occidentales de la Pologne, le statut de l'Italie et les réparations allemandes au cours de l'été 1945.

Soixante ans plus tard, Richard von Weizsäcker y préside une conférence consacrée aux relations entre la Russie et l'Ouest. J'y participe en compagnie de vingt-six autres experts et officiels, parmi lesquels des proches de Vladimir Poutine, de Tony Blair et de Gerhard Schröder, ainsi que des représentants de l'administration Bush, de la Commission européenne et du gouvernement ukrainien. Après deux jours d'intenses discussions, l'ancien président fédéral conclut les travaux en ces termes : « Nous pouvons parvenir à la prospérité et à la stabilité seulement si la Russie, l'UE et les États-Unis sont prêts à travailler ensemble, vraiment et en confiance[1]. » Nous nous quittons optimistes. En relisant aujourd'hui le rapport de cette conférence, je suis troublé par son ambivalence : s'y retrouvent les germes d'un sincère rapprochement comme d'une inévitable confrontation. Nous avons échoué à orienter le destin.

Les raisons de cet échec sont multiples, mais l'une d'elles tient à la croyance, largement répandue, selon laquelle les aspirations des sociétés doivent toujours l'emporter sur les ambitions des États. La géopolitique n'existe plus, mais se dissout dans le social, lit-on souvent. Les logiques de confrontation s'effacent devant celles de coopération, indispensables à la résolution des questions globales. Intention louable de gouvernance mondiale qui mobilise une myriade d'acteurs capables de réunir des ressources significatives, mais incapables de juguler les volontés nationales de puissance. Et pour cause. Les États ont le cuir tanné par leurs épreuves historiques. Entre guerre et paix, la politique internationale reste leur apanage, un domaine où les choix de quelques-uns décident du sort de millions d'autres. Il suffit de regarder la Russie de Vladimir Poutine pour s'en convaincre. À l'heure où disparaissent les derniers témoins de la Seconde Guerre mondiale, des hommes et des femmes meurent à nouveau pour des kilomètres carrés au cœur de l'Europe.

Depuis février 2022, date de la nouvelle agression russe contre l'Ukraine, nous autres Européens essayons, tant bien que mal, de faire face au retour de la violence et des pénuries, alors même que notre projet collectif devait être synonyme de paix et de prospérité. Rattrapés par la guerre à notre corps défendant, nous devons remiser bon nombre de certitudes pour comprendre et, si possible, agir. La stupeur face à l'enchaînement des événements s'explique par une forme de désinvolture géopolitique qui a consisté à écarter le principe même de l'antagonisme des puissances et à négliger les ambitions de nos partenaires comme celles de nos adversaires. Curieusement, ce qu'ils trament pèse peu dans nos prévisions. En France, la réflexion se mène le plus souvent à partir du « rang », celui d'une puissance dotée de l'arme nucléaire, membre permanent du Conseil de sécurité des Nations unies, et des ressources budgétaires, celles d'un pays du G7*. En Europe plane l'idée que la stratégie « d'en haut », celle élaborée et conduite au sommet des États, n'existerait plus et que les visions du monde sédimentées, les armées patiemment construites et les plans de dirigeants déterminés compteraient moins que le marché, la régulation et les valeurs. Le réveil est brutal, car le monde l'est.

Le fantôme de l'Ukraine

Plusieurs pays veulent remembrer le cadastre planétaire à leur avantage. D'autres cherchent à le maintenir quoi qu'il en coûte. Il en résulte un « déséquilibre systémique », dans la mesure où aucune grande puissance n'est capable – seule – de stabiliser les relations internationales[2]. Où se situent les principaux foyers de transformation ? L'Ukraine en est devenue l'épicentre. Entre Berlin et Moscou, ce territoire fut au cœur des deux guerres mondiales, pour une raison simple : sans la population, l'agriculture et l'industrie ukrainiennes, la Russie n'aurait jamais pu se hisser au statut de grande puissance. Et sans la puissance russe, l'Allemagne aurait dominé l'Europe. L'invasion de février 2022 correspond au ressac de la « guerre civile européenne », pour reprendre le titre d'un

* Créé en 1975, le G7 réunit l'Allemagne, le Canada, les États-Unis, la France, l'Italie, le Japon et le Royaume-Uni. Voir le glossaire des acronymes, p. 311.

ouvrage de l'historien allemand Ernst Nolte (1923-2016), qui établit un « nœud causal » entre la révolution bolchevique et le surgissement des fascismes à l'Ouest. La victoire de l'URSS sur ces derniers est devenue la religion d'État dans la Russie de Vladimir Poutine. Ce ressac intervient au moment où l'Europe rétrécit à l'échelle globale.

En décidant de « démilitariser » et de « dénazifier » l'Ukraine par la force, le président russe comptait écrire une nouvelle page de la Grande Guerre patriotique, trente ans après la chute de l'URSS. Avec un double objectif : assujettir le peuple ukrainien et défier un Occident accusé de tous les maux. « Si la Russie et l'Ukraine devaient fusionner, cela ferait un puissant rival géopolitique à l'Occident[3] », estimait-il en 2020. Sa décision d'agression provoque une onde de choc qui va bien au-delà des relations russo-ukrainiennes. Avec le retour de la guerre de haute intensité, le continent européen perd son principal avantage comparatif dans la mondialisation, celui de la stabilité stratégique. Cette guerre apparaît anachronique à ceux qui faisaient rimer mondialisation et démilitarisation depuis 1991, c'est-à-dire les Européens. Elle ne l'est pas pour ceux qui voient le monde à travers la rivalité de puissances, au premier rang desquels les Russes, les Américains et les Chinois.

La rivalité sino-américaine

Les relations entre la Chine et les États-Unis innervent le système international. Membres permanents du Conseil de sécurité, les deux pays représentent environ 40 % du PIB mondial et 40 % des émissions mondiales de gaz à effet de serre (GES). Ils cumulent plus de 1 000 milliards par an de dépenses militaires, en hausse continue depuis vingt ans. La mondialisation comprise comme l'intensification des échanges économiques et financiers correspond à l'ouverture de l'économie chinoise à partir de 1979, fortement encouragée par les pays du G7 qui détenaient alors plus de 60 % de la richesse mondiale, contre 45 % aujourd'hui. Elle s'accélère après la chute de l'URSS en 1991. Pour mémoire, la Chine rejoint l'Organisation mondiale du commerce en 2001 ; la Russie en 2011.

Pour les autorités chinoises, le rapport de force mondial s'est inversé en leur faveur entre 2008, date des Jeux olympiques de Pékin et du début de la crise financière occidentale, et 2018, date à laquelle Donald Trump lance la guerre commerciale. La pandémie de la Covid-19 éloigne un peu plus les deux pays désormais engagés dans une lutte, aussi brutale que diffuse, pour le contrôle de l'appareil productif mondial dans un contexte d'accentuation des contraintes environnementales et d'accélération de la mise en données du monde. La Chine et les États-Unis partagent une même religion, celle de la réussite matérielle, et se livrent à une compétition invisible pour la maîtrise des flux énergétiques et le contrôle des données numériques à l'échelle mondiale. Si les États-Unis demeurent le *primus inter pares* sur la scène internationale et si la Chine de Xi Jinping ambitionne un renouveau historique, la question de savoir qui sera le boss du capitalisme global en 2050 est désormais ouverte.

La bataille de l'Eurasie

La déformation du triangle Washington-Pékin-Moscou au cours des cinquante dernières années, combinée aux ambitions de l'UE, du Japon et de l'Inde, acteurs dépendants du Moyen-Orient et de l'Afrique pour leurs approvisionnements énergétiques fossiles, conduit à l'Eurasie, troisième foyer des transformations à l'œuvre. Ce terme désigne un supercontinent qui s'étend de l'Europe à l'Asie sur 54 millions de km^2 entre l'océan Atlantique et l'océan Pacifique, et regroupe environ 5 milliards d'habitants. Cette vaste région, dont la France représente 1 % de la superficie, continue à être travaillée par l'idée d'empire. Le comportement géopolitique actuel de quatre pays – la Russie, la Turquie, l'Iran et la Chine – révèle le renouveau de leurs ambitions impériales. Il est illusoire d'espérer les voir devenir des États-nations à l'image des pays européens, et de croire à la carte de territoires bien délimités une fois pour toutes. Comme les êtres, les frontières varient.

La déroute américaine en Afghanistan (août 2021) marque la fin des interventions militaires occidentales au nom de la lutte contre le djihadisme. La France, pour sa part, a quitté le Mali en août 2022. L'Eurasie est désormais bornée par trois théâtres régionaux où s'exerce une confrontation de puissances susceptible de déclencher une déflagration mondiale : l'Ukraine, Taïwan et l'Iran. Au sujet de Taïwan, Pékin dit « Un pays, deux systèmes ». À propos de l'Ukraine, Moscou clame « Deux pays, un seul peuple ». Sur le fond, cela signifie la même chose : l'intégration à la loi du plus fort. En ce qui concerne l'Iran, son ambition nucléaire est susceptible de bouleverser tous les équilibres.

Situés à distance de l'Eurasie, les États-Unis y exercent une influence directe sans laquelle ils perdraient leur position globale. Ils sont désormais engagés sur deux fronts : ils doivent faire face à la Chine et à la Russie en même temps. En Ukraine, ils soutiennent massivement le gouvernement de Kiev avec leurs alliés européens par des livraisons d'armes. En mer de Chine, ils défendent le *statu quo* entre Pékin et Taïwan, tout en étant présents au Japon et en Corée du Sud. Les États-Unis demeurent la seule puissance à pouvoir projeter simultanément une force militaire significative sur plusieurs points du globe. Parallèlement, la Chine et la Russie, qui ont momentanément réglé leurs différends territoriaux, affichent une « amitié sans limites » depuis février 2022, date à laquelle Vladimir Poutine et Xi Jinping ont signé une déclaration commune fustigeant l'influence américaine exercée à travers l'OTAN et l'alliance trilatérale Australie, Royaume-Uni, États-Unis (AUKUS). À cette occasion, Moscou et Pékin annoncent aussi l'approfondissement de leur partenariat énergétique. Pour les Occidentaux, l'Est, ce n'est plus seulement l'espace post-soviétique. Ce sont désormais les pays réunis au sein de l'Organisation de coopération de Shanghai*.

Celle-ci compte neuf membres, entretenant pour certains d'entre eux, comme la Chine, l'Inde et le Pakistan, de profonds différends territoriaux. Ces pays convergent dans une dénonciation de l'hégémonie occidentale, et ne sanctionnent toujours pas la Russie après l'annexion pure et simple de quatre régions ukrainiennes le 30 septembre 2022. Moscou monnaie le soutien politique de Pékin en exportant son énergie. Son arsenal nucléaire lui permet d'entretenir l'illusion d'une parité stratégique. Les deux pays soulignent « l'entrée des relations internationales dans une nouvelle ère » qui pourrait tout simplement correspondre à une vassalisation de la Russie. En lançant son projet des « routes de la soie » en 2013, la Chine a tenté d'imposer son emprise géoéconomique sur l'Eurasie, en attendant de disposer d'un *sea power*

* Créée en 2001, l'OCS réunit la Chine, l'Inde, le Kazakhstan, le Kirghizistan, l'Ouzbékistan, le Pakistan, la Russie et le Tadjikistan. L'Iran est en train de devenir membre. Elle compte trois pays observateurs : l'Afghanistan, la Biélorussie et la Mongolie. Elle entretient un dialogue avec six pays : l'Arménie, l'Azerbaïdjan, le Cambodge, le Népal, le Sri Lanka et la Turquie.

lui permettant de rivaliser directement avec les États-Unis. Elle suscite une méfiance grandissante de la part de l'UE et se heurte à l'Inde dans l'Himalaya. Delhi réaffirme sans cesse sa volonté d'indépendance en nouant des partenariats avec Washington, Tokyo ou Canberra, ainsi qu'avec des capitales européennes comme Paris et en refusant de sanctionner la Russie. De sa future orientation dépend une bonne part de la stabilité en Eurasie.

Cap occidental, l'UE se retrouve dans une position dangereuse car elle existe aujourd'hui sur la scène internationale comme marché et tente de devenir puissance. Comment, dès lors, concilier sécurité et prospérité ? Face à la menace militaire russe, elle reste fondamentalement tributaire des États-Unis pour assurer sa sécurité, tout en redoutant leur possible versatilité stratégique. Obligés de rompre avec l'Iran, puis la Russie, les pays européens doivent adapter, dans l'urgence, leurs modèles énergétiques en les combinant au risque de subir un fort déclassement industriel et repenser leurs relations commerciales avec les États-Unis, la Chine ou l'Inde. En développant des échanges avec des pays ouvertement opposés à ses valeurs, l'UE se heurte sans cesse à des questions identitaires, très sensibles dans les opinions. Au Sud, elle est confrontée à l'affirmation de puissance de la Turquie, de l'Arabie saoudite et de l'Iran, clés de la stabilité des trois mers (Méditerranée orientale, Caspienne et mer Rouge), ainsi qu'aux dynamiques complexes du continent africain. Le tout en veillant à sa cohésion interne, toujours fragile. Il lui faut déjà anticiper les conséquences d'un nouvel élargissement. Depuis 1957, année du traité de Rome, les risques n'ont jamais été aussi élevés pour elle : il est impossible d'envisager avec certitude sa forme à l'horizon 2050, alors même qu'elle apparaissait comme un des principaux pôles de stabilité du système international au lendemain de son élargissement de 2004.

Le moteur de l'idéologie

Idées et récits alimentent le quatrième foyer de transformation. Les États agissent en fonction de leurs intérêts et de l'idéologie de leurs dirigeants, ce qui crée une tension politique entre la durée et l'instantanéité. Les intérêts résultent d'invariants historiques et géographiques. L'idéologie se comprend comme la combinaison d'une vision construite et d'une expérience personnelle. Celles de Vladimir Poutine ou de Xi Jinping n'ont pas grand-chose de commun avec celles d'Emmanuel Macron ou d'Olaf Scholz. La mondialisation change de nature en juxtaposant des modèles. En septembre 2022, la Chambre de commerce européenne en Chine publiait un rapport résumé à une formule : « L'idéologie l'emporte sur l'économie », ce qui fait de la Chine un pays « moins prévisible, moins fiable et moins efficace[4] ». Pour la plupart des entreprises européennes présentes en Chine, il importe désormais de réduire leurs dépendances au risque chinois, sans forcément le dire ouvertement.

L'idéologie ne concerne pas seulement les régimes dictatoriaux ou autoritaires. Les démocraties occidentales promeuvent leurs valeurs à travers une doxa universaliste et inclusive qui est portée par les autorités publiques, les organisations non gouvernementales et les entreprises. Si la raison d'être de ces dernières reste la création de valeur pour leurs actionnaires, elles assument désormais un rôle sociétal de premier plan. La transition énergétique ne peut être menée sans leur concours direct. Engagées dans le développement durable, elles appliquent des normes ESG (environnement, social et gouvernance) de plus en plus contraignantes sous la pression conjuguée de l'opinion, des agences de notation des salariés, des banques et des autorités de régulation. À l'heure des réseaux sociaux, elles se montrent particulièrement attentives aux risques de réputation.

En octobre 2021, la communauté stratégique russe s'est emparée du sujet à sa manière. À ses yeux, la transition verte ne serait qu'un outil destiné à changer de modèle économique et à atteindre un meilleur niveau de compétitivité, deux éléments indispensables à toute « grande stratégie ». Les normes ESG seraient instrumentalisées par les États-Unis et l'UE pour classer les « bonnes » et les « mauvaises » entreprises comme ils le font avec les pays[5]. En d'autres termes, elles serviraient à continuer la rivalité de puissance par d'autres moyens. Ce point de vue russe, antérieur à la grande rupture, a valeur de rappel : les chocs de politique internationale épargneront de moins en moins l'activité des entreprises européennes.

Le besoin d'histoire et de stratégie

Pour accompagner ce vaste remembrement, nous devons faire de la stratégie et de l'histoire en comprenant que l'une ne va pas sans l'autre. Dans cet effort, deux auteurs m'accompagnent depuis longtemps : Arnold Toynbee (1889-1975) et André Beaufre (1902-1975). En 1947, le célèbre historien britannique se demandait si l'histoire se répétait. Question classique dont la réponse conditionne une attitude politique : la résignation ou l'action. Dans le second cas, l'histoire serait comme la carte du marin « ayant l'intelligence de s'en servir », permettant d'éviter le naufrage en indiquant les écueils auxquels les générations précédentes se sont heurtées[6]. Encore faut-il la connaître, et savoir l'interpréter. Arnold Toynbee formulait une question plus précise encore – « Si la classe moyenne d'Occident vient à faillir, n'entraînera-t-elle pas l'édifice de l'humanité dans sa chute[7] ? » – qui garde toute sa pertinence au regard de son mode de vie et de sa prétention à l'universalité.

En 1963, le général André Beaufre publiait son *Introduction à la stratégie*, devenu un classique pour les spécialistes. Ayant servi entre 1921 et 1961, il a participé à tous les conflits de sa génération : guerre du Rif, défaite de 1940, campagnes de Tunisie et d'Italie, Indochine, Suez et Algérie, avant de finir sa carrière à l'OTAN. Pour lui, la stratégie n'est en aucun cas une doctrine unique mais « une méthode de pensée » permettant de hiérarchiser les événements et de choisir les procédés les plus adaptés, car « à chaque situation correspond une stratégie particulière ». En se demandant « Qui veut-on convaincre[8] ? », il se place sur le terrain stratégique par excellence, celui de la psychologie de l'adversaire. Dans le conflit, il faut rompre le « lien moral » de l'adversaire, et renforcer le sien, ce qui implique une fine compréhension des différents systèmes de pensée. Ces questions gardent toute leur pertinence dans un contexte marqué par l'évaporation de la confiance stratégique entre grandes puissances.

Les ambitions inavouées visent à délimiter l'espace des manœuvres possibles pour notre pays au moment où il est confronté à des choix particulièrement difficiles. Toute stratégie pose la question des alliances destinées à affronter un ennemi ou une menace commune. Pour ce faire, j'ai décidé d'inverser l'approche traditionnelle en me concentrant sur les attributs de puissance de neuf pays, et non pas sur ceux de la France, bien connus. J'ai toujours été frappé par le peu d'attention portée à l'altérité, qui est pourtant le sens du mot relation, dans nos exercices prospectifs nationaux. Or, évidence souvent oubliée, toute stratégie commence à exister en se heurtant à celles des autres. Ce que l'on veut et peut faire dans la durée dépend aussi de ce qu'ils peuvent et veulent dans le temps. Pour les armées françaises, le continuum « paix, crise, guerre » a été remplacé par le triptyque « compétition, contestation, affrontement », qui reflète mieux les manœuvres visibles et invisibles auxquelles se livrent les pays capables de modifier leur environnement.

Ces neuf puissances, qui représentent 54 % du PIB mondial, méritent une attention particulière dans la mesure où elles touchent, d'une manière ou d'une autre, les intérêts français. Elles dessinent le nonagone stratégique au sein duquel s'exercent les principaux rapports de force. Si la France entend sérieusement être une « puissance d'équilibres[9] », elle doit commencer par maîtriser simultanément les vingt-sept diagonales qui traversent ce polygone irrégulier. C'est loin d'être le cas. Avant de prétendre instaurer des équilibres, il faut être reconnu comme une puissance crédible, cohérente et convaincante. Ce sont les autres qui apprécient votre vrai poids stratégique.

Notre pays doit savoir se remettre en cause. C'est pourquoi j'ai rassemblé ces neuf puissances en trois groupes, qui correspondent aux parties de cet essai – Terre, Mer et Ciel – afin de dépeindre différemment son environnement géopolitique et géoéconomique. La « Terre » réunit la Russie, la Chine et l'Allemagne, en raison de leur assise continentale en Eurasie. Sans surprise, les États-Unis, le Royaume-Uni et l'Inde naviguent sur la « Mer », notamment en Atlantique et en Indopacifique*. Quant au « Ciel », c'est-à-dire la croyance religieuse, il relie la Turquie, l'Arabie saoudite et l'Iran, trois pays particulièrement influents en Méditerranée et au Moyen-Orient. Ces trois éléments

* Concept géographique traduisant l'espace allant des côtes de l'Afrique de l'Est au Pacifique oriental et illustrant un continuum entre les océans Indien et Pacifique. Concept géopolitique utilisé par des pays s'inquiétant de la montée en puissance de la Chine.

forment un ensemble, une sorte de réseau qui « tient par toutes ses fibres matérielles, organiques, psychiques » pour paraphraser Pierre Teilhard de Chardin (1881-1955)[10].

Des « grandes stratégies » vertes

Si l'Ukraine est détruite par les armes, le Pakistan l'est par les inondations. Cette situation observée à l'été 2022 illustre la juxtaposition des enjeux géopolitiques classiques – compétition de puissance, ambitions impériales, lutte pour les ressources... – et des enjeux globaux – changement climatique, pandémies, numérisation des activités... – éminemment complexes à gérer par les autorités publiques, les organisations internationales et les acteurs privés, tous différemment confrontés à une concurrence de crises.

En juin 2022, Emmanuel Macron déclarait que la France était entrée dans une « économie de guerre » de manière durable. Avec l'accélération du dérèglement climatique, cette dernière prend les traits d'une « écologie de guerre[11] » qui superpose deux géopolitiques dans l'accès aux ressources. Pour simplifier à outrance, celle du fossile et celle du renouvelable, qui enchevêtrent les rapports de force et les liens de dépendance, bien difficiles à démêler. Jusqu'à présent, l'exercice de la puissance globale passait par le contrôle des énergies fossiles : le charbon jadis pour le Royaume-Uni ; le pétrole et le gaz aujourd'hui pour les États-Unis et la Russie. Quoi qu'on en dise, ce lien est appelé à perdurer. Parallèlement se met en place une géopolitique du renouvelable qui implique, entre autres choses, la maîtrise de technologies (comme le nucléaire), l'accès aux capitaux et la création de normes. La production minière s'inscrit dans ces deux géopolitiques faisant apparaître des géographies fluctuantes entre producteurs et consommateurs. Les chaînes de valeur deviennent des courroies de transmission de coopération, de confrontation ou d'agression. À cette complexité énergétique s'ajoute celle liée au déploiement des technologies critiques, comme les micro-processeurs, qui concentre la puissance sur un très petit nombre d'acteurs en mesure d'instrumentaliser les dépendances[12].

Le mouvement général de décarbonation enclenché pour tenter de limiter les effets du dérèglement climatique ne sera ni linéaire ni graduel. Tout comme celui de l'innovation technologique, leurs cours constituent les principales inconnues géopolitiques et géoéconomiques des deux prochaines décennies. Aujourd'hui, les énergies fossiles représentent plus de 80 % du mix énergétique mondial. Leur proportion – 70, 60 ou 50 % ? – à horizon 2050 est la question clé pour les anticipations des États comme des entreprises. Selon l'Agence internationale de l'énergie (AIE), les émissions mondiales de CO_2 devraient plafonner en 2025 à 37 milliards de tonnes pour atteindre 32 milliards de tonnes en 2050, ce qui ne suffira pas à contenir le réchauffement climatique sous les 2 °C. Les investissements dans le renouvelable devraient atteindre 2 000 milliards de dollars par an en 2030, ce qui représente une augmentation de 50 % par rapport au niveau actuel. Autrement dit, la guerre d'Ukraine accélère la transition énergétique, qui elle-même précipite le remembrement du système international en accentuant les fractures régionales. Aucun pays ne peut échapper à la redéfinition de sa politique énergétique et climatique, qui détermine son positionnement international.

De ce point de vue, le recours à la notion de « grande stratégie » permet d'embrasser les plans, les principes et les comportements de chaque puissance[13]. Elle correspond pour un État à la capacité de mener un projet dans la durée, à l'image des individus qui s'efforcent de donner un sens à leurs actions en dépit du tourbillon des circonstances. Exercice intellectuel, la « grande stratégie » met en cohérence l'ensemble des moyens politiques, économiques et militaires pour éviter la guerre, tout en disposant des ressorts moraux et matériels pour l'emporter si elle advenait. À mon sens, il s'agit désormais de combiner « grande stratégie » et « sécurité humaine », c'est-à-dire la sécurité personnelle, économique, alimentaire et environnementale pour une raison simple : elles sont, l'une et l'autre, produites principalement par les États, *a fortiori* dans un contexte de guerre écologique mondiale. C'est autour du noyau énergie/climat que les « grandes stratégies » devraient se reconfigurer, se combiner ou se heurter.

Les *ambitions inavouées* résident dans la volonté, forgée par l'histoire, déterminée par la géographie, de gagner la compétition et/ou la confrontation en faisant le double pari d'un développement technologique et d'un monde encore habitable à terme. C'est pourquoi la connaissance et la compréhension des autres demeurent les préalables de toute stratégie.

TERRE

La Russie, la Chine et l'Allemagne, bien moins vaste que les deux premières, occupent plus de 18 % de la surface terrestre, et représentent 24 % du PIB mondial. Depuis la chute de l'URSS, l'intensification des échanges entre ces trois pays, si dissemblables politiquement, a contribué à façonner la mondialisation. Leur assise territoriale en fait des pôles de puissance en Eurasie. Leur histoire contemporaine est indissociable de celle des totalitarismes. À la différence fondamentale de l'Allemagne, plus que jamais attachée à son modèle démocratique, la Russie et la Chine connaissent une rechute en la matière : elles contestent ouvertement la démocratie constitutionnelle occidentale, les valeurs universelles et la notion de société civile. Elles s'opposent directement aux États-Unis, qui considèrent l'Allemagne comme la patronne de l'UE.

L'annexion de la Crimée et la déstabilisation du Donbass en 2014 par Moscou, suivies, huit ans plus tard, par la tentative de changement de régime à Kiev provoquent une onde de choc qui se propage bien au-delà de l'Ukraine. La guerre d'Ukraine ne concerne pas seulement les trois cobelligérants – Russie, Ukraine et Biélorussie – et leurs alliés respectifs, c'est aussi une bataille pour l'équilibre futur de l'Eurasie. Les espoirs d'une mise en valeur concertée de cette dernière grâce à la convergence économique et au dialogue politique se sont évanouis. Il faut prendre la mesure du retournement qui s'est opéré en une génération.

Relisons le discours de Vladimir Poutine au Parlement allemand en septembre 2001. Que s'est-il passé en 1991 ?, se demandait-il alors : « La réponse est en fait simple : face aux lois de l'évolution de la société de l'information, l'idéologie totalitaire stalinienne n'était plus tenable au regard des idées de la démocratie et de la liberté. L'esprit de ces idées a saisi la plus grande majorité des citoyens russes. » Le président russe appelait ensuite de ses vœux la constitution de l'Europe – y incluant la Russie – « comme un centre puissant et autonome dans la politique mondiale », sans contester « la grande valeur des relations de l'Europe avec les États-Unis », avant d'ajouter qu'entre « la Russie et l'Amérique, il y a des océans » et qu'entre « la Russie et l'Allemagne, il y a la grande histoire ». Il concluait ainsi : « Aujourd'hui, nous devons déclarer avec certitude et de manière définitive : la guerre froide est terminée. »

Vingt ans plus tard, la Russie, qui devait être « un nœud intégrationniste spécifique, liant l'Asie, l'Europe et l'Amérique » selon ses termes, commet des crimes de guerre en Ukraine. Au cours de sa première décennie au pouvoir, Vladimir Poutine s'est tourné vers l'Allemagne ; au cours de la seconde, il a privilégié la Chine, tout en restant obsédé par les États-Unis. Dans les deux cas, le président russe a utilisé les approvisionnements énergétiques comme arme géopolitique et géoéconomique. Cependant, la guerre d'Ukraine entraîne une perte de ses forces vives dont les effets se feront ressentir à moyen terme. Avec la mobilisation décidée en septembre 2022, Vladimir Poutine rompt le contrat social qui le liait à son peuple depuis 2000 en agressant un « peuple frère ».

En soutenant la Russie, la Chine, qui combine désormais fort ralentissement économique et inévitable durcissement politique, court le risque d'être associée à sa mise en échec et de voir ses relations avec l'UE profondément dégradées. Dans une logique de plus long terme, elle anticipe le double affaiblissement de la Russie et de l'UE. Le XXe Congrès du Parti communiste chinois d'octobre 2022 confirme la prééminence de Xi Jinping avec un troisième mandat destiné à lui donner un poids égal à celui de Mao dans l'histoire du Parti. Si Taïwan demeure sa priorité stratégique, il doit faire face à de vives contestations de sa politique du « Zéro Covid » qui enferme les Chinois depuis 2020.

Olaf Scholz, le chancelier allemand, parle d'un « changement d'époque » pour l'Allemagne, qui a bénéficié à plein de la mondialisation. En effet, celle-ci est obligée de repenser dans l'urgence son modèle de prospérité. Pesant presque un tiers de la zone euro, l'Allemagne dégageait des excédents commerciaux considérables en exportant principalement vers la Chine, les États-Unis et au sein de l'UE. Sa compétitivité industrielle tenait en partie aux approvisionnements gaziers de la Russie. Elle pouvait se permettre de négliger ses dépenses militaires grâce à l'OTAN. Cette époque est révolue. Son changement de modèle va aller de pair avec la perspective d'une UE élargie à l'Ukraine.

L'invasion de février 2022 a ouvert une période de confrontation dont nul ne peut prévoir l'issue. Une chose apparaît très probable, les tensions entre l'intégration euro-atlantique et la rémanence des idées impériales russe, iranienne, chinoise et turque, appelées elles aussi à se heurter, devraient faire trembler l'ensemble du système frontalier de l'Eurasie que ce soit dans les Balkans, au Caucase, au Moyen-Orient, en Asie centrale ou sur le pourtour méditerranéen. Si, hier comme aujourd'hui, la Chine, la Russie et l'Allemagne aspirent à être aussi des puissances maritimes et navales en raison de leurs ambitions mondiales, leur géographie les ancre dans des logiques continentales.

La recomposition de l'Eurasie

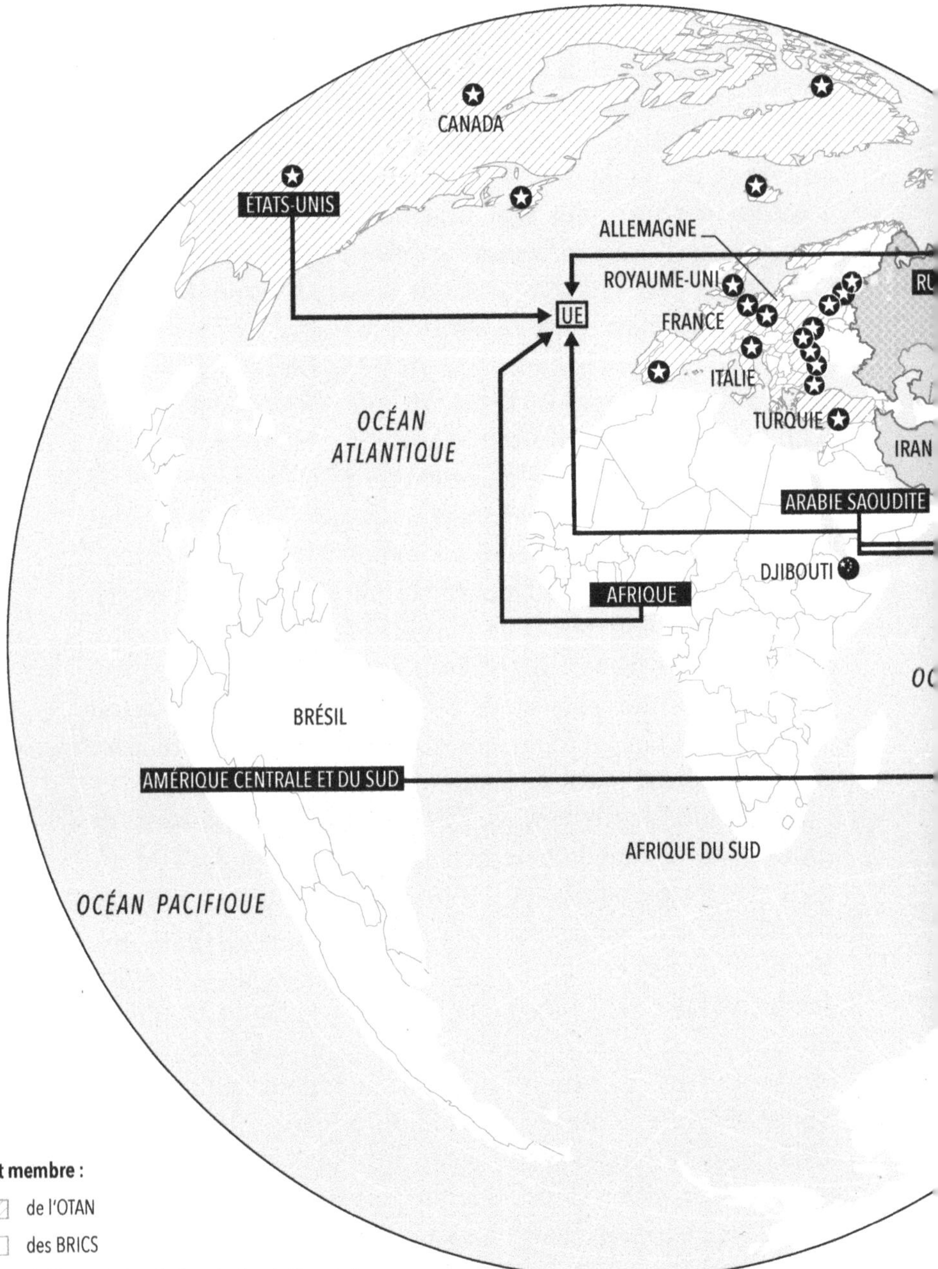

État membre :

- de l'OTAN
- des BRICS
- de l'Organisation de Coopération de Shanghai

Bases militaires

- de l'OTAN
- chinoises

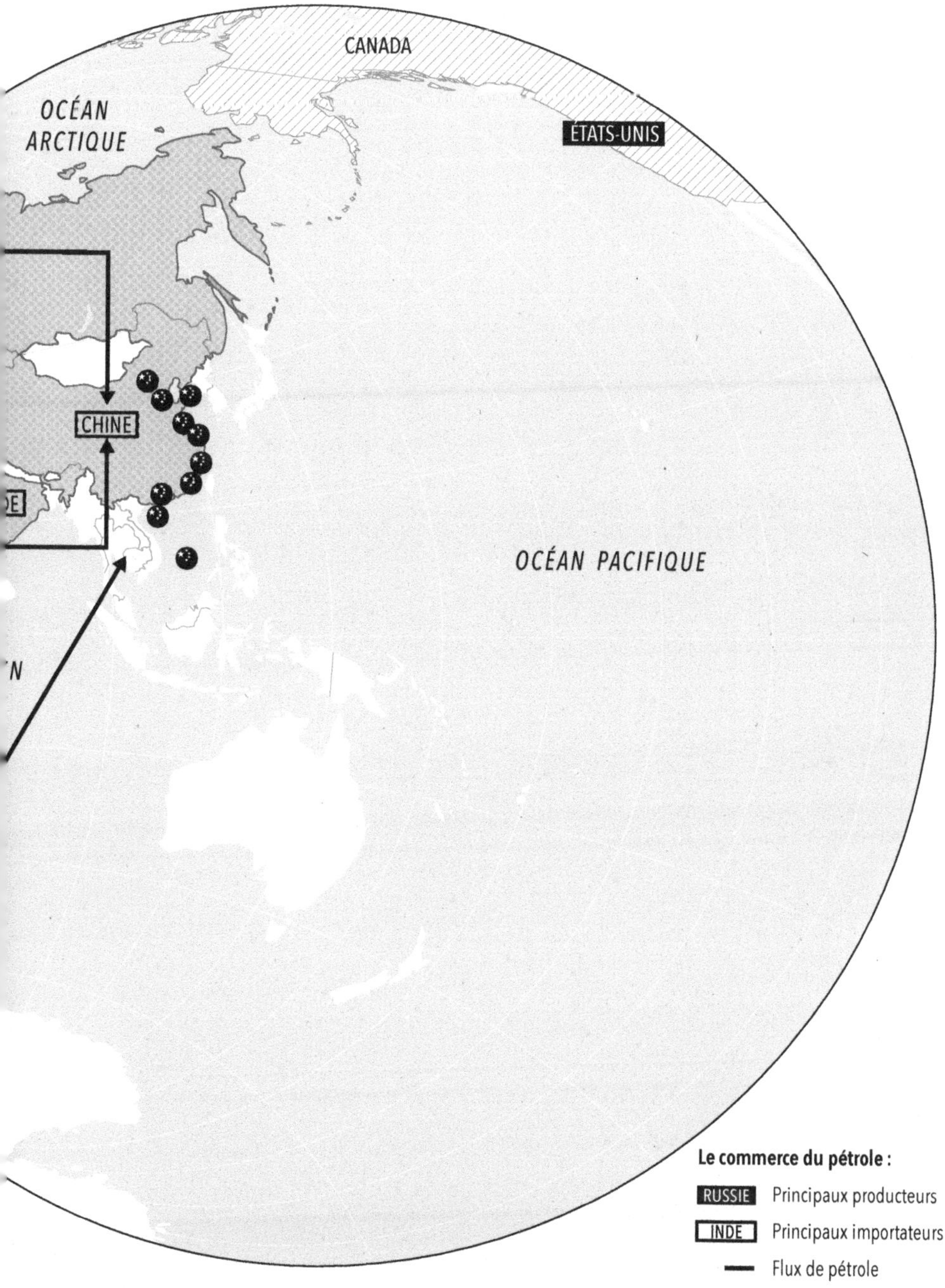

CANADA
OCÉAN ARCTIQUE
ÉTATS-UNIS
CHINE
OCÉAN PACIFIQUE
Le commerce du pétrole :
RUSSIE Principaux producteurs
INDE Principaux importateurs
Flux de pétrole

1

La Russie ou le choix de la guerre

Le règne de Vladimir Poutine commence par un naufrage, celui du sous-marin nucléaire *Koursk* en août 2000. Le 24 février 2022, le président de la Fédération de Russie déclenche une invasion terrestre de grande ampleur : « J'ai pris la décision de mener une opération militaire spéciale. Son but est de protéger les personnes qui ont été soumises à des abus, à un génocide par le régime de Kiev depuis huit ans. À cette fin, nous chercherons à démilitariser et à dénazifier l'Ukraine. » Le 21 septembre 2022, il recourt à la mobilisation : « Notre armée n'affronte pas seulement les formations néonazies, mais l'ensemble de la machine de guerre de l'Occident collectif. » Consubstantiel à son pouvoir, le recours à la guerre limitée s'est transformé, au fil des années, en guerre de haute intensité comme si le Kremlin n'avait plus d'autre issue pour assurer sa survie.

Les années Poutine correspondent à une résurgence géopolitique rendue possible par une exploitation de ses atouts géoéconomiques. La Russie partage des frontières terrestres avec 14 pays dont ses deux principaux partenaires commerciaux, l'UE et la Chine. Elle représente aujourd'hui 1,8 % du PIB mondial et a su dégager d'importants excédents commerciaux en exportant cinq « produits stratégiques » : le pétrole, le gaz, le nucléaire civil, les armements et le blé. Cela explique en partie pourquoi Moscou exerce une influence géopolitique largement supérieure à son poids économique. Soumise à de lourdes sanctions qui ont provoqué une forte récession en 2022, la Russie est désormais en grande partie déconnectée du versant occidental de la mondialisation.

Cela ne signifie nullement un renoncement à cette dernière, qui a enrichi ses élites : au contraire, le Kremlin se présente comme l'avant-garde de la désoccidentalisation des affaires mondiales. Reste qu'il est mis en échec militairement et politiquement par l'Ukraine, qui a obtenu son statut de candidat à l'UE au prix du sang versé par son peuple et veut rejoindre l'OTAN. Au-delà de l'issue de la guerre, la Russie est confrontée à deux défis en partie liés : le premier, celui de ses relations avec une Chine en position de force ; le second, celui de sa capacité à contrôler son vaste territoire, riche en ressources convoitées, avec des moyens industriels limités et une population déclinante. L'invasion de l'Ukraine relève moins d'un calcul stratégique que d'une fuite en avant par un régime en voie de fossilisation accélérée.

Le sens du « poutinisme »

Né en 1952 à Leningrad, Vladimir Poutine a connu une ascension fulgurante au pouvoir suprême. Nommé à la tête du FSB* en 1998, il est devenu président du gouvernement un an plus tard. À la suite de la démission surprise de Boris Eltsine (1931-2007), il assure l'intérim présidentiel, puis est

* Service fédéral de sécurité, héritier du KGB.

élu en mars 2000. Après l'élection de Dmitri Medvedev en 2008, il est Premier ministre, avant de retrouver le Kremlin en 2012. Obsédé par son empreinte dans l'extraordinaire histoire de la Russie, il a modifié la Constitution avec l'objectif de rester au pouvoir jusqu'en 2036, date à laquelle il aura 84 ans : « Doit-il être traité comme un tsar ou un secrétaire général de plus, méritant une section ou deux, mais pas davantage[1] ? » se demande un historien. Pour sûr, il restera le bourreau de l'Ukraine. Loin d'aboutir au redressement de la Russie, le « poutinisme » précipite son déclassement international.

L'expérience personnelle

En France comme ailleurs, beaucoup de responsables politiques et de commentateurs médiatiques se sont trompés sur Vladimir Poutine en déclarant qu'il n'envahirait pas l'Ukraine car tel n'était pas son « intérêt ». Cet « homme fort » serait par essence rationnel et efficace. Ils ont cru l'image projetée par cet officier de renseignements formé à l'école de la manipulation, selon laquelle il n'agissait qu'au terme d'une analyse informée du rapport de force. Ils ont sciemment ignoré certaines étapes de son parcours et certaines de ses déclarations. Vladimir Poutine a beaucoup parlé et écrit depuis qu'il est au pouvoir pour imposer sa vision du monde. Sans doute n'a-t-il pas été suffisamment lu alors même que plusieurs de ses décisions étaient annoncées, comme dans son texte « Sur l'unité historique des Russes et des Ukrainiens », publié en juillet 2021. Il le conclut en écrivant : « Je suis convaincu que c'est en partenariat avec la Russie que la souveraineté de l'Ukraine est possible [...]. Car nous formons un seul peuple. » Les Ukrainiens ont tout de suite compris le sens de cette phrase.

Vladimir Poutine a 37 ans lorsque le mur de Berlin tombe alors qu'il est officier traitant du KGB à Dresde en République démocratique allemande (RDA). Après la chute de l'URSS, il devient adjoint d'Anatoli Sobtchak (1937-2000), premier maire démocratiquement élu de Saint-Pétersbourg. Chargé des relations extérieures, il croise les intérêts du KGB et ceux de groupes criminels pour prendre le contrôle d'un terminal pétrolier du port, et noue des contacts utiles à son ascension au pouvoir. Cette fusion entre renseignement et criminalité est sa matrice politique et économique[2]. En 1999, une série d'attentats et la reprise des opérations en Tchétchénie lui permettent de forger son image d'homme à poigne qui impose la « dictature de la loi » dans un pays en pleine déliquescence : « On ira buter [les terroristes] jusque dans les chiottes », déclare-t-il pour bien se faire comprendre. Dans les années 2000, j'étais souvent interrogé sur ses ambitions réformatrices par des entrepreneurs attirés par le marché russe. Les militaires, quant à eux, ne s'intéressaient plus guère à la Russie alors même qu'elle se préparait discrètement à la guerre.

En 2012, je brossais le portrait de Vladimir Poutine en soulignant sa capacité à entretenir les zones d'ombre et à multiplier les coups d'éclat. Il a parfaitement saisi que la culture politique russe restait profondément enracinée dans la chose militaire et le complexe obsidional. Le président russe surprenait alors ses interlocuteurs occidentaux car il assumait sourde détermination, cynisme absolu et obsession de la communication. Formé à l'école de la rue, il a retrouvé le bon chemin grâce au judo et au droit avant de rejoindre les services spéciaux. Ce parcours explique pourquoi il croit tant à la force physique comme garantie ultime, car, en Russie comme ailleurs, « on bat les faibles ». S'il croit au droit, c'est à celui du plus fort. Sur la scène internationale, il exprime avant tout le monde une forme de prescience : le monde à venir sera brutal[3]. Aucune pitié pour l'ennemi déclaré ; Tchétchènes hier, Ukrainiens aujourd'hui.

Vladimir Poutine a instauré une « verticale du pouvoir » qui ne souffre aucune contradiction. Il s'est entouré de spécialistes en communication pour construire un discours civilisationnel sur la « spécificité » de la Russie. Parmi eux, Vladislav Sourkov théorise la « démocratie souveraine ». Né en 1964, dramaturge de formation, inspiré par le juriste allemand Carl Schmitt* (1888-1985), surnommé « l'éminence grise du Kremlin », il conseille Vladimir Poutine, notamment sur le dossier ukrainien, jusqu'à son éviction en 2020. En 2018, il reprend à son compte la célèbre formule du tsar Alexandre III (1845-1894) – « La Russie n'a que deux alliés : l'armée et la flotte » – pour recommander « la solitude géopolitique qu'il est grand temps que la Russie embrasse comme son destin propre[4] ». Un an plus tard, il défend la supériorité du système Poutine sur les démocraties occidentales en raison de sa « volonté de long terme ». Il compare l'empreinte de Poutine à celle de De Gaulle en France, d'Atatürk en Turquie et des pères fondateurs aux États-Unis, puis explique que le modèle de la Russie « s'immisce dans les cerveaux » des politiciens occidentaux. Il conclut ainsi : « [Notre nouvel État] ne se brisera pas. Il agira selon ses propres principes, en conquérant son prestige dans les luttes géopolitiques des grands de ce monde[5]. »

La Grande Guerre patriotique

Ce qui est en jeu, c'est le récit national reconstruit par le Kremlin. En vingt-deux ans de pouvoir, Vladimir Poutine

* Carl Schmitt est un juriste et philosophe allemand. Membre du parti nazi, il lui est interdit d'enseigner après 1945. Il développe néanmoins une œuvre autour notamment de la souveraineté.

est devenu « l'historien en chef » de toutes les Russies[6]. Cette préparation intellectuelle aboutit – sans surprise – à la mise en scène de l'invasion de l'Ukraine comme une guerre de libération du peuple ukrainien, « uni au peuple russe par des liens du sang » et abusé par des « ultranationalistes et des néonazis[7] ». La victoire de l'URSS dans la Grande Guerre patriotique est devenue la religion d'État de la Russie de Vladimir Poutine, religion qui ne tolère ni les agnostiques ni les apostats[8]. En 1989, peu de temps avant sa mort, le prix Nobel de la paix Andreï Sakharov (1921-1989) avait créé Memorial, une association chargée de comprendre les mécanismes des répressions de masse en recueillant archives et témoignages, à travers tout le pays, pour nourrir des travaux scientifiques. Entre la fin des années 1920 et le début des années 1950, plus de 25 millions de Soviétiques, soit un adulte sur six, connaissent la déportation. Plus d'un million de personnes sont secrètement exécutées. En 1990, Memorial a inauguré la « pierre des Solovki », un mégalithe rapporté de ces îles de la mer Blanche où furent installés les premiers camps, sur la place de la Loubianka, siège du KGB, puis du FSB. Elle a constitué, au fil des ans, une base de données recensant 3,5 millions de victimes des répressions politiques.

À ces recherches, la Société russe d'histoire militaire répond par des travaux destinés à « inculquer le patriotisme et contrer les initiatives visant à dénaturer et discréditer l'histoire militaire russe ». Lors de son premier congrès, en mars 2013, Vladimir Poutine, revenu au Kremlin après les protestations de *Bolotnaya**, déclare : « La principale ressource de la puissance et de l'avenir de la Russie réside dans notre mémoire historique. » C'est l'amorce d'un processus

* Entre 2011 et 2013, des manifestations eurent lieu sur la Bolotnaya pour protester contre le processus électoral et le chassé-croisé entre Dmitri Medvedev et Vladimir Poutine.

visant à réprimer les points de vue alternatifs et à utiliser les moyens de communication étatiques pour promouvoir le récit officiel. Au lendemain de l'annexion de la Crimée en 2014, des « lois mémorielles » criminalisent « la profanation des symboles de la gloire militaire de la Russie », lois renforcées, dès l'invasion de février 2022, par la prohibition de « toute tentative de mettre, dans l'espace public, sur le même plan les buts et les actions de l'Union soviétique et de l'Allemagne nazie dans la Seconde Guerre mondiale ». Plusieurs historiens professionnels sont incarcérés pour imposer le catéchisme officiel. Parmi les nombreux signaux annonciateurs de l'invasion, il faut retenir la dissolution de Memorial, le 28 décembre 2021. Finalement, l'évolution idéologique de Vladimir Poutine depuis 2000 aura consisté à proposer aux Russes de rejouer la page glorieuse de 1945 aux dépens des Ukrainiens. Cela traduit une identité post-soviétique introuvable et une vision civilisationnelle du monde consistant à faire de l'« Occident collectif » la principale menace pesant sur la Russie.

Le poutinisme, c'est une vision du monde construite à partir d'un socle idéologique mélangeant les références à la période impériale et soviétique. La principale différence avec Boris Eltsine, son prédécesseur, réside dans sa capacité à l'imposer au-delà des frontières de la Fédération, à l'exception notable des pays de la Communauté des États indépendants (CEI). Vladimir Poutine renoue avec un savoir-faire soviétique, celui des « mesures actives* », pour conduire une « guerre politique » destinée à décrédibiliser le modèle démocratique occidental, guerre marquée par l'exploitation

* Les « mesures actives » sont un savoir-faire propre aux services de sécurité soviétiques en URSS et en Russie visant à influer sur la compréhension des événements mondiaux principalement par la désinformation, la propagande et la contrefaçon, en plus de leurs activités de renseignement.

systématique des réseaux sociaux à partir du milieu des années 2010[9] et le financement de forces politiques hostiles aux gouvernements en place. Avec la guerre en Ukraine, ces « mesures actives » se transforment en grossière propagande destinée à justifier l'agression. Vues de l'extérieur, elles révèlent à quel point le cœur du système, en particulier dans sa composante militaire, est demeuré hermétique aux influences intellectuelles extérieures, et cela pourrait bien expliquer ses mécomptes.

La vision du monde

Signe du degré d'ouverture du système, seuls quatre auteurs étrangers sont étudiés par les stagiaires de l'Académie militaire des forces armées de l'état-major : l'amiral américain Alfred Mahan (1840-1914), qui analysa le recours à la puissance navale ; le géographe britannique Halford John Mackinder (1861-1947), qui définit l'Eurasie comme le pivot du contrôle du monde ; le général allemand Karl Haushofer (1869-1946), qui théorisa le *Lebensraum*, l'« espace vital » ; l'ancien *National Security Advisor* américain Zbigniew Brzezinski (1928-2017)[10]. Ce dernier, d'origine polonaise, publia *Le Grand Échiquier* (1997) dans un moment d'affaissement de la puissance russe. Ce livre connut un large retentissement, notamment en Russie, en Ukraine et en Pologne. Il y explique que « sans l'Ukraine, la Russie cesse d'être un empire » et, par ailleurs, que l'Ukraine peut se démocratiser rapidement. Il préconise alors le double élargissement de l'UE et de l'OTAN afin d'accélérer ces dynamiques. Or, pour les militaires russes, la vision écrite et cartographiée de Zbigniew Brzezinski annonce une action stratégique offensive contre les intérêts de sécurité de la Russie, indissociables à leurs yeux d'un glacis protecteur incluant l'Ukraine.

Ils assimilent l'OTAN aux puissances de l'Axe de la Seconde Guerre mondiale, désormais directement soutenues par les États-Unis, et se préparent à l'équivalent moderne de l'opération « Barbarossa* », qui menacerait directement leur territoire *via* la Biélorussie et l'Ukraine. Très souvent cité depuis l'annexion de la Crimée, au même titre que Henry Kissinger ou John Mearsheimer, Zbigniew Brzezinski proposait, à la fin de sa vie, une sorte de « finlandisation » de l'Ukraine pour répondre aux revendications russes, sans vraiment se soucier des aspirations ukrainiennes. Cette construction géopolitique, pour ainsi dire mécaniste, néglige la mémoire toujours brûlante des peuples qui vivent sur ces terres s'étendant de la Pologne centrale à la Russie occidentale en passant par l'Ukraine, la Biélorussie et les pays Baltes, territoires jadis soumis à la « double occupation », celle des régimes nazi et soviétique, qui massacrèrent 14 millions de civils entre 1933 et 1945. L'ouvrage de l'historien Timothy Snyder, *Terres de sang* (2010), révèle une géographie humaine des victimes encore méconnue des Occidentaux, car « les forces américaines et britanniques n'atteignirent *aucune* des terres de sang et ne virent *aucun* des grands sites de tuerie[11] ». Elles libérèrent les camps de concentration allemands comme Dachau, mais ce fut l'Armée rouge qui libéra Auschwitz ou Treblinka.

L'affrontement entre la Russie et l'Ukraine correspond aussi à une guerre des mémoires soviétique, russe et ukrainienne. En avril 2015, Kiev promulgue à son tour des lois mémorielles stipulant la destruction des monuments commémoratifs de l'époque soviétique et la célébration des « combattants pour la libération de l'Ukraine » dont Stepan Bandera (1909-1959), dirigeant de l'Armée insurrectionnelle ukrainienne (UPA),

* Invasion de l'URSS lancée par les puissances de l'Axe en juin 1941.

qui collabora avec l'Allemagne nazie. Cet épisode sert de justification à l'agression de la Russie au nom de la lutte à mener contre « les ultranationalistes et néonazis ». Afin d'éviter les généralisations abusives, rappelons que plus de 200 000 Ukrainiens ont rejoint les forces allemandes et plus de 4 millions l'Armée rouge : « Dans leur immense majorité, les Ukrainiens ont lutté contre l'occupation allemande[12]. »

Néanmoins, le discours de Vladimir Poutine consiste à affirmer qu'une partie des Ukrainiens, qualifiés d'*Ukrofascisty* (« fascistes ukrainiens »), conduirait un « génocide » de la minorité russe d'Ukraine. À cela s'ajoute la complexe question linguistique dans un pays où les deux langues – l'ukrainien et le russe – sont bien comprises par l'ensemble de la population. Si le choix d'une langue de préférence peut être le marqueur d'un choix politique, il ne détermine pas nécessairement l'allégeance du locuteur[13].

Parallèlement, Vladimir Poutine a remis au goût du jour la *Novorossia* (« Nouvelle Russie »), terme ayant émergé à la fin du XVIIIe siècle pour accompagner l'expansion de l'Empire russe vers la mer Noire : « Kharkov, Donetsk, Lougansk, Kherson, Nikolaïev, Odessa ne faisaient pas partie de l'Ukraine sous les tsars », aime-t-il rappeler. En juin 2022, il ajoute : « Pierre le Grand a mené la guerre du Nord pendant vingt et un ans. On a l'impression qu'en combattant la Suède, il s'emparait de quelque chose. Il ne s'emparait de rien, il reprenait… Apparemment, il nous incombe aussi de reprendre et de renforcer. » Nous assistons à un grand télescopage des lectures politiques de l'histoire russe où se mêlent Pierre, Catherine, Lénine ou Staline, ce qui ne surprend pas ceux qui suivent la dérive idéologique de Vladimir Poutine depuis le début de son règne.

En octobre 2021, lors d'un séjour en Russie dans le cadre du club Valdaï, qui réunit des experts internationaux et des officiels russes depuis 2004, j'avais constaté l'animosité affichée de ces derniers à l'égard de l'UE, qualifiée à plusieurs reprises de « Reich éthique ». Par cette formule choc, ils désignaient l'ennemi en établissant une continuité historique entre le IIIe Reich et l'UE, présentée comme liberticide dans sa gestion de la crise sanitaire. Dans le document de travail remis aux participants, un développement retint mon attention. Il indiquait que la Russie, les États-Unis et la Chine disposaient d'arsenaux leur permettant de détruire le monde, et eux-mêmes, « s'ils perdaient tout espoir de préserver leur statut [de puissance][14] ». J'y décelai une possible fuite en avant faisant écho à de nombreuses conversations informelles avec des experts russes qui ne manquaient jamais une occasion de présenter le nucléaire comme l'alpha et l'oméga de la stratégie de leur pays. Lors de la conférence publique, je relevai cette phrase en demandant à ses auteurs si j'en avais bien compris le sens : « Vous l'avez parfaitement compris », me répondirent-ils. Il faut toujours prêter la plus grande attention aux mots utilisés dans ce genre d'échanges car ils annoncent bien souvent la nature des actions à venir. En participant tous les ans au club Valdaï, j'ai pu observer l'évolution du discours et des postures de Vladimir Poutine. Je me souviens en particulier de la session de septembre 2013 au cours de laquelle le président russe avait déclaré que la Russie et l'Ukraine formaient « deux pays, un seul peuple[15] ». La suite est connue.

À la recherche d'un positionnement global

La Russie de Vladimir Poutine est sans conteste plus influente sur la scène internationale que ne l'était celle de Boris Eltsine, confronté au délitement des structures sociales soviétiques. En 1998, la Russie faisait défaut sur sa dette et ne parvenait pas à empêcher les opérations de l'OTAN contre la Serbie. C'est le point bas de son déclassement international. Au cours de ses deux premiers mandats, Vladimir Poutine bénéficie de l'augmentation des prix du pétrole. Il renationalise indirectement le secteur de l'énergie, au cœur des rentrées de devises étrangères, encourage les initiatives privées et la consommation, tout en modernisant à bas bruit certaines composantes de l'outil militaire. L'objectif est double : intégrer la Russie à la mondialisation et accélérer le passage à un système international « polycentrique ». De manière paradoxale, le premier objectif est poursuivi en maximisant les exportations de « produits stratégiques » hérités de la période soviétique ; le second l'est en se présentant comme l'avant-garde de la désoccidentalisation des affaires mondiales, objectif qui conduit la Russie à intervenir directement en Géorgie, en Ukraine et en Syrie, et indirectement dans plusieurs pays africains.

Cinq leviers

Les indicateurs habituels comme le PIB ne permettent pas forcément d'apprécier le poids économique global de la Russie dans la mesure où elle exporte des « produits stratégiques », qui se définissent comme des biens ou des services indispensables au fonctionnement normal de l'importateur[16]. Avec le pétrole, le gaz, le nucléaire, les armes et le blé, elle exerce une influence allant bien au-delà des seuls échanges commerciaux. Si elle ne peut être comparée à la Chine ou aux États-Unis, son économie la place dans la catégorie des poids lourds régionaux au même titre que l'Inde ou le Brésil. Comme à l'époque soviétique, les hydrocarbures – pétrole, gaz et charbon – pèsent, selon les années, entre 55 et 75 % de ses exportations, toujours très sensibles à la volatilité des cours. Leur chute brutale en 2009, 2014 et 2020 provoque de sérieuses récessions. Les autres matières premières comme les métaux, les minerais et le bois représentent environ 10 % des exportations totales.

Après la récession de 2009, la Russie opère un changement de portage de l'UE vers les pays de l'Eurasie (la Chine, qui remplace l'Allemagne comme premier partenaire, l'Inde et les pays de l'ex-URSS), du Moyen-Orient et de l'ASEAN*, changement accéléré par les sanctions occidentales de 2014. Cela correspond fondamentalement à la volonté exprimée par Vladimir Poutine, au début de son troisième mandat en 2012, de « prendre le vent de la Chine dans les voiles de notre économie[17] ». Cette réorientation géoéconomique est allée de pair avec un discours géopolitique soulignant à la fois la perte d'attractivité de l'Occident et ses contradictions idéologiques.

À la différence d'autres producteurs de pétrole comme l'Arabie saoudite, la Russie n'envisage pas de se préparer à un monde post-carbone. Au contraire, dans sa *Stratégie énergétique 2035*, document officiel, elle anticipe une augmentation de la demande en pétrole et en gaz, et des investissements massifs dans l'exploration et la production. Cette anticipation est cohérente avec son choix géoéconomique, dans la mesure où elle prévoit une diminution des importations de l'UE et une forte augmentation de celles de la Chine, de l'Inde et des pays de l'ASEAN. La transition rapide vers les renouvelables concerne surtout l'UE alors que les pays en voie de développement voient leurs besoins en pétrole et en gaz croître. Publiée avant la guerre d'Ukraine, la *Stratégie énergétique 2035* doit être actualisée sur deux

* Créée en 1967, l'Association des nations de l'Asie du Sud-Est (ASEAN) réunit dix pays : le Brunei, la Birmanie, le Cambodge, l'Indonésie, le Laos, la Malaisie, les Philippines, Singapour, la Thaïlande et le Vietnam.

points cruciaux : les embargos sur le pétrole et le gaz décidés par l'UE obligent la Russie à réorienter ses exportations dans l'urgence et à prix cassés ; l'interdiction d'exporter des technologies pourrait fortement contrarier les efforts d'exploration et de production à moyen terme.

Au cours des années 1990, la Russie est parvenue à maintenir son industrie nucléaire civile à flot. En dépit de la vigueur de la crise traversée après la chute de l'URSS, elle n'a jamais renoncé à cet atout considéré comme le cœur de la souveraineté en raison de sa dimension civile et militaire. L'ensemble du secteur nucléaire dépend de Rosatom, groupe étatique verticalement intégré qui maîtrise toutes les composantes du cycle de production et compte plus de 255 000 employés. En outre, il négocie directement avec les gouvernements étrangers pour ses exportations avec l'ambition d'être toujours dans le trio de tête sur tous les segments du marché mondial du nucléaire. En 2011, les exportations représentaient un tiers de ses revenus ; en 2030, il était prévu qu'elles atteignent les deux tiers avant les sanctions occidentales. Ces dernières risquent de perturber ses projets d'exportation. Cependant, Rosatom se caractérise par sa capacité organique à répondre à ses propres besoins. Le groupe s'est construit de manière autarcique, tout en développant un savoir-faire unique en matière de robotique, d'impression 3-D ou de supercalculateurs, autant de domaines où il compte exporter.

Comme pour l'énergie, l'État russe a repris en main le secteur de l'armement après 2000. Le vaste complexe militaro-industriel hérité de l'URSS a été réorganisé de fond en comble par des intégrations verticales. Une agence d'État – *Rosoboronexport* – est chargée de toutes les exportations en lien direct avec les services de renseignement et le réseau diplomatique. En dépit des sanctions occidentales de 2014, la Russie s'est maintenue au deuxième rang mondial des exportateurs d'armes avec des carnets de commande toujours bien remplis. Reste toutefois une inconnue de taille : ses propres besoins liés à la guerre en Ukraine. Ses trois principaux marchés se situent en Asie avec la Chine, l'Inde et le Vietnam. Viennent ensuite l'Égypte, l'Algérie, l'Iran et la Turquie. Plus limitées, les exportations en Amérique latine (Nicaragua et Venezuela) ou en Afrique (Éthiopie, Soudan, Ouganda) lui permettent d'exercer une influence politique *via* la coopération militaire. Dans les années à venir, quatre évolutions risquent de remettre en cause les positions acquises. Des pays clés comme la Chine et l'Inde développent désormais leurs propres industries de défense et devraient donc réduire certaines de leurs importations ; ils deviennent des concurrents à l'export à l'instar de pays comme la Turquie ; la guerre d'Ukraine pourrait se transformer en vitrine négative des armements russes ; enfin, les sanctions prises par l'Occident vont pénaliser le développement technologique du secteur de l'armement. En effet, ce dernier, à la différence du secteur nucléaire, n'est pas hermétique aux composants importés de l'étranger. Au lendemain de la contre-offensive ukrainienne de septembre 2022, Vladimir Poutine exhorte les patrons de l'industrie de défense à accélérer leurs livraisons[18].

Moins visible que le secteur de l'armement, le secteur agricole est celui dans lequel la Russie a réalisé la percée la plus spectaculaire au cours des deux dernières décennies. En arrivant au pouvoir, Vladimir Poutine prend conscience que son pays importe la moitié de ses besoins alimentaires. La production a baissé de 43 % entre 1990 et 1999, contribuant directement à l'hyperinflation et à la crise sociale. Dès son premier mandat, il érige l'agriculture en priorité nationale avec un objectif affiché d'autosuffisance alimentaire. En 2010, une doctrine de sécurité alimentaire est promulguée et prévoit des investissements massifs. Avec les sanctions prises par l'UE à la suite de l'annexion de la Crimée, la Russie organise une substitution des importations. Entre 2013 et 2020, elle investit plus de 52 milliards d'euros pour soutenir ses producteurs en modernisant les matériels, en subventionnant les intrants et en multipliant les aides directes. Parallèlement, les exportations de graines passent sous le contrôle de la banque VTB, pilotée à distance par le Kremlin. Résultat spectaculaire, le pays devient le premier exportateur mondial de blé en 2016 : « Nous sommes les premiers, nous avons battu les États-Unis et le Canada », clame Vladimir Poutine, qui voit par ailleurs le réchauffement climatique comme une opportunité – « Qui se plaindrait en Russie de quelques degrés de plus ? ». Le réchauffement devrait repousser la limite du pergélisol de 500 km vers le nord à horizon 2080, ce qui augmenterait les surfaces cultivables tout en provoquant de nouvelles catastrophes comme les incendies géants. Par conséquent, la trajectoire agricole de la Russie après 2030 suscite de profondes interrogations en raison de la soutenabilité des politiques publiques actuelles et des effets encore difficiles à prévoir des transformations environnementales à l'œuvre[19].

Prendre des positions dans les espaces communs

Le modèle économique de la Russie de Vladimir Poutine a consisté à s'intégrer à la globalisation en maximisant les exportations de « produits stratégiques ». Grâce à elles, Moscou exerce une influence décuplée par rapport à son poids économique réel. Sa politique étrangère oriente ces exportations, qui, en retour, nourrissent ses dialogues stratégiques. Dans le domaine technologique, la Russie dispose de quelques niches, notamment dans les domaines cyber et spatial[20]. Les relations énergétiques restent au cœur de sa puissance. Ce sont elles qui, à certains égards, définissent l'espace post-soviétique. La Russie a hérité de l'oléoduc « Amitié » et des gazoducs « Fraternité » qui traversent les pays situés entre la Russie et l'Allemagne, et en particulier la Biélorussie et l'Ukraine. Cette dernière a une des économies les plus énergivores et polluantes au monde en raison de sa base industrielle métallurgique. Dès l'indépendance de 1991, Moscou cherche à réduire sa dépendance au transit par son territoire. En 1993, les gouvernements polonais et biélorusse acceptent la construction du gazoduc Yamal. Quatre ans plus tard, du gaz russe arrive en Allemagne sans transiter par l'Ukraine. En 2005, la décision prise par Gerhard Schröder et Vladimir Poutine de construire le gazoduc Nord Stream sous la Baltique fragilise un peu plus l'Ukraine sur le plan économique. La condition imposée par le FMI à son refinancement après la crise de 2008 est de réduire les subventions énergétiques à l'industrie et aux ménages. Viktor Ianoukovitch se tourne vers Moscou afin d'obtenir une réduction d'un tiers du prix du gaz. En échange, il prolonge le bail russe de la base de Sébastopol en Crimée jusqu'en 2042. Après son départ et l'annexion de la Crimée, l'Ukraine cesse d'acheter du gaz directement à Moscou, mais continue à percevoir des droits de transit. La Russie, quant à elle, obtient le contrôle complet de Sébastopol et développe ses infrastructures portuaires en mer Noire pour accompagner ses exportations agroalimentaires vers le bassin méditerranéen. Un des enjeux de la guerre réside dans les conditions d'accès à la mer de l'Ukraine, qui risque un enclavement au-delà d'Odessa : comment pourra-t-elle alors importer du gaz au moment où l'Europe se tourne vers le gaz maritime[21] ?

Au cours de la dernière décennie, la Russie s'est efforcée de mettre en œuvre une stratégie maritime globale dont la mer Noire n'est qu'une composante. En 2015, la *Doctrine maritime de la Fédération de Russie* définit deux priorités : maintenir la souveraineté, y compris aérienne, de ses zones économiques exclusives ; « défendre le territoire de la Fédération de Russie contre toute agression venant de l'océan et de la mer[22] ». Cette doctrine réaffirme le statut de la Russie parmi les grandes puissances maritimes. En 2019, une *Stratégie* planifie les étapes de son développement maritime à horizon 2030, en particulier la route Nord. L'Arctique constitue une priorité absolue en raison à la fois de la connexion maritime entre l'Asie et l'Europe et des réserves d'hydrocarbures et de minerais. Comme Pékin en mer de Chine, Moscou cherche depuis 2017 à restreindre le nombre de bateaux étrangers empruntant la route Nord par des dispositions juridiques contraignantes[23]. Ce sont les entreprises énergétiques, Gazprom et Novatek en tête, qui développent des infrastructures dans l'Arctique auxquelles s'ajoute un réseau de bases militaires. La crédibilité de la Russie réside dans sa flotte de brise-glaces qui rend possible l'accélération des rotations de méthaniers à partir du site de Yamal. Elle passe aussi par des opérations de signalement stratégique comme le drapeau en titane à plus de 4 000 mètres de profondeur sous le pôle Nord (août 2007) ou le percement simultané de la banquise par trois sous-marins nucléaires (mars 2021). Le message est parfaitement explicite : la Russie est chez elle en Arctique.

Ces ambitions maritimes se conjuguent naturellement à une remontée en puissance navale. Dès qu'on parle de la marine russe, il est d'usage de mentionner le pseudo-testament de Pierre le Grand (1672-1725) : « S'étendre sans relâche [...] vers le Sud, le long de la mer Noire. Approcher le plus possible de Constantinople et des Indes. Celui qui régnera sera le vrai souverain du monde[24]. » Rédigé au début du XIXe siècle, ce texte apocryphe justifie la recherche d'un accès aux « mers chaudes », thème inévitable de toute géopolitique de la Russie. Même si la marine russe prétend avoir une portée globale en conduisant notamment des exercices réguliers avec des pays comme la Chine, le Japon, l'Algérie, l'Inde, l'Iran, le Vietnam ou l'Afrique du Sud, elle s'est concentrée au cours de la dernière décennie sur la route Nord, la mer Baltique, l'Atlantique Nord, la Méditerranée orientale, la Caspienne et la mer Noire. Dans ce cadre, la mer d'Azov, transformée en lac russe après les opérations en Ukraine, occupe une place centrale dans la stratégie de Vladimir Poutine en raison de la maîtrise acquise des missiles de croisière tirés depuis des corvettes ou des sous-marins[25].

Interface entre la vallée du Don et la mer Noire par le détroit de Kertch (large de 4,5 à 15 km et long de 5), elle constitue un maillon central des « routes du blé » depuis l'Antiquité. Un pont long de 18 km reliant la Crimée à la région de Krasnodar est inauguré en 2018 par Vladimir Poutine. Au lendemain de son soixante-dixième anniversaire, le 8 octobre 2022, il est partiellement détruit par des explosions, ce qui a aussi valeur de symbole, car, depuis l'ouverture du canal Don-Volga (1952), la mer d'Azov sert de plaque tournante au « système des cinq mers » en reliant la mer Noire à la Caspienne, elle-même reliée à la Baltique et à la mer Blanche. En octobre 2015, les corvettes de la flottille de la mer Caspienne tirent 24 missiles *Kalibr* sur des objectifs en Syrie, pays également mentionné dans le testament de Pierre le Grand. Deux mois plus tard, le sous-marin *Rostov-sur-Don* en plongée au large de la Syrie lance deux missiles *Kalibr* avant de rejoindre son port d'attache en mer Noire. Grâce à ces opérations, la Russie démontre à ses compétiteurs sa capacité à frapper avec des missiles de croisière un vaste espace allant de l'Europe de l'Est à l'Asie centrale en passant par le Proche-Orient. « Puissance navale continentale », elle est désormais en mesure de conduire « une politique de la "canonnière" sur un théâtre de 6 000 km de long sans recourir à un accès aux mers chaudes[26] ». Parallèlement à cette remontée en puissance proprement militaire, le Kremlin a converti de longue date une partie de son appareil productif et financier en économie de guerre. En réalité, celle-ci conditionne la survie du régime de Vladimir Poutine.

L'impasse de la guerre coloniale

En agressant l'Ukraine pour des raisons idéologiques, la Russie est en train de se fourvoyer quelle que soit l'issue de la confrontation militaire. Elle a provoqué une double fracture ouverte : avec l'Ukraine et avec « l'Occident collectif ». Par rapport aux enjeux globaux et à ses positions acquises dans la mondialisation, Moscou fait preuve d'anachronisme. Alors même qu'elle était parvenue à retrouver des marges de manœuvre sur le plan extérieur et à se transformer sur le plan intérieur, elle est aujourd'hui dans une impasse de développement. Elle se livre à une guerre coloniale sous couverture nucléaire. Vladimir Poutine est passé à l'acte avec l'ambition d'assujettir les Ukrainiens et de changer le régime à Kiev. Sans succès, car les Ukrainiens ont tout de suite compris le caractère existentiel de cette guerre. La surprise stratégique, ce n'est pas l'agression russe, qui n'est que la continuation des opérations de 2014, mais la vigueur de la résistance ukrainienne, incarnée par le président Volodymyr Zelensky. La rhétorique nucléaire et le chantage gazier utilisés par Vladimir Poutine visent à inhiber les Occidentaux. Ils lui permettent de mettre en œuvre une posture de sanctuarisation agressive : le nucléaire cesse d'être simplement dissuasif et devient l'arrière-plan d'opérations offensives, tout en entretenant une ambiguïté fondamentale sur l'intention finale. La question est de savoir dans quelle mesure Vladimir Poutine va faire école, car il rompt résolument avec la prudence en la matière observée par Moscou et Washington depuis la crise des missiles de Cuba en 1962. Et surtout, il attaque directement un pays non doté en le menaçant du feu nucléaire, faisant tomber un tabou stratégique : le nucléaire n'est pas que défensif et dissuasif.

Avant la mobilisation de septembre 2022, les épisodes de guerre limitée ont ponctué le règne de Vladimir Poutine. Tout a commencé en Tchétchénie et dans le Caucase du Nord où la Russie a livré sa guerre contre le terrorisme djihadiste. Ces opérations offrirent aux forces de sécurité russes une revanche cinq ans après les accords de Khassaviourt qui mirent fin à la première guerre de Tchétchénie (1994-1996). Déclenchée comme une opération éclair par Boris Eltsine, elle se solda par une défaite militaire de Moscou et une autonomie gouvernementale de la Tchétchénie. En octobre 1999, Moscou reprit l'initiative en lançant une opération anti-terroriste. Grozny tomba après un siège de plusieurs semaines et Moscou imposa son ordre. Au lendemain des attaques du 11 Septembre, Vladimir Poutine apporta un soutien immédiat à George Bush avec lequel il partageait la conception de la *Global War on Terror*.

Avec le recul, il apparaît qu'une des raisons de l'incompréhension fondamentale russo-américaine réside dans le retrait de Washington du traité ABM* en 2002, qui introduit un fort et durable facteur de déstabilisation aux yeux de Moscou pour qui le nucléaire stratégique demeure la garantie de sécurité cardinale. De là naît une incompatibilité

* Signé en 1972 par Moscou et Washington, le traité relatif à la limitation des systèmes contre les missiles balistiques prévoit une limitation et un contrôle des armes stratégiques.

stratégique, accentuée par les élargissements de l'OTAN, incompatibilité d'autant plus forte que la Russie mesure son influence internationale à l'importance que lui accordent les États-Unis. Le fameux discours de Munich (2007) peut se lire comme la mise en scène d'un rapport d'égal à égal. Seul le Kremlin ose dire son fait à la Maison-Blanche *urbi et orbi*. Cela alimente la popularité de Vladimir Poutine dans tous les milieux antiaméricains. Ils sont très nombreux dans le monde. L'année suivante, l'intervention en Géorgie traduit une pulsion néo-impériale destinée à stopper l'élargissement de l'OTAN en mer Noire, quatre ans après l'entrée de la Roumanie et de la Bulgarie dans l'Alliance. C'est un coup de semonce, mais pas une rupture. L'administration Obama qualifie alors la Russie de « puissance régionale » tout en cherchant à relancer le dialogue stratégique. En 2010, le « concept stratégique* » de l'OTAN présente la Russie comme un partenaire.

Le tournant s'opère en 2011-2013 avec l'intervention de l'OTAN en Libye, suivie de sa non-intervention en Syrie. Vladimir Poutine exploite immédiatement le vide laissé par les Occidentaux pour reprendre pied au Proche-Orient. Il peut d'autant plus facilement le faire avec l'annexion de la Crimée, qui lui redonne une position dominante en mer Noire. Il faut bien saisir les liens entre les théâtres – mer Baltique, mer Noire, mer Caspienne et Méditerranée orientale, puis centrale – construits par le Kremlin pour accélérer le reflux occidental de ses zones d'influence traditionnelles. Il se convainc d'une décadence occidentale inexorable illustrée par le Brexit, l'élection de Donald Trump ou le retrait d'Afghanistan. Parallèlement, il multiplie les gages à Pékin dont la montée en puissance ne peut, à ses yeux,

* Adopté par tous les chefs de gouvernement, membres de l'OTAN.

que conduire à une collision avec les États-Unis. Il se persuade de l'inexistence de l'État ukrainien et de la faiblesse militaire européenne pour agresser l'Ukraine. Devant les échecs opérationnels, il mobilise, renouant ainsi avec une tradition consistant à croire que le soldat russe est une ressource illimitée en nombre. Or, ce n'est plus le cas pour des raisons démographiques, sociales et politiques. Plus que les sanctions, le potentiel de la Russie est, à terme, profondément affaibli par cette ponction (départ, mobilisation) des forces vives du pays.

Très orientée vers l'UE pendant les années 2000, la Russie s'en est détournée au profit de la Chine au cours des années 2010 avant de rompre en 2022 avec la guerre d'Ukraine. Toute la question est d'apprécier les conséquences politiques et économiques de sa rupture historique avec l'Occident, et sa capacité à maintenir le niveau de vie de sa population. En six mois, la Russie est passée d'un conflit limité à une guerre intégrale incluant une dimension nucléaire. En deux décennies, le projet russe aura consisté à modifier le visage de la mondialisation en renouant avec son militarisme. Le prestige de l'État est directement associé à celui des armées : à l'époque impériale comme à l'époque soviétique, les objectifs militaires primaient sur tous les autres. C'est à nouveau le cas aujourd'hui. Prix Nobel de littérature (2015), Svetlana Alexievitch, née d'un père biélorusse et d'une mère ukrainienne, écrit en russe : « Au fond, nous sommes des guerriers. Soit nous étions en guerre, soit nous nous préparions à la faire [...]. C'est de là que vient notre psychologie de militaires. Même en temps de paix, tout était comme à la guerre[27]. »

*

* *

Priorités stratégiques de la Russie

Vladimir Poutine a commencé son règne par le naufrage d'un sous-marin nucléaire en mer de Barents, il est en train de l'achever par des pertes militaires considérables dans le Donbass, mais sans un carreau cassé sur son propre territoire. Il y a clairement un avant et un après février 2022. Avec ou sans Poutine, la Russie n'échappera pas à une redéfinition de ses priorités stratégiques. C'est désormais un pays mis en échec sur le plan militaire et lourdement sanctionné sur le plan économique, deux aspects qui trouveront une traduction politique interne sous une forme difficile à prévoir à ce stade. En recourant à la mobilisation, Vladimir Poutine a rompu le contrat social sur lequel repose son pouvoir depuis 2000. Pour les spécialistes du Département d'État, « il a consommé l'essentiel de son potentiel conventionnel en six mois de guerre », ce qui expliquerait le recours à la rhétorique nucléaire[28].

Avant février 2022, la Russie de Vladimir Poutine n'a cessé de se présenter comme un pôle de puissance totalement indépendant, parfaitement autonome, seulement comparable aux États-Unis et à la Chine. Avec cette dernière, elle nourrissait une coopération militaire qui lui permettait de compenser le fort déséquilibre économique. Ce n'est plus le cas : la guerre d'Ukraine minore le poids de Moscou par rapport à celui de Pékin, en particulier en Asie centrale. Avec les États-Unis, elle entretient une parité stratégique qui fait de son arsenal nucléaire l'alpha et l'oméga de sa politique de sécurité. En la matière, Moscou a toujours fait preuve d'une remarquable constance dans le domaine militaire comme civil, même dans les années de déshérence qui ont suivi la chute de l'URSS. Pour la communauté stratégique russe, le nucléaire garantit la liberté d'action et la sécurité ultime. Avec la guerre d'Ukraine, il est devenu un instrument de coercition stratégique parmi d'autres. Quelles que soient les évolutions politiques intérieures, le nucléaire, dans sa double dimension, restera la priorité absolue car la continuité de l'État passe par lui. La principale inconnue réside dans l'avenir technologique de ce secteur à moyen terme.

La deuxième priorité de Moscou est territoriale, et se joue principalement en Ukraine où il faut trouver « la solution finale[29] », selon l'inquiétante formule d'un expert russe reconnu. La guerre ramène la Russie à une dimension de puissance régionale et coloniale. Sur le plan stratégique, c'est une logique d'un glacis sous influence destiné à protéger le territoire pour ainsi dire sacré de la Fédération de Russie qui a présidé à un certain nombre de choix. Pour Vladimir Poutine, la meilleure manière de garantir la sécurité de la Fédération était de rechercher des formes d'intégration, y compris par la force au sein de l'espace post-soviétique. En annexant les régions de Donetsk, Lougansk, Kherson et Zaporijia, huit ans après la Crimée, il compte « restaurer notre unité historique », celle de la *Novorossia,* dans une sorte de rechute impériale. Parallèlement, il se dit convaincu de « l'effondrement de l'hégémonie occidentale », tout en encourageant ses compatriotes à combattre « pour que personne ne pense plus jamais que la Russie, notre peuple, notre langue, notre culture, puissent être rayés de l'histoire[30] ». Il veut entrer dans l'histoire comme un nouveau tsar ayant agrandi la Russie, trente ans après la chute de l'URSS, et ayant accéléré le déclin occidental, tout en craignant un destin à la Mouammar Kadhafi (1942-2011). Il se pourrait bien que l'onde de choc de la guerre d'Ukraine fasse ressentir ses effets ailleurs dans l'espace post-soviétique et provoque d'autres conflits territoriaux au Caucase (avec la guerre entre l'Arménie et l'Azerbaïdjan soutenu par la Turquie) ou en Asie centrale. Il est à noter qu'un pays comme le Kazakhstan prend ses distances avec Moscou.

La troisième priorité est d'ordre idéologique. Sous couvert de réalisme et de pragmatisme, la Russie de Vladimir Poutine a produit un discours sur le monde auquel elle a fini par croire, en misant sur un déclin inexorable de « l'Occident collectif ». En le diffusant, il s'agit d'accélérer la désoccidentalisation des affaires mondiales et de favoriser l'avènement d'un monde multipolaire censé être plus favorable aux intérêts de la Russie. Au lendemain du déclenchement de « l'opération militaire spéciale », un expert russe anticipait la mise à l'index de son pays de la manière suivante : « Le seul crime de la Russie est d'avoir violé le monopole occidental de la violation du droit international[31] », se référant, encore et toujours, au Kosovo, à l'Irak et à la Libye. Si ce discours antioccidental porte auprès de certains pays, notamment africains, il présente aussi des risques pour la Russie vis-à-vis des pays qu'elle a colonisés. Pékin n'a jamais oublié qu'elle faisait partie des puissances impériales lui ayant imposé des « traités inégaux » dans la seconde moitié du XIXe siècle. À partir du moment où elle a rompu avec « l'Occident collectif », la Russie devra essayer de limiter sa dépendance économique et financière à l'égard de la Chine au risque d'une vassalisation dissimulée sous le discours de « l'amitié sans limites ».

La quatrième priorité concerne la politique énergétique de la Russie. C'est principalement par l'exportation de pétrole et de gaz qu'elle s'est inscrite dans la mondialisation économique. Avec les sanctions, le pilotage politique du secteur énergétique russe ne peut que se durcir afin d'assurer la production nécessaire au pays et de garantir des volumes d'exportations payées en devises étrangères. Selon l'AIE, la part de la Russie dans les échanges mondiaux de pétrole et de gaz devrait diminuer de 50 % par rapport au niveau de février 2022. Autrement dit, il est probable que le régime russe se prépare sans le dire ouvertement à une forme d'autarcie, tout en cherchant à maintenir, autant que possible, des capacités exportatrices de produits stratégiques. Sa « grande stratégie » n'intègre pas la décarbonation mais mise au contraire sur les besoins en pétrole et en gaz de nombreux pays en développement. Le même raisonnement prévaut pour la production céréalière. Pour le régime russe actuel, le monde des *Mad Max* est en train de devenir la vision du futur.

Enseignements pour la France

En premier lieu, notre pays doit tirer des enseignements de son erreur d'analyse sur les intentions de Vladimir Poutine, qui est passé à l'acte en envahissant l'Ukraine alors que la diplomatie française, en lien avec Berlin, s'était fortement mobilisée pour la mise en œuvre des accords de Minsk, signés après l'annexion de la Crimée en 2014. Sans succès. Au cours des années 2000, la Russie a été analysée comme un marché émergeant en raison de sa croissance économique et non pas comme une puissance en train de se reconstruire militairement grâce à ses revenus énergétiques. Après 2012, début du troisième mandat présidentiel de Vladimir Poutine, Paris n'a pas réellement adapté son positionnement à la « guerre politique » déclarée par la Russie aux pays de l'UE. Tant que ce régime se maintient, compte tenu de sa dangerosité, il faut faire preuve de la plus extrême vigilance aux différentes formes d'ingérence et d'influence qu'il exerce en Europe. La Russie sans Poutine doit faire l'objet d'un très sérieux travail de scénarios en commençant par celui du chaos intérieur.

En deuxième lieu, notre pays doit adapter au plus vite sa politique de défense en s'entraînant à la haute intensité. Parallèlement, il doit aussi adapter sa politique énergétique à la fin des importations gazières et pétrolières en provenance de Russie, ainsi qu'aux conséquences en matière de coopération nucléaire civile. En novembre 2022, lors de la COP 27, Emmanuel Macron a résumé ce changement de pied de la manière suivante : « Nous ne sacrifierons pas nos engagements climatiques sous la menace énergétique de la Russie. » La France doit activement contribuer à contenir et à réduire la menace que fait peser la Russie sur la sécurité européenne en soutenant l'Ukraine, et à mettre en échec les tentatives de prédation de la Russie en Afrique, ainsi que ses différentes actions d'ingérence.

En troisième lieu, nous devons d'ores et déjà travailler à une politique en direction de l'Ukraine désormais candidate à l'UE et à l'OTAN, et nous préparer à de très probables soubresauts dans l'espace post-soviétique, en commençant par la Biélorussie. Paris doit accompagner le destin européen de l'Ukraine et se préparer à de nouveaux équilibres au sein de l'UE.

En dernier lieu, la France doit repenser sa politique de sécurité vis-à-vis de la Russie. La dissuasion nucléaire ne permet pas de couvrir l'ensemble des situations envisageables. Sans doute faut-il concevoir de nouvelles formes de dissuasion conventionnelle (incluant le numérique) avec ses alliés.

2

La Chine ou le communisme environnemental et numérique

« Connais ton adversaire et connais-toi toi-même, et tu pourras sans risque livrer cent batailles » : si Mao se réfère à Sun Tzu en ces termes, c'est sans doute pour surmonter la contradiction fondamentale entre la continuité d'une « civilisation vieille de cinq mille ans » et le Parti communiste chinois (PCC), qui s'est construit sur la rupture révolutionnaire avec le passé. Dans ses écrits, Mao Zedong (1893-1976), un des douze fondateurs du PCC en 1921 sur le modèle marxiste-léniniste, élabore une approche politico-militaire qui invite à « concentrer son attention sur l'ensemble de la situation », tout en suivant un principe fondamental : « S'efforcer de conserver ses forces et d'anéantir celles de l'ennemi[1]. »

Fort de ses 95 millions de membres, le PCC n'a jamais été aussi puissant qu'aujourd'hui. En juillet 2021, Xi Jinping a célébré son centenaire. En veste Mao, il s'est adressé à la foule au-dessus du portrait du Grand Timonier sur la place Tian'anmen pour rappeler que le Parti était parvenu à bâtir « la société de moyenne aisance » en éradiquant la pauvreté absolue ; au cours du prochain siècle, il entend « édifier un grand pays socialiste moderne dans tous les domaines ». Entre-temps interviendra – en 2049 – le centième anniversaire de la naissance de la République populaire de Chine (RPC) proclamée par Mao Zedong. À cette date, la Chine ambitionne d'être la première puissance mondiale dans tous les registres.

La Chine représente aujourd'hui 18 % du PIB mondial et se trouve désormais au cœur du commerce planétaire avec les États-Unis pour principal marché d'exportation. C'est la deuxième dépense militaire et le premier émetteur de GES. Ses orientations en matière environnementale et climatique s'avéreront décisives pour la viabilité de son modèle de développement et pour son positionnement international. Pékin se montre militairement actif sur deux fronts – l'Aksai Chin dans l'Himalaya et Taïwan en mer de Chine – qui illustrent son double dessein maritime et continental. Sans Taïwan, la Chine reste une puissance navale empêchée ; avec l'Aksai Chin, elle dispose d'un point d'appui entre l'Inde et le Pakistan, son allié. Sa grande stratégie consiste à organiser l'Eurasie à sa main, ce qui implique notamment la Russie, et à acquérir les attributs de puissance maritime et navale indispensables à l'hégémonie globale. Cette simultanéité est-elle tenable sur la durée ?

La force de l'idéologie

« Tous les P.-D.G. occidentaux veulent accéder à notre marché » rappelle fort justement cet expert chinois, pour lequel l'idée d'un « découplage » économique est une vue de l'esprit[2]. Il est frappant, en effet, de voir à quel point les investisseurs ont jusqu'à très récemment occulté le volet idéologique du discours de Pékin. Il est pourtant central.

La même observation pourrait être faite pour le volet militaire, comme si les investisseurs s'étaient eux-mêmes persuadés, contre l'évidence, d'une convergence de modèles grâce aux échanges économiques. Or, un recadrage disciplinaire et idéologique s'observe depuis le XIXe Congrès d'octobre 2017 qui a renforcé le pouvoir personnel d'un Xi Jinping de pure eau maoïste. Il est d'autant plus vigoureux que les autorités chinoises ont la certitude d'un déclin inexorable des démocraties occidentales, plus rapide que prévu. Le XXe Congrès d'octobre 2022 n'a fait qu'accentuer cette tendance avec l'éviction en direct de Hu Jintao, ancien secrétaire général du Parti (2002-2012). Xi Jinping règne désormais sans partage, mais il est désormais ouvertement contesté dans la rue.

La « pensée de Xi Jinping »

Né en 1953, Xi Jinping est le fils d'un compagnon de Mao Zedong qui a connu les privilèges réservés aux familles de dirigeants avant d'être déclaré « ennemi du peuple ». Il subit alors, de 15 à 22 ans, une rééducation politique qui l'envoie aux champs. Sa sœur aînée se suicide, mais lui parvient, après neuf tentatives, à rejoindre le PCC pour en gravir les échelons. Après sa formation en génie chimique, il devient secrétaire particulier de Geng Biao (1909-2000), futur ministre de la Défense, avant d'occuper un poste dans le Hebei, dans le Nord-Est du pays. Membre permanent du bureau politique du PCC en 2007, il devient vice-président de la RPC un an plus tard et vice-président de la Commission militaire centrale du Parti, poste clé. C'est à cette date qu'il acquiert la conviction que la crise financière invalide l'économie de marché et justifie un arrêt de la transition de la Chine vers celle-ci. En 2012, il concentre tous les pouvoirs comme secrétaire général du PCC, président de la Commission militaire centrale et président de la RPC. Avec le « rêve chinois », qui consiste à restaurer la gloire de la Chine et à maintenir la stabilité sociale, il tient un discours nationaliste et socialiste assumé, et impose son emprise. En 2018, il met fin à la limitation à deux mandats successifs qui prévalait depuis 1979, tout en lançant le mouvement « anti-corruption » pour écarter ses rivaux et renforcer la discipline de parti. La personnalisation de son pouvoir est inscrite dans la Constitution de la RPC, dans celle du PCC, ainsi que dans son règlement intérieur. La « pensée Xi Jinping » devient la référence pour tous. Développée par le groupe Alibaba, Xuexi Qiangguo, l'une des applis qui lui est consacrée, avait été téléchargée, en octobre 2020, plus d'un milliard de fois dans la boutique Huawei et comptait plus de 100 millions d'utilisateurs actifs. Il se dit que les données personnelles liées à cette application seraient un indicateur de loyauté au régime. Pour les autorités chinoises, l'étape du capitalisme n'est qu'un détour pour mieux parvenir à l'idéal communiste. Dès sa prise du pouvoir, Xi Jinping indique clairement la direction à suivre : « La disparition ultime du capitalisme et la victoire finale du socialisme vont requérir un long processus historique avant d'arriver à terme[3]. »

Dans son discours de juillet 2021, il expose le cadre idéologique de son action. Il revient sur les conditions de la « révolution socialiste » au cours de laquelle le Parti a toujours fait preuve d'une « confiance en soi et d'une volonté d'auto-perfectionnement inébranlables[4] ». Le Parti affirme sa détermination absolue à promouvoir le « grand renouveau de la nation chinoise ». Cela doit lui permettre de « préserver le principe de la consanguinité spirituelle », en vénérant la mémoire de Mao Zedong et en maintenant une direction ferme du Parti, qui est « la question de vie ou de mort pour le Parti et l'État, ainsi que la clé des intérêts et du destin de notre peuple multiethnique ». Xi Jinping ajoute : « Toute tentative de séparer le Parti communiste chinois du peuple chinois, voire de les opposer l'un à l'autre, est vouée à l'échec ! Les plus de 95 millions de communistes ne l'accepteront pas, pas plus que les plus de 1,4 milliard de Chinois ! » Il appelle ensuite à poursuivre « la sinisation du marxisme », c'est-à-dire à suivre les principes fondamentaux du marxisme et les conditions spécifiques de la Chine afin de faire progresser le développement coordonné des civilisations matérielle, politique, spirituelle, sociale et écologique.

À l'instar de Mao Zedong, Xi Jinping accorde la plus grande attention aux relations civilo-militaires, mais sans avoir son expérience de la guerre. Le discours de juillet 2021 rappelle que le Parti doit « commander aux fusils ». Objectif assigné aux militaires : « Se hisser au premier rang mondial. » Xi Jinping reprend l'argumentaire selon lequel « le peuple chinois n'a jamais malmené, opprimé, ni asservi d'autres peuples », avant de mettre en garde les forces étrangères : « Quiconque tentera d'agir ainsi se brisera sur la Grande Muraille d'airain que plus de 1,4 milliard de Chinois ont érigée avec leur chair et leur sang ! » Il entend aussi « résoudre le problème de Taïwan et réaliser la réunification totale de la patrie », qui constituent « la tâche historique et immuable du Parti communiste chinois » et « l'aspiration commune de tous les Chinois ». L'exercice du pouvoir de Xi Jinping se détache des décennies de réforme et reprend volontiers le vocabulaire maoïste avec une différence de taille toutefois pour la population jusqu'à présent : la répression physique demeure le monopole de l'État alors qu'elle avait pu être exercée de manière indiscriminée par les gardes rouges sous Mao Zedong.

Proposition de « solution chinoise »

La politique étrangère de Pékin consiste à mettre en œuvre la vision du monde de Xi Jinping, façonnée par le marxisme : « Nous devons intégrer la vision du monde et la méthodologie du matérialisme dialectique et du matérialisme historique[5] », indique-t-il aux cadres du Parti en mai 2018. À l'expression « modèle chinois », les diplomates préfèrent celle de « solution chinoise » : l'organisation politique et économique de la Chine a vocation à devenir une référence pour le monde, et en particulier pour les pays en développement, d'autant plus que le PCC revendique clairement la supériorité de son système sur les autres. Cette supériorité passe par un discours dépréciatif sur les performances des régimes démocratiques travaillés par le populisme et l'inefficacité.

Dans les échanges autorisés avec des chercheurs chinois, il n'est pas rare de s'entendre dire que « non seulement les Occidentaux n'ont plus de leçons à donner à la Chine, mais que c'est à son tour d'en donner[6] ». La Chine cherche à asseoir un statut de leader et accorde ainsi la plus grande importance aux indicateurs internationaux permettant d'illustrer ses réussites. Elle souhaite déterminer les règles et les normes internationales en travaillant dans deux directions parallèles, afin de bénéficier de l'existant tout en préparant une solution alternative. D'une part, la diplomatie chinoise fait preuve d'un remarquable activisme dans toutes les instances internationales depuis 2008 pour promouvoir ses intérêts et les transformer à sa main. De l'autre, elle crée de nouvelles structures comme la Banque asiatique d'investissements pour les infrastructures (BAII), la *Belt and Road*

Initiative (BRI), ainsi que de nombreux forums régionaux et bilatéraux*.

La mise en œuvre pragmatique de l'idéologie est rendue possible par un contrôle de l'appareil productif. À la différence des États-Unis, les autorités chinoises peuvent directement mobiliser les entreprises à des fins géoéconomiques. À titre d'exemple, la compagnie d'État COSCO Shipping prend le contrôle du port du Pirée en Grèce, qui devient ensuite le premier port à conteneurs de Méditerranée[7]. Pour le Parti, les entreprises sont à la fois des instruments et des facilitateurs. C'est pourquoi, vu de l'extérieur, il est très difficile de distinguer ce qui relève d'une initiative privée ou gouvernementale même si chacun sait que toutes les entreprises privées, y compris les filiales de sociétés étrangères, ont pour obligation d'intégrer en leur sein un comité du PCC.

Avec la crise sanitaire, les autorités chinoises reconsidèrent l'organisation de l'appareil productif en liant davantage encore sécurité industrielle et sécurité nationale. Pour ce faire, Xi Jinping lance le thème de la « double circulation », qui distingue le marché intérieur appelé à devenir « autosuffisant » de la demande extérieure à laquelle la Chine entend continuer à répondre. En devenant l'usine du monde, elle a établi de nombreuses dépendances dans des économies, notamment européennes, incapables en réalité de se « découpler » d'elle. C'est le cas, par exemple, des panneaux solaires. En juillet 2020, Xi Jinping rappelle aux « entrepreneurs patriotes » la loyauté qu'ils doivent au Parti. Plusieurs figures emblématiques comme Jack Ma, le fondateur d'Alibaba, sont durement rappelées à l'ordre pour

* Lancée en 2013, la BRI est un projet de connectivité globale combinant liaisons terrestres et maritimes. Créée en 2014, la BAII réunit 89 membres dont la plupart des pays européens. Son siège est à Pékin.

avoir critiqué ouvertement certaines décisions de politique économique. D'autres comme Pony Ma, le fondateur de Tencent, sont vivement encouragées à faire des dons sous couvert de philanthropie. Elles s'exécutent, car les grandes fortunes chinoises savent bien que le pouvoir se situe, plus que jamais, à Zhongnanhai*.

L'emprise du Parti dans la vie économique s'accentue depuis 2017, ce qui conduit à trois observations. En premier lieu, le poids des entreprises chinoises dans les cent premières capitalisations mondiales recule nettement en 2022 (- 23 %), ce qui pourrait être l'indicateur à la fois d'une plus grande maturité des marchés financiers chinois et d'une volonté de limiter l'internationalisation de leurs actionnariats[8]. On ne compte plus qu'une entreprise chinoise – Tencent – dans les vingt premières capitalisations. En deuxième lieu, l'opacité des activités économiques s'épaissit : des mécanismes complexes d'extorsion fragilisent les droits de propriété, et s'apparentent, dans plusieurs secteurs, à des logiques maffieuses[9]. En dernier lieu, la Chine se montre proactive dans le domaine commercial. En pleine guerre commerciale, Pékin signe le *Regional Comprehensive Economic Partnership* (RCEP)**, avec des pays alliés de Washington comme le Japon, l'Australie ou la Nouvelle-Zélande, trouvant là un moyen de sécuriser les flux commerciaux dans son espace régional.

Parallèlement, la Chine investit massivement dans les infrastructures numériques et l'intelligence artificielle (IA). À l'intérieur de ses frontières, les autorités exercent un contrôle étroit du corps social avec la mise en œuvre

* Au centre de Pékin, le parc Zhongnanhai abrite le siège du gouvernement de la RPC.

** Le RCEP regroupe 2,2 milliards d'habitants, et représente 30 % du PIB et 28 % des échanges mondiaux.

généralisée de la reconnaissance faciale, de la reconnaissance vocale et du crédit social, qui repose sur un système de réputation des citoyens et des entreprises avec des récompenses et des pénalités. La résistance sociale à la surveillance de masse reste difficile même si les manifestations se sont multipliées à cause de la politique « Zéro Covid ». Il reste impossible d'apprécier l'ampleur de la répression conduite par le régime. Les entreprises exportent des technologies numériques avec un double objectif : promouvoir leur modèle politique ; capter des volumes considérables de données. Après la terre, le travail et le capital, la donnée est considérée comme le facteur de production décisif. Dans la revue du comité central, un chercheur écrit par exemple que « celui qui contrôle les centres logistiques numérisés peut maîtriser les expéditions mondiales de cobalt sans avoir besoin de déployer des troupes pour saisir les mines de la République démocratique du Congo[10] ».

Si elle est numérique, cette colonisation n'a rien de virtuelle. Il s'agit dans un premier temps d'accéder aux données pour, dans un second temps, les formater. Par le bas, les plates-formes chinoises – Alibaba, Tencent, JD.com, DiDi, WeChat ou TikTok – servent à la fois de réseaux sociaux et de supports aux transactions commerciales, tout en proposant des applications pour mobiles et des services pour l'industrie. Lancée en 2016, TikTok réunit aujourd'hui plus d'un milliard d'utilisateurs dans 150 pays. Par le haut, la diplomatie chinoise, grâce notamment à son influence sur les agences onusiennes techniques, s'emploie à imposer ses normes pour parvenir à un système centralisé de gouvernance digitale. Elle a déjà signé 98 accords bilatéraux dans ce domaine. L'IA correspond à l'idéologie du PCC en ce qu'elle permettrait d'instaurer un système central de planification et de pilotage. Elle est vue comme le plus sûr moyen d'atteindre un haut niveau de productivité et d'envisager l'avènement de la société communiste. Selon Richard Liu, le fondateur de JD.com : « Toutes les entreprises peuvent être complètement nationalisées. La Chine aura seulement besoin d'une entreprise d'e-commerce, une entreprise de ventes, et le communisme peut être atteint[11]. »

Vers un autoritarisme environnemental

Les orientations stratégiques de Pékin dépendent en grande partie de sa demande énergétique, qui n'a cessé de croître à mesure de son développement. Elle est confrontée à deux problèmes de nature différente. Le premier concerne la composition de son mix énergétique très largement dominé par le charbon (61 %), suivi par la biomasse (19 %) et le gaz naturel (7 %). La Chine est, de loin, la première émettrice mondiale de GES. Pour y remédier, elle a récemment actualisé ses ambitions climatiques en annonçant la neutralité carbone pour 2060 et en augmentant la part d'énergies non fossiles de 10 % à 25 % de son mix énergétique, sans pour autant indiquer d'échéance. Le solaire et l'éolien devront assurer le gros de l'objectif. Ces efforts ne permettront toutefois pas de réduire significativement la part du charbon comme le reconnaît un responsable chinois : « Nous n'avons pas le choix. Pendant un certain temps encore, nous aurons besoin du charbon comme variable d'ajustement[12]. » Cela laisse ouverte la question de la pollution de l'air, véritable enjeu de santé publique dans de nombreuses villes chinoises.

Le second problème est celui de la sécurisation des importations énergétiques. La Chine a pris conscience de sa dépendance au transit par le détroit de Malacca lors de la guerre d'Irak. Elle souhaiterait que la Thaïlande perce le canal de Kra (44 km) pour tracer la « route 9A » et se rapprocher du

Moyen-Orient[13]. Parallèlement, c'est tout sauf un hasard si elle persuade la Russie de construire un oléoduc juste après la déclaration de victoire de George Bush en mai 2003[14]. Deux ans plus tard, la Chine et la Russie conduisent des manœuvres militaires conjointes simulant une intervention dans un pays tiers. Dans le même temps, Pékin augmente très significativement ses importations énergétiques des pays du Moyen-Orient en évitant d'y assumer la moindre responsabilité de sécurité. En ce sens, elle profite de la présence militaire occidentale pour rester dans le flou et entretenir, en bon courtier, des relations avec tous les pays producteurs. Fondamentalement, le lien intrinsèque entre la puissance navale américaine et la sécurité énergétique reposant sur les ressources fossiles explique le projet BRI porté par Xi Jinping, qui veut trouver des alternatives, notamment terrestres, au contrôle américain de nombreux nœuds critiques de la mondialisation.

Comme pour la gouvernance mondiale, la Chine combine deux démarches complémentaires en matière d'approvisionnement énergétique. La première consiste à adopter un comportement de puissance classique capable de diversifier et de sécuriser ses flux sans pouvoir dupliquer le système de contrôle mis en place par les États-Unis, lesquels bénéficient, en outre, d'une autonomie énergétique grâce à leur propre production. La seconde réside dans une ambitieuse politique d'investissement dans les renouvelables qui amène des spécialistes d'écologie politique à croire que la Chine serait désormais en mesure de « poursuivre une politique de puissance sans l'appui des énergies fossiles[15] ». Si cette ambition existe certainement, elle se heurte, d'une part, à la difficulté de diminuer rapidement la part du charbon dans un mix énergétique et, de l'autre, aux besoins en pétrole et en gaz pour maintenir le niveau de croissance. Cette question constitue en fait le cœur de la rivalité sino-américaine : la Chine fait le pari de la suprématie mondiale en étant encore tributaire des énergies fossiles comme si elle pouvait réaliser à la fois un saut de génération et un bras de fer avec les États-Unis, qui sont eux exportateurs net d'énergies fossiles.

Il n'en demeure pas moins que la « civilisation écologique » est présentée comme l'objectif à atteindre. Sur le plan idéologique, elle correspond à la « sinisation du marxisme » que Xi Jinping appelle de ses vœux. Elle marquerait l'étape transitoire entre le socialisme et le communisme grâce à l'expérience historique d'une Chine consciente des contraintes environnementales que Karl Marx (1818-1883) n'avait tout simplement pas pu théoriser à son époque. Désormais incluse dans les Constitutions du Parti et de l'État, la « civilisation écologique » justifie également des projets d'infrastructures provoquant des déplacements de population, comme lors de la construction de barrages en Chine. Ces déplacements ont vocation à être « de plus en plus repoussés vers l'étranger », que ce soit en Afrique, en Amérique latine ou le long de la BRI[16]. Cela a pour conséquence principale de concentrer les politiques environnementales et climatiques dans les mains de l'État, qui deviennent des instruments de coercition aussi bien sur le plan intérieur qu'extérieur[17].

À l'instar des États-Unis, la Chine mène des programmes d'« interventions climatiques » à l'origine de nouveaux risques géopolitiques[18]. À titre d'exemple, elle ambitionne de réguler les précipitations par ensemencement des nuages sur le plateau tibétain, région cruciale pour le régime hydrologique de l'Asie du Sud-Est[19]. Par ailleurs, elle domine les chaînes de valeur liées aux énergies renouvelables : elle produit ainsi 90 % des terres rares raffinées nécessaires à la fabrication de batteries. L'idée selon laquelle la politique climatique participe directement aux rivalités géopolitiques, avec les États-Unis, l'Inde ou d'autres pays, est de plus en plus visible. À la suite de la visite à Taïwan de Nancy Pelosi, présidente de la Chambre des représentants, en août 2022, Pékin prend huit mesures de rétorsion : la dernière consiste à suspendre ses négociations climatiques avec les États-Unis.

Le rapport de force

Au regard des acteurs en présence, le détroit de Taïwan est devenu la zone géopolitique la plus sensible au monde. Tout ce qui s'y passe y est scruté à la loupe, le moindre incident pouvant avoir des répercussions globales. Un affrontement naval, quelle que soit sa forme, aurait forcément des conséquences à terre. Guidé par son affirmation de puissance et sa lecture de l'histoire, Xi Jinping rêve de la « réunification de la patrie » même si l'ancienne Formose n'a jamais fait partie de la RPC. On retrouve la contradiction entre continuité historique et rupture révolutionnaire. En juin 2022, le général Wei Fenghe, ministre de la Défense, est parfaitement explicite sur la ligne rouge de la RPC : « Nous écraserons toute tentative pour poursuivre l'indépendance de Taïwan[20]. »

La trajectoire politique et économique suivie par Taïwan depuis la fin de l'occupation japonaise en 1945 a connu de multiples à-coups qui ont façonné une identité inédite. Ses entrepreneurs ont largement contribué au succès de la politique d'ouverture économique décidée par Deng Xiaoping (1904-1997) ; ils ont aussi permis à l'île de devenir un acteur technologique global en matière notamment de semi-conducteurs. Aujourd'hui, ses 23 millions d'habitants bénéficient d'un haut niveau de vie et d'un régime démocratique permettant l'alternance. Sur l'opposition de modèle entre la RPC et Taïwan se surimpose un enjeu géopolitique : les conditions d'accès de la Chine à la haute mer.

La rivalité sino-américaine

Sur la mappemonde, Anchorage, en Alaska, se trouve presque à équidistance de Pékin et Washington. C'est là que se déroule, en mars 2021, la première rencontre sino-américaine de haut niveau après l'élection de Joe Biden. Antony Blinken, secrétaire d'État, et Jake Sullivan, conseiller à la sécurité nationale, font face à Yang Jiechi, responsable des relations internationales du PCC, et à Wang Yi, ministre des Affaires étrangères. En présence des médias, elle a permis une mise en scène planétaire de leurs profondes divergences. Dans son propos introductif de deux minutes, Antony Blinken déclare : « Le Xinjiang, Hong Kong, Taïwan, les cyber-attaques contre les États-Unis, la coercition économique contre nos alliés, tout cela menace l'ordre et la stabilité mondiale. » Yang Jiechi répond par une dénonciation en règle, longue de seize minutes, du comportement américain : « Les États-Unis ne représentent pas l'opinion internationale, l'Occident ne représente pas le monde non plus, et, concernant les cyber-attaques, tant sur la capacité d'en lancer que sur la technologie, les États-Unis sont les champions. » Ambiance tendue qui n'a vraiment rien à envier à la période Trump.

Elle reflète une profonde inquiétude des États-Unis d'être contestés dans leur modèle et un sentiment largement partagé par les élites en Chine de voir leur heure enfin arrivée. Je me souviens d'une conférence en Russie où un expert chinois déclarait comme une évidence : « Les États-Unis sont du mauvais côté de l'histoire. Ils doivent accepter la réalité du nouveau monde[21]. » Sur le plan politique,

Xi Jinping a tenté, dès sa première visite aux États-Unis en 2013, d'instaurer un « nouveau type de relations entre grandes puissances », manière de poser le principe d'une relation d'égal à égal. Trois dates et six chiffres permettent de prendre conscience de la modification du rapport de force intervenue en une génération. En 2005, la Chine a un PIB en parité de pouvoir d'achat de 6 500 milliards de dollars, celui des États-Unis s'élève à 13 000 milliards de dollars. En 2015, les deux pays atteignent presque le même niveau : 17 900 milliards pour la Chine, 18 200 pour les États-Unis. Les estimations pour 2025 sont les suivantes : 36 000 milliards pour la Chine et 28 000 milliards pour les États-Unis[22]. Entre 1980 et 2020, le PIB par habitant de la Chine a été multiplié par 24 ; l'espérance de vie a gagné dix ans sur la même période.

La stratégie actuelle de la Chine ne peut se comprendre sans la fulgurance de son développement au cours des quarante dernières années. Contrairement aux attentes des architectes américains de la globalisation, son intégration dans le système commercial international ne s'est pas traduite par une libéralisation de son système politico-économique. Au contraire, elle n'a eu de cesse d'utiliser l'effet de rattrapage pour construire une « puissance nationale complète[23] ».

Jusqu'au « découplage » décrété par Donald Trump, la Chine et les États-Unis ont intensifié leurs échanges économiques et financiers, créant deux économies pour ainsi dire siamoises. Le marché chinois demeure indispensable au développement des grands groupes américains comme le reconnaît, par exemple, Elon Musk en avril 2021 : « La Chine sera à long terme le plus grand marché de Tesla, le marché où nous produirons le plus grand nombre de véhicules et celui où nous aurons le plus grand nombre de clients. » De manière structurelle, le capitalisme d'État de la

Chine lui offre des opportunités en termes de compétition géoéconomique. Les deux rivaux se trouvent à l'opposé en ce qui concerne les relations État/entreprise : Pékin s'appuie sur son réseau d'entreprises d'État pour étendre son influence globale en jouant la concurrence, alors que Washington doit mettre en œuvre un système de contraintes pour peser sur les choix des entreprises américaines. Un épisode est à cet égard révélateur : Apple a refusé de débloquer un iPhone pour aider le FBI dans une enquête, mais a accepté de retirer une application utilisée par les manifestants à Hong Kong[24].

Le « piège de Thucydide » est devenu un leitmotiv de toute analyse des relations sino-américaines[25]. En 2021, les deux pays représentent plus de 51 % des dépenses militaires mondiales avec un net déséquilibre : 801 milliards de dollars pour les États-Unis ; 293 pour la Chine. Ce rapport de force est examiné dans le détail, les deux protagonistes se jaugeant en permanence. La crise financière de 2008, qui correspond au double enlisement militaire des États-Unis – Afghanistan et Irak –, provoque une prise de conscience des autorités militaires chinoises, qui ressentent la nécessité d'une stratégie navale correspondant à leur quête de prestige international et à leur volonté de parité avec les États-Unis. Selon un document officiel chinois : « En 2009, la Chine met en œuvre l'idée et le plan de construire des porte-avions. Cela indique que la Chine est entrée dans la phase historique consistant à devenir une grande puissance maritime[26]. »

L'amiral Liu Huaqing (1916-2011), le père de la marine chinoise contemporaine, avait toujours plaidé pour la constitution d'une force aéronavale. Il meurt un an avant la mise en service du *Liaoning* et lègue une marine centrée sur des forces sous-marines destinées à conduire une stratégie de déni d'accès : empêcher les États-Unis d'intervenir dans des eaux proches de la Chine. Combinée avec une marine de surface modernisée, des moyens amphibies et anti-mines puissants, la force aéronavale – 4 groupes aéronavals prévus à terme – offre la possibilité d'imposer un nouvel ordre régional. Il passe par la constitution de bases navales. En 2014, les experts du *China's Naval Research Institute* envisageaient les points d'appui suivants : golfe du Bengale, Myanmar, Pakistan (Gwadar), Djibouti, Seychelles, Sri Lanka (Hambantota) et Tanzanie (Dar es Salaam)[27]. Dans le cadre feutré de la conférence de Munich sur la sécurité, un officier supérieur chinois à la retraite rappelait aux participants une évidence stratégique : « Finalement, il s'agit d'une confrontation un contre un entre la Chine et les États-Unis[28]. » Elle pourrait d'abord se jouer en mer.

Le « cercle des amis »

Cette confrontation requiert de multiplier les points d'appui. C'est pourquoi la diplomatie chinoise s'emploie à fédérer des pays et des institutions internationales derrière ses différentes initiatives. Si ces dernières apparaissent parfois redondantes, elles entretiennent une logique réticulaire globale qui permet à Pékin de croiser les champs économique, technologique et stratégique. L'idéologie n'empêche nullement la plasticité des positions. Il importe de faire montre de sa capacité de mobilisation comme lors du deuxième forum des routes de la soie, en avril 2019, qui a rassemblé 37 chefs d'État et de gouvernement, allant de la Grèce au Chili en passant par le Pakistan. La mobilisation doit pouvoir être convertie, le moment venu, en positions communes dans les instances internationales pour relativiser un peu plus l'influence des États-Unis et de leurs alliés. Disposant d'un vaste réseau diplomatique, la Chine veille à trouver des relais dans les instances pour contrecarrer les critiques à son endroit : en octobre 2020, elle obtient le soutien de 53 pays sur le Xinjiang en réponse aux protestations de 39 pays contre les violations des droits fondamentaux dans la province.

Depuis sa création, la RPC rejette le concept d'alliance qu'il s'agit de dépasser en adoptant « un nouveau type de partenariat de défense », selon une formule de Xi Jinping. Décrédibiliser les alliances revient à délégitimer la présence américaine en Asie-Pacifique, étape indispensable à la fondation d'un nouvel ordre qui passerait, en premier lieu, par l'éviction des troupes américaines de la péninsule coréenne. N'oublions jamais que la guerre de Corée (1950-1953) reste au cœur du contentieux historique entre la RPC et les États-Unis, et qu'elle n'est toujours pas soldée.

Dans le dispositif extérieur chinois, le Pakistan occupe une position singulière[29]. Les deux pays entretiennent une amitié « en tout temps ». Depuis 1962, la nature des relations entre Pékin et Islamabad nourrit le cauchemar stratégique de New Delhi, celui d'être attaqué sur deux fronts. Le Pakistan a été le premier pays musulman à reconnaître la RPC, et comprend rapidement le bénéfice qu'il peut retirer de la confrontation sino-indienne pour ses revendications au Cachemire. Lors de la guerre pakistano-indienne de 1965, Mao envisage une intervention militaire dans deux cas de figure : une attaque indienne sur la partie orientale du Pakistan ou une demande explicite d'Islamabad. Lors de la guerre de 1971, la Chine n'apporte pas le soutien militaire espéré par Islamabad. En revanche, après sa défaite, elle lui donne les moyens ultimes de sa propre sécurité : l'arme nucléaire. À la tête de son propre réseau*, Abdul Qadeer

* Le réseau Khan. Père de l'arme pakistanaise, Abdul Qadeer Khan a organisé un réseau international pour aider des États (Iran, Syrie, Corée du Nord, Irak et Libye) à acquérir l'arme nucléaire.

Khan poursuit un programme nucléaire avec l'aide de la Chine. En septembre 1976, il assiste aux obsèques de Mao et rencontre les responsables nucléaires chinois. En 1982, après le raid contre la centrale d'Osirak en Irak, Israël n'exclut pas une action similaire contre le Pakistan, tout comme l'Inde[30]. Les États-Unis sont parfaitement renseignés sur les progrès, notamment balistiques, du programme pakistanais.

Si la Chine et le Pakistan ont l'Inde comme ennemi commun, le Pakistan, la Chine et les États-Unis ont l'URSS. L'invasion de l'Afghanistan en 1979 par cette dernière rapproche objectivement les trois pays, car comme le résume abruptement Zbigniew Brzezinski (1928-2017), alors conseiller à la sécurité nationale : « Notre politique de sécurité ne peut pas être dictée par notre politique de non-prolifération. » La coopération nucléaire et militaire entre la Chine et le Pakistan n'a cessé de s'intensifier depuis lors. Il est évidemment impossible d'en connaître le contenu avec précision. Un point mérite toutefois d'être relevé : souvent présenté comme le projet emblématique de la BRI, le *China-Pakistan Economic Corridor* (CPEC) connaît de nombreuses vicissitudes qui compliquent la poursuite d'une étroite coopération nucléaire, navale, cyber et spatiale.

Autre pays clé dans le dispositif chinois : la Russie, qui est passée du statut d'ennemi à celui de « meilleur ami » en deux générations. De passage à Paris en pleine crise ukrainienne, un haut responsable diplomatique chinois insiste pourtant pour dire que les deux pays ne forment « pas une alliance orientée contre des tiers[31] ». Il n'en demeure pas moins que la Chine appuie Moscou en Ukraine et que la Russie soutient la Chine à l'égard de Taïwan. Alors même qu'elle est devenue une des dorsales du système international, la relation sino-russe a souvent été résumée à « un mariage de raison » par l'expertise occidentale. Or, les deux pays combinent désormais leurs efforts pour affaiblir les positions américaines avec de notables différences. Pour ce faire, Pékin et Moscou se rapprochent sur les plans économique, *via* des accords énergétiques de long terme, militaire, *via* des exercices conjoints fréquents, institutionnel, *via* des forums comme celui des BRICS ou de l'OCS, et diplomatique, *via* des positions croisées au Conseil de sécurité des Nations unies. Mais c'est surtout sur le plan idéologique que leur rapprochement est le plus remarquable. Il tient en un mot : antioccidentalisme.

La matrice léniniste du PCC, importée de Moscou, forge la vision actuelle du monde par Pékin. La chute de l'URSS continue de hanter la Chine, qui a analysé en profondeur les conditions de l'effondrement de 1991 pour arriver à la conclusion que l'erreur fatale aura été la dissolution du Parti communiste d'URSS. Si Deng Xiaoping jugeait que la désintégration de cette dernière résultait de son échec économique, Xi Jinping l'explique par la faiblesse de ses élites et leur ouverture à l'Occident. À cet égard, il faut lire la déclaration sino-russe du 4 février 2022, publiée quelques jours avant l'invasion de l'Ukraine. Les deux pays refusent de se voir imposer des « standards démocratiques » par d'autres, préconisent leur propre modèle politique et envisagent le développement de l'Union économique eurasiatique et de la BRI afin de bâtir « le plus grand partenariat eurasiatique » possible. À cette occasion, la Russie réaffirme son soutien au principe d'une seule Chine, voyant dans Taïwan « une partie inaliénable » de la Chine. Les deux pays condamnent la constitution d'AUKUS*, ainsi que l'élargissement de l'OTAN.

* Créée en septembre 2021, AUKUS est une alliance militaire formée par l'Australie, les États-Unis et le Royaume-Uni.

Fascinés par sa dynamique économique, les Occidentaux n'ont pas voulu voir que la Chine était le pays ayant le moins modifié sa conception du monde lors de la chute de l'URSS. En réalité, pour elle la guerre froide n'a jamais pris fin[32]. Ils tardent aussi à mesurer les effets du travail d'influence exercé par la Chine auprès du « Sud global ». Contestée par la diplomatie française, cette notion est en train de s'imposer. En finançant des infrastructures et des programmes de coopération, la Chine se rend indispensable dans de nombreux pays. Pour Pékin, ces relations supposent de la part de ses partenaires sinon un alignement sur ses positions, du moins une forme de neutralité. L'exemple du Sri Lanka illustre les risques encourus par un pays devenant trop dépendant des financements chinois. Vis-à-vis des pays occidentaux, sa diplomatie devient de plus en plus offensive. Elle ne craint nullement de provoquer des incidents, un peu comme si elle considérait la partie déjà gagnée. Ce n'est pas le cas.

*

* *

Priorités stratégiques de la Chine

En s'inscrivant résolument dans les pas de Mao Zedong, Xi Jinping fait le choix du culte de la personnalité pour consolider le régime au moment où le pays connaît un fort ralentissement économique. Avec la crise sanitaire et la guerre d'Ukraine, le cadre international des échanges qui a tellement bénéficié à la Chine est en train de se déliter. La réponse du PCC passe par un regain de nationalisme, qui se traduit par un durcissement à l'encontre des États-Unis et de leurs alliés. Pour les autorités chinoises, leur influence globale ne cesse de décliner. Par rapport à ses prédécesseurs, le nouveau timonier est à l'origine de trois ruptures : il ne craint pas d'afficher les ambitions finales de son pays ; il est passé de la rhétorique à l'action pour la transformation du système international en lançant notamment la *Belt and Road Initiative* ; il rappelle envers et contre tout le rôle cardinal du PCC dans la définition des intérêts de son pays[33]. Cependant, sa politique « Zéro Covid » entraîne un repli de la Chine sur elle-même, ainsi qu'un fort ralentissement économique et des protestations inhabituelles. C'est clairement la fin d'un cycle.

La première priorité consiste à renforcer le ciment idéologique du pays autour du PCC en portant « haut la grande bannière du socialisme aux caractéristiques chinoises ». La lecture du discours-fleuve de Xi Jinping, prononcé lors du XXe Congrès en octobre 2022, est indispensable pour saisir son objectif « de faire progresser le grand rajeunissement de la nation chinoise sur tous les fronts ». Même si le marxisme ne veut pas dire grand-chose pour beaucoup de Chinois, Xi Jinping insiste sur son succès dû à l'abnégation des communistes chinois qui ont toujours su conserver une vision globale : « Le Parti communiste se consacre à la recherche du bonheur pour le peuple chinois et du rajeunissement pour la nation chinoise. » Dans cette optique, il s'agit de conduire « la modernisation socialiste » jusqu'en 2035, puis de construire « un grand pays socialiste moderne, prospère, fort, culturellement avancé, harmonieux et beau » jusqu'au milieu de ce siècle.

La deuxième priorité se situe autour de Taïwan. Alors même que l'île n'a jamais fait partie de la République populaire de Chine, Pékin place la « réunification » au cœur de sa politique pour des raisons de légitimation historique. Avec sa culture démocratique et inclusive, Taïwan fait de plus en plus figure de contre-modèle pour la RPC, qui a mis au pas

Hong Kong. Les entrepreneurs taïwanais ont joué un rôle essentiel dans le miracle économique chinois qui a suivi l'ouverture au monde décidée par Deng Xiaoping. Aujourd'hui, alors que la Chine et les États-Unis sont engagés dans une guerre technologique de longue durée, l'île représente un enjeu central dans la mesure où elle assure la moitié de la production mondiale de semi-conducteurs dont une majorité de modèles de dernière génération. Or, dans ce domaine, la Chine ne parvient pas à rattraper son retard alors que ces composants sont indispensables aux industries de pointe. En particulier dans le domaine de la défense.

La troisième priorité consiste précisément à accélérer la montée en puissance dans le domaine militaire. Régulièrement, Xi Jinping rappelle le principe de la direction absolue du Parti sur les forces armées du peuple. Au cours des dernières années, il insiste avoir veillé à la « préparation au combat » et à la « modernisation » des forces comme président de la Commission militaire centrale. Dans son discours au XXe Congrès, il indique vouloir poursuivre ces efforts et intensifier « l'esprit de combat » avant de rappeler que « la sécurité nationale est le fondement du rajeunissement national ». C'est pourquoi elle doit être promue « dans tous les domaines et à toutes les étapes du travail du Parti et du pays ».

La quatrième priorité concerne la politique énergétique et climatique du pays. Si elle investit massivement sur le renouvelable, la Chine demeure fortement émettrice de GES et continue à devoir importer des volumes considérables de pétrole et de gaz. Elle reste attentive à toute forme d'interruption des flux énergétiques susceptible d'accentuer sa dépendance. C'est pourquoi elle entend sécuriser au maximum ses approvisionnements en entretenant des liens étroits avec des pays comme l'Iran, l'Arabie saoudite, la

Russie, ainsi qu'avec des pays africains et d'Amérique latine. Même si, avec la crise sanitaire, la *Belt and Road Initiative* apparaît beaucoup moins dans le discours chinois, il faut garder à l'esprit l'absolue nécessité pour la Chine de mieux contrôler la géopolitique du fossile. Dans ce domaine clé, elle ne bénéficie pas des mêmes atouts que les États-Unis. C'est pourquoi elle investit massivement dans la géopolitique du renouvelable. Elle dispose d'ores et déjà de deux leviers essentiels : la capacité de mobilisation de capitaux et le contrôle des chaînes de valeur des « terres rares », indispensables aux nouveaux systèmes électriques. En outre, elle investit toujours massivement dans le nucléaire, civil et militaire.

La cinquième priorité réside dans les ambitions technologiques. Pour les stratèges chinois, il est impossible de prétendre être une puissance technologique sans être une puissance manufacturière. À la différence de l'UE, la Chine entend développer des capacités de production critique de manière autonome. Actuellement, elle investit massivement dans la physique quantique où elle réalise des progrès rapides[34]. Sur ses possibilités futures s'affrontent toujours deux thèses : la première considère qu'il n'est pas possible à un régime autoritaire de réaliser de véritable saut technologique en raison de la surveillance et de la pression exercées sur les scientifiques, qui ont une patrie comme Xi Jinping aime à le rappeler ; la seconde suit une logique quantitative et anticipe que la RPC va continuer à progresser en raison des moyens qu'elle parvient à mobiliser[35]. Je pencherais plutôt pour cette dernière en suivant des entreprises européennes pour lesquelles l'innovation est désormais inconcevable sans les apports chinois[36].

La dernière priorité s'analyse sur la durée, car elle correspond au « basculement thalassocratique de la Chine[37] », qui constituerait une rupture historique majeure. L'enjeu pour elle est de parvenir à quitter « son assise continentale, collectiviste, autarcique » qui a caractérisé son positionnement pendant des siècles pour s'orienter vers « l'Asie maritime, ouverte, marchande et cosmopolite[38] ». Si les autorités chinoises ont parfaitement compris que le statut de puissance se jouait dans sa capacité à disposer d'une marine de haute mer, il n'est pas sûr qu'elles soient désormais en mesure de poursuivre l'ouverture du pays et de l'inscrire dans une tradition maritime d'échanges permanents. Comme le Royaume-Uni en son temps ou les États-Unis aujourd'hui, la Chine sait que l'exercice global de la puissance passe par la maîtrise des mers. Cependant, elle se heurte à un problème fondamental : son durcissement nationaliste la conduit à remettre en cause la liberté de navigation et les fondements du droit de la mer alors même qu'ils ont permis son essor économique au cours des quatre dernières décennies. Déjà présente en Méditerranée à travers des infrastructures portuaires, elle le sera un jour en Atlantique par ce biais et/ou par des missions navales régulières. Ce sera le signe du succès de son « basculement thalassocratique », et une menace directe pour les États-Unis. Difficile de savoir à quel horizon.

Enseignements pour la France

En premier lieu, notre pays doit mener un travail prospectif minutieux, qui pourrait s'appuyer sur quatre scénarios ayant 2050 pour horizon : le triomphe, l'implosion, la poursuite de l'ascension ou la stagnation de la RPC[39]. Si ces deux derniers scénarios semblent les plus probables, ils impliquent une forte coordination avec nos partenaires et alliés. Question stratégique centrale de la prochaine décennie, Paris redoute de voir l'Europe entraînée, à son corps défendant, dans une confrontation entre la Chine et les États-Unis. C'est un risque majeur qui apparaît à la lecture du *Concept stratégique* de l'OTAN publié en juin 2022. Cependant, indépendamment de la recherche de positions communes sur des sujets comme le réchauffement climatique, Paris doit se préparer au durcissement de la politique chinoise à son égard.

Premièrement, la pression directe ou indirecte exercée par la Chine sur les DROM-COM, notamment dans le Pacifique Sud (Nouvelle-Calédonie, Polynésie), et sur certaines parties de sa ZEE, l'oblige à travailler étroitement avec ses alliés et partenaires. Il faut se préparer à des scénarios de type « Malouines ». Sa défense de la « liberté de navigation » sur toutes les mers du monde, y compris en mer de Chine, participe de la défense d'un système international ouvert et interdépendant.

Deuxièmement, Pékin s'efforce évidemment d'affaiblir le lien transatlantique en privilégiant Berlin comme partenaire économique et en encourageant la spécificité de Paris au sein de l'OTAN, tout en valorisant l'UE comme acteur commercial de premier plan. Il faut, là aussi, préparer des scénarios sur l'évolution possible des relations Chine/États-Unis/UE, ainsi que sur les relations Chine/UE/Afrique.

Troisièmement, avec la déclaration sino-russe de février 2022 et la guerre d'Ukraine, la Chine s'immisce dans la sécurité européenne. En dépit de la rhétorique nucléaire de Vladimir Poutine, elle apporte son soutien à Moscou pour ses opérations en Ukraine par la voix de Li Zhanshu, le numéro trois du régime, en septembre 2022 : « Nous comprenons totalement la nécessité de toutes les mesures prises par la Russie pour protéger ses intérêts fondamentaux. Nous lui fournissons de l'aide par une action coordonnée[40]. » Impossible, dans ce contexte, de ne pas prendre attentivement en compte à Paris les conséquences prévisibles du resserrement des liens sino-russes en Europe, en Afrique, au Moyen-Orient et dans l'Indopacifique.

Quatrièmement, la question des droits de l'homme, en ce qui concerne notamment les Ouïghours, comme celle de l'usage des données à des fins de surveillance individuelle pourront de plus en plus difficilement être éludées par les entreprises présentes en Chine en raison des risques réputationnels associés. Ces dernières ne sauraient faire l'économie d'une réflexion de fond sur leur présence – certaines d'entre elles se préparent à pouvoir stopper leurs activités du jour au lendemain en cas de crise aiguë – et sur les conséquences pour leurs activités d'un blocus de Taïwan.

3

L'Allemagne ou le « changement d'époque »

Le cycle ouvert par la réunification de la République fédérale d'Allemagne en 1991 s'est refermé en Ukraine trente ans plus tard. Au lendemain de l'agression russe, le chancelier Olaf Scholz prend acte d'un « changement d'époque » qui le conduit, quelques semaines plus tard, à un constat lucide : « L'état de notre *Bundeswehr* et de nos structures de défense civile, mais aussi notre trop grande dépendance envers l'énergie russe montrent que nous nous sommes bercés d'une fausse sécurité après la fin de la guerre froide[1]. » Au sein de l'UE, l'Allemagne apparaît comme le pays le plus ébranlé par les conséquences de la guerre tant le retour de celle-ci va à l'encontre de son modèle.

L'Allemagne, c'est presque un tiers de la zone euro et 4,5 % du PIB mondial. Quatrième économie mondiale bénéficiant à plein de l'ouverture des marchés, elle a construit un modèle industriel exportateur, principalement orienté vers les États-Unis, la France et la Chine, qui lui a permis de dégager de confortables excédents commerciaux et de maintenir ses dépenses militaires au plus bas. Sa force réside notamment dans son industrie automobile. Sous couvert de préoccupations environnementales, ses choix énergétiques n'oublient jamais les besoins de son appareil productif. Pendant les seize années (2005-2021) d'Angela Merkel à la Chancellerie, le PIB allemand augmente de 50 % tandis que le taux de chômage est quasiment divisé par deux. En 2015, sa célèbre phrase – « Nous y arriverons ! » – encourage les Allemands à mener à bien l'intégration d'un million de réfugiés accueillis du jour au lendemain par un pays à la population vieillissante.

La guerre d'Ukraine oblige Berlin à reconsidérer, dans l'urgence, ses relations avec Washington, ultime garant de sa sécurité ; avec Moscou, fournisseur énergétique traditionnel ; enfin avec Pékin, partenaire commercial de premier plan, tout en continuant à vouloir orienter l'UE. Cette situation inconfortable renvoie à deux dynamiques de son histoire au XXe siècle[2]. Parfaitement assumée, la première a consisté à toujours rechercher le progrès scientifique et technique pour assurer le bien-être matériel de sa population et exercer une forte influence économique internationale. Profondément refoulée, la seconde s'est traduite par une conduite de la guerre, indépendamment de la « Solution finale », à une échelle sans précédent, en particulier contre la Pologne et l'URSS. En injectant 100 milliards d'euros dans un fonds spécial pour la *Bundeswehr*, la coalition dirigée par Olaf Scholz change le logiciel stratégique hérité de la réunification afin que l'Allemagne puisse « assumer ses responsabilités en Europe et dans le monde en ces temps difficiles »[3]. En a-t-elle vraiment la volonté ?

Les fondements de la puissance

Professionnellement, dans les milieux allemands d'expertise stratégique, j'ai toujours été frappé, d'une part, par la répugnance à utiliser le terme de « géopolitique » en raison de sa connotation historique et, de l'autre, par la prédominance des échanges germano-américains sur les échanges franco-allemands, créant une sorte d'incompréhension entre Paris et Berlin sur un certain nombre de sujets comme l'« autonomie stratégique européenne ». Une part de cette incompréhension tient à la lecture française de la trajectoire allemande focalisée sur la réconciliation franco-allemande post-1945, qui ne permet guère de saisir les soubassements stratégiques des relations germano-américaines et germano-russes.

De la géopolitique en Allemagne

Au détour d'un salon de l'hôtel de Beauharnais, résidence de l'ambassadeur d'Allemagne à Paris, l'hôte croise immanquablement le regard scrutateur d'Otto von Bismarck (1815-1898), l'artisan de l'unité allemande « par le fer et par le sang ». À tort ou à raison, il est encore associé à la *realpolitik*, c'est-à-dire au fait de « ne s'inspirer que de la réalité des intérêts nationaux » dans la prise de décision en matière de politique internationale[4]. En lisant ses Mémoires, on ne peut que constater l'attention qu'il porte à l'ensemble des protagonistes indispensables « dans la question de l'équilibre européen », ainsi que la valeur temporelle, et non éternelle, qu'il accorde aux alliances : « La politique internationale est un élément fluide qui, par intervalles et selon les circonstances, se solidifie, mais que les changements atmosphériques ramènent à son état primitif[5]. » Bismarck considérait qu'il existait deux tendances en Europe : « le système de l'ordre » reposant sur le principe monarchique et « la république sociale » nourrissant des idées antimonarchiques, socialistes et révolutionnaires. Il œuvre ainsi à la Triple-Alliance entre Saint-Pétersbourg, Vienne et Berlin, qui doivent s'entendre pour « défendre les intérêts de l'ordre politique et social ». Parallèlement, il ne cherche pas à concurrencer Paris et Londres dans le domaine colonial. C'est sans doute pourquoi la marine n'est pas une priorité pour lui, conscient que son pays ne dispose « pas de ressources illimitées en équipages[6] ». Il tarde d'ailleurs à entreprendre la construction du canal de Kiel*.

Une vision du monde se construit par couches sédimentaires dans un cadre géographique au gré des aléas historiques. Comme le remarque Carl Schmitt dans *Terre et Mer* (1942), la première singularité de l'Allemagne est d'avoir été « écartée de la conquête européenne du Nouveau Monde » et d'avoir été « entraînée de l'extérieur dans l'affrontement mondial entre puissances conquérantes de l'Ouest européen[7] ». Une autre de ses singularités est d'avoir été la « terre des professeurs de géographie[8] ». En effet, l'enseignement de la géographie et de l'espace apparaît en Prusse dès le début du XIXe siècle à l'école et au lycée. L'association des deux disciplines correspondait aux idées d'Emmanuel Kant (1724-1804) sur le Temps et l'Espace. Les cartes cessent alors d'être l'apanage des souverains pour être diffusées par les premiers manuels scolaires. Ils servent la stratégie prussienne d'unification de l'Allemagne sous sa tutelle. L'Allemagne est le pays où la géographie eut la plus grande importance politique, car elle contribua idéologiquement à l'unification nationale. Les récits des grands explorateurs allemands, au premier rang desquels figure Alexandre von Humboldt (1769-1859), et l'enseignement scolaire de la discipline permirent à la grande majorité des Allemands

* Commencée en 1887 ; le canal maritime relie la mer du Nord (à Brunsbüttel) à la mer Baltique (à Kiel) sur 98 km. Guillaume II l'inaugure en 1895.

d'être beaucoup mieux informée de l'état du monde que leurs voisins.

Plus continentale que maritime

Friedrich Ratzel (1844-1904) et Karl Haushofer (1869-1946) méritent une attention particulière, car ils ont joué un rôle éminent dans le passage de la géographie politique à la géopolitique, terme utilisé dès 1900 par le professeur suédois Rudolf Kjellén (1864-1922). Pharmacien et zoologue de formation, le premier s'inscrit dans le courant évolutionniste : « Plus un État est développé, plus il tend à s'affranchir de son fondement organique[9] », écrit-il. Il hiérarchisa les nations en fonction de « leur capacité à maîtriser l'espace ». Général et géographe, doublement marqué par un séjour au Japon et son expérience du front, le second élabora une théorie de l'« espace vital » et créa la *Revue de géopolitique* en 1924. Il s'agissait de proposer aux décideurs un savoir destiné à « choisir pour l'avenir entre diverses alternatives[10] ». Il se suicida en 1946. Compte tenu de ses implications territoriales et raciales, le terme de « géopolitique » est proscrit après la Seconde Guerre mondiale en Allemagne. Reste que des questions comme l'équilibre entre les orientations continentale et maritime se posent toujours.

Après de nombreux voyages, notamment aux États-Unis, Friedrich Ratzel occupa la chaire de géographie de l'université de Leipzig en 1886. Il établit un parallèle entre les positions géographiques du Reich et de la Chine, l'un et l'autre menacés sur deux fronts. Par ailleurs, il tira les leçons du modèle chinois, qui avait su déplacer des populations et jouer sur l'autonomie des différentes ethnies. Ses travaux rencontrèrent un large écho en Allemagne comme à l'étranger. Parmi ses livres, relevons : *Géographie politique* (1897), *La Mer, source de puissance des peuples* (1900) et *L'Espace vital* (1901), dans lesquels il plaide pour un empire colonial allemand et la création d'une flotte de haute mer. Sa réflexion fait miroir à celle de l'amiral Mahan* : être une puissance de premier rang implique d'être une puissance navale. Le grand amiral Alfred von Tirpitz (1849-1930) fut un de ses lecteurs. Pour Friedrich Ratzel, la grande puissance de demain était celle qui combinerait les dimensions continentale et maritime. L'Allemagne n'y parviendra jamais. En dépit de son spectaculaire développement naval et de sa fine compréhension des enjeux maritimes, elle « se trouve déplacée derrière les grandes puissances maritimes dont elle doit passer les côtes pour rejoindre la haute mer[11] », observe-t-il.

À la fin du XIXe siècle, les échanges intellectuels germano-américains créent la grammaire de la *Weltpolitik* et de la *World Politics*, qui traduit le changement d'échelle de la réflexion stratégique du continental au global. Rappelons qu'en 1900, environ un dixième de la population américaine est d'ascendance allemande à un moment où les deux pays montent en puissance par rapport à la Grande-Bretagne[12]. Le Kaiser cède à l'appel du large : « Notre avenir est sur l'eau », déclare-t-il. Désormais, « l'Allemagne veut une place au soleil ». Sa politique oscille entre les exigences de la domination continentale et celles de l'ambition impériale, tout en poursuivant son développement économique et démographique. « La guerre, c'est comme le vin, elle dit toujours la vérité », avait coutume de dire Rudolf Kjellén. En matière navale, la Première Guerre mondiale fut un sévère révélateur : la guerre sous-marine intensive provoqua

* Voir le chapitre consacré aux États-Unis, p. 121.

l'entrée en guerre des États-Unis en 1917 ; les mutineries de la flotte en novembre 1918 alimentèrent l'agitation sociale et la *Hochseeflotte* se saborda à Scapa Flow, grande base de la *Royal Navy**. Quel symbole !

Toutes ces raisons expliquent pourquoi Adolf Hitler (1889-1945) s'est d'abord détourné de la puissance navale. Son expérience du front le traumatisa profondément. Il fut fasciné par l'arrivée des soldats américains en qui il voyait les descendants d'émigrants allemands n'ayant pu profiter d'un « espace vital » suffisant. Dans son esprit, ce sont les surplus démographiques de l'Allemagne qui auraient retraversé l'Atlantique pour combattre le Reich sous drapeau américain, et la guerre mondiale fut donc aussi à ses yeux une guerre civile allemande[13]. Sa vision du monde se construisit ensuite dans la prison de Landsberg à travers ses lectures et ses discussions avec Rudolf Hess (1894-1987), qui était en contact avec Karl Haushofer. Dans *Mein Kampf* (1925), il prévoyait plusieurs phases pour le retour de la puissance allemande. Continentale, la première impliquait d'acquérir de nouveaux territoires en Europe, d'éviter tout heurt frontal avec la Grande-Bretagne, logique qui aboutit à l'accord naval anglo-allemand de 1935, et donc de renoncer à l'outre-mer : « Renoncement au commerce mondial et aux colonies. Renoncement à une marine de guerre allemande, concentration de toute la puissance de l'État sur l'armée de terre[14]. » Il envisagea ensuite une seconde phase d'expansion au cours de laquelle l'adversaire principal serait les États-Unis. Elle nécessitait une flotte puissante. L'amiral Erich Raeder (1876-1960) le convainquit de reconstruire une *Kriegsmarine*, mais se heurta au manque de culture navale du Führer, qui ne comprenait pas la nécessité d'adapter

* Voir le chapitre consacré au Royaume-Uni, p. 149.

sa stratégie à la lutte contre les deux premières puissances maritimes, capables de mener des opérations combinées sur toutes les mers du globe. L'Allemagne nazie fut défaite par la terre et par la mer.

Une économie ouverte

Après la Seconde Guerre mondiale, l'Allemagne détruite, puis divisée – différence fondamentale avec la Première Guerre mondiale au terme de laquelle elle avait été amputée d'un septième de son territoire et d'un dixième de sa population – n'a pas d'autre alternative que de se reconstruire par la voie économique. Rappelons la position exprimée au lendemain de la Première Guerre mondiale par Gustav Stresemann (1878-1929), chancelier (1923), puis ministre des Affaires étrangères (1923-1929), qui, en acceptant de payer les réparations, instaura un sens de circulation transatlantique des capitaux : l'Allemagne empruntait aux États-Unis pour payer les Britanniques et les Français, qui remboursaient ensuite les États-Unis. Il fut le premier à reconnaître que « la politique [est] aujourd'hui avant tout la politique de l'économie mondiale[15] », convaincu de l'imbrication des grandes économies.

Après 1945, le miracle économique, indissociable du projet d'intégration européenne, fut la préoccupation constante de la RFA dont la sécurité était assurée par l'OTAN face au pacte de Varsovie. Dans les années qui suivent la réunification, l'Allemagne apparaît comme « l'homme malade de l'Europe » : par rapport à celles des pays à bas coût de main-d'œuvre, son industrie manque de compétitivité. Bénéficiant à plein de la création de l'euro, elle la retrouve dans les années 2000 en assouplissant son marché du travail et en réorganisant son appareil productif par des délocalisations industrielles dans les pays d'Europe centrale et orientale. Avec les élargissements de l'UE, elle occupe un nouveau positionnement géoéconomique grâce à ses entreprises exportatrices – son fameux *Mittelstand* – qui servent principalement les marchés chinois, américain et européen. L'industrie représente 20 % de son PIB. C'est, par exemple, le premier exportateur mondial d'automobiles, pour un montant de 142 milliards de dollars en 2019, devant le Japon. Avec son modèle de croissance extraverti basé sur le commerce, l'Allemagne a pleinement bénéficié de la mondialisation. Cependant, elle connaît une érosion de sa position relative dans la mesure où sa part dans les exportations mondiales est plus faible aujourd'hui qu'en 2004, et plus faible encore qu'au moment de la réunification[16].

La domination de son économie sur celle des autres pays européens, ainsi que sa très forte intégration avec les Pays-Bas, la Belgique et le Luxembourg lui permettent d'apparaître comme l'élément stabilisateur de l'ensemble. Mais en imposant l'austérité aux pays du Sud de l'Europe lourdement endettés, l'Allemagne a suscité de vives critiques politiques, notamment en France. Un point important à relever : en 1990, la France et l'Italie étaient ses principaux clients en achetant respectivement 13 % et 9 % de ses exportations. En 2020, les États-Unis occupent la première place (9 %), suivis par la France (8 %) et la Chine (7,5 %), pour une raison simple : la croissance américaine au cours de cette période a été largement supérieure à celle des pays européens, sans parler de celle de la Chine. Par ailleurs, le marché commun et la monnaie unique ne rapprochent pas les performances économiques des pays européens. Au contraire, une cassure est apparue entre Europe du Nord et Europe du Sud.

La taille de son économie offre la possibilité à l'Allemagne d'imposer presque mécaniquement ses vues et d'exercer ainsi une « semi-hégémonie » de fait. Un diplomate allemand de haut rang souligne les difficultés politiques de cette situation : « L'Allemagne est un pays important mais pas suffisamment fort pour dominer les autres. C'est une position très délicate, compliquée à gérer[17]. » Son pays a connu deux grandes stratégies après 1945. La première, conduite par Konrad Adenauer (1876-1967), visait à s'intégrer pleinement dans les structures euro-atlantiques : la construction atlantique et la participation à l'OTAN étant, pour Bonn, indissociables. La seconde, l'*Ostpolitik*, lancée par Willy Brandt (1913-1992) au début des années 1970, a modifié le cadre de la confrontation Est-Ouest et posé les jalons de la réunification. Depuis 1991, l'Allemagne serait, à ses propres yeux, davantage dans une logique d'adaptation aux circonstances que dans un effort de refondation de l'ordre européen. Jusqu'à la guerre d'Ukraine, le fonctionnement de l'UE convenait parfaitement à Berlin.

Depuis le début des années 2000, l'Allemagne poursuit selon certaines analyses un « nouveau nationalisme » principalement centré sur « la paix et les exportations[18] ». Cela implique une diplomatie maintenant un bon équilibre entre Washington, Pékin et Moscou, tout en orientant l'UE en fonction de ses intérêts. Avec les États-Unis, en dépit de l'hostilité de Donald Trump à l'égard d'Angela Merkel, les relations sont structurelles. Aux échanges commerciaux et financiers s'ajoute l'insécable lien de sécurité *via* l'OTAN. En mars 2022, Berlin annonce son intention d'acheter 35 avions de combat F-35 à l'entreprise américaine Lockheed Martin pour remplacer sa flotte de *Tornado*, et pouvoir continuer à assurer les missions de dissuasion nucléaire dans le cadre de l'OTAN. Cette décision est interprétée comme allant à l'encontre des tentatives d'« autonomie stratégique européenne ».

Avec la Russie, Berlin entretient une « relation particulière » qui plonge ses racines dans une histoire séculaire. Il n'est jamais inutile de rappeler que les deux guerres mondiales en Europe furent « essentiellement une lutte entre la Russie et l'Allemagne pour le contrôle du centre et de la partie orientale du continent[19] ». D'où, dans les deux cas, l'importance cruciale du théâtre ukrainien. La violence inouïe de ces chocs continentaux alimente toujours « une immense culpabilité » des Allemands à l'égard des Russes[20]. L'inverse n'est pas vrai. Sur le plan géoéconomique, l'objectif est fondamentalement d'importer du gaz russe. En 2005, Gerhard Schröder décide la construction du gazoduc North Stream I pour un approvisionnement direct entre la Russie et l'Allemagne qui réduit la dépendance au transit ukrainien. Il ne cesse depuis lors de se faire l'avocat des intérêts de la Russie en dépit des sanctions dont elle est l'objet à partir de l'annexion de la Crimée en 2014*. En lien avec les autres membres de l'UE, la décision prise par la coalition dirigée par Olaf Scholz de mettre fin aux importations de gaz marque une rupture fondamentale pour le modèle allemand.

La Chine représente un vaste marché pour ses exportations d'automobiles et de machines-outils. Angela Merkel s'y est rendue très régulièrement pour accompagner politiquement les investissements. Cependant, en janvier 2019, un document publié par la Fédération des industries allemandes reflète une nette inflexion à l'égard de Pékin, qui est présentée à la fois comme « un partenaire et un compétiteur stratégique[21] ». Quelques semaines plus tard, la

* Voir le chapitre consacré au Royaume-Uni, p. 149.

Commission européenne la qualifie de « partenaire, concurrent stratégique et rival systémique ». Lors de la présidence allemande de l'UE, Berlin obtient la signature de l'Accord global sur les investissements entre l'UE et la Chine, qui était en négociation depuis 2013, mais le texte est suspendu quelques mois plus tard. À la suite des révélations sur le travail forcé des Ouïghours au Xinjiang et de la répression à Hong Kong, l'UE prend des sanctions auxquelles Pékin oppose des contre-sanctions. Cette situation conduit un haut responsable diplomatique allemand à signaler un inévitable changement de pied vis-à-vis de Pékin : « On ne peut plus faire comme dans le passé avec la Chine, c'est impossible[22]. » C'est également le message adressé au patronat allemand par des personnalités politiques[23]. Et pourtant. Dans la mesure où elle dépend autant du commerce extérieur, l'Allemagne ne peut se détourner du marché chinois sans risquer d'affaiblir durablement des pans entiers (chimie, automobile, machine-outils...) de son appareil industriel.

Commercer implique une parfaite maîtrise des flux logistiques à l'heure du « *just on time* ». C'est pourquoi les autorités allemandes veillent attentivement à la situation de l'industrie maritime (chiffre d'affaires annuel de 50 milliards d'euros et 400 000 emplois). Chiffre qui ne trompe pas : l'Allemagne contrôle 20 % de la capacité mondiale des porte-conteneurs. En 2020, elle adopte une stratégie pour la région indo-pacifique, comme la France, car, comme l'exprime Heiko Maas, ministre des Affaires étrangères (2018-2021) : « C'est dans l'Indopacifique que se décide la structure de l'ordre international du futur. » Cependant, elle doit acquérir un minimum de crédibilité militaire si elle entend peser au-delà de son discours convenu sur la mondialisation ouverte et bénéfique. Pour ce faire, l'Allemagne tente de mettre en scène ses capacités navales. À l'été 2021, pour la première fois en vingt ans, la frégate *Bayern* appareille pour la mer de Chine avec pour mission de surveiller l'application des sanctions prises par l'ONU à l'encontre de la Corée du Nord. Signe des temps, elle se voit refuser une escale à Shanghai, ce qui suscite ce commentaire diplomatique un brin laconique : « La Chine n'est pas une menace militaire mais un défi[24]. »

Un modèle à réinventer

La Chine est loin d'être le seul défi à relever pour l'Allemagne. En réalité, c'est le modèle allemand tel qu'il fonctionnait depuis la réunification qui est aujourd'hui profondément déstabilisé. Pour reprendre les termes d'Olaf Scholz, il reposait sur l'idée selon laquelle « une étroite interdépendance économique assurerait à la fois notre stabilité et notre sécurité[25] ». Or, le retour de « l'impérialisme » en Europe détruit cet équilibre. La guerre en Ukraine replace mécaniquement l'Allemagne sur le versant continental de sa géopolitique. Comme le rappelle Annalena Baerbock, ministre des Affaires étrangères : « Entre Berlin et l'Ukraine, il n'y a que dix heures de route [...]. Pour nous, ces dix heures sont aujourd'hui la distance qu'il y a entre la paix et la guerre. » Le retour inattendu de cette dernière marque une « césure géopolitique » pour son pays[26].

À la recherche d'une crédibilité militaire perdue

Au cours des vingt dernières années, la politique allemande a consisté à maintenir la dépense militaire au plus bas et l'excédent commercial au plus haut. Depuis la réunification, le débat s'était concentré sur la participation à des opérations extérieures des forces armées. Pour mémoire, la Loi fondamentale de la RFA leur assigne un rôle essentiellement défensif, susceptible d'être exercé sur le territoire national et dans le cadre de l'OTAN. Elle interdit toute « guerre d'agression » et prévoit un contrôle parlementaire très étroit qui fait l'objet de débats entre les partis politiques[27]. L'Allemagne se définit avant tout comme une « puissance civile ». Point important à noter : parmi les partis formant la nouvelle coalition « feu tricolore* », 40 % des députés sont nés après 1981, c'est-à-dire qu'ils ont grandi dans l'après-guerre froide, période profondément marquée par le pacifisme et une mondialisation économique régulée par le droit[28].

En 1991, la RFA ne participe pas à l'opération « Tempête du désert » au Koweït. Après la réunification, des missions – Cambodge et Somalie – sont menées sous mandat des Nations unies. La « doctrine Kohl » selon laquelle les soldats allemands ne pouvaient être déployés dans des pays ayant été occupés par la Wehrmacht est remplacée par la « doctrine Fischer ». Ministre vert des Affaires étrangères (1998-2005), Joschka Fischer autorise pour la première fois la participation à des missions dans le cadre des frappes de l'OTAN au Kosovo. Il justifie sa position devant son parti en mai 1999 : « J'ai deux principes : plus jamais la guerre, plus jamais Auschwitz [...]. Pour moi, les deux vont ensemble. » La participation aux opérations de l'OTAN en Afghanistan, soumise à de très nombreuses restrictions, suscite de nouveaux débats qui reflètent l'impossibilité politique d'assumer l'hypothèse de devoir « faire la guerre[29] ».

* Elle rassemble le Parti social-démocrate (SPD), le Parti libéral-démocrate (FDP) et les Verts.

Cette position est à l'origine d'incompréhensions, notamment en France, alors que l'Allemagne est souvent sommée d'accepter davantage de responsabilités internationales compte tenu de son poids économique. Lors d'une conférence à l'Ifri, Annegret Kramp-Karrenbauer, ministre de la Défense (2019-2021), utilise la formule suivante pour souligner l'absence de culture stratégique commune entre Paris et Berlin : « [À la différence de l'Allemagne] la France a une tradition militaire ininterrompue », avant d'ajouter à l'attention d'un public français « qu'en Allemagne, nous sommes très prudents sur les grandes visions en raison de notre histoire[30] ». Mais le pragmatisme économique comme antidote géopolitique trouve ses limites en février 2022. Au lendemain de l'invasion russe, le général Alfons Mais, chef d'état-major de la *Heer*, publie un post ravageur sur son compte LinkedIn : « En quarante et une années de service en temps de paix, je n'aurais jamais cru vivre une nouvelle guerre. Or, la *Bundeswehr*, l'armée de terre que je dirige, est plus ou moins à sec. Les options que nous pouvons proposer aux politiques pour soutenir l'Alliance [atlantique] sont extrêmement limitées[31]. »

Le réveil est pénible pour la quatrième économie mondiale, qui s'était convaincue que la guerre appartenait définitivement au passé. En consacrant 1,5 % de son PIB à ses forces armées, l'Allemagne disposait d'un budget militaire annuel de 48 milliards d'euros avant la guerre. En dépit de cette somme extrêmement significative, les forces allemandes n'impressionnent guère. Le Livre blanc de la *Bundeswehr* (2016) prévoyait qu'elle soit en mesure « de délivrer des effets dans l'intégralité du spectre opérationnel » aussi bien pour des opérations limitées que d'envergure. En outre, elle devait permettre à l'Allemagne « d'assumer ses responsabilités et son leadership en tant que nation structurante d'alliances et de partenariats ». En réalité, son problème n'est pas financier mais politique : elle a entretenu des forces armées pour ne pas s'en servir, comptant sur l'OTAN pour garantir sa sécurité territoriale. Cela a eu pour conséquence d'aboutir à une inefficacité opérationnelle qui la rend peu crédible, sur le plan militaire, aux yeux de ses alliés et partenaires.

Le 27 février 2022, l'annonce par Olaf Scholz de la création d'un « fonds spécial pour la *Bundeswehr* » de 100 milliards d'euros frappe évidemment les esprits. Il prévoit des investissements « une fois pour toutes » dans les « projets d'armement nécessaires », tout en s'accompagnant d'un effort financier à hauteur de 2 % du PIB. Quelques mois plus tard, le chancelier précise ses ambitions : « La plus grande armée conventionnelle en Europe dans le cadre de l'OTAN est en train de se constituer, et cela est important pour la capacité de défense de l'OTAN dans son ensemble. » Il prévoit ainsi de dépenser « en moyenne entre 70 et 80 milliards par an pour la défense », faisant de son pays celui « qui investit le plus » en Europe dans ce domaine[32]. Il est évidemment trop tôt pour apprécier les conséquences de ce changement de cap, mais une chose est sûre : un sous-investissement chronique combiné à une sous-exploitation des capacités opérationnelles ne peut être corrigé rapidement en dépit d'un fort volontarisme politique. Par ailleurs, une armée se jauge aussi en fonction de son expérience opérationnelle, de sa transmission en doctrine, puis de sa traduction en instruction et entraînement. C'est à l'horizon 2030 qu'il sera possible de voir si les autorités allemandes auront fait preuve de constance. Reste à savoir quels sont les domaines qu'elles entendent privilégier – marine, balistique, spatial, cyber, blindés ? – pour retrouver de la crédibilité et de l'efficacité. Berlin semble toujours chercher le « concept » derrière cette annonce qui a marqué les esprits, notamment en France[33].

S'il est bien un domaine dans lequel l'Allemagne n'a jamais perdu sa crédibilité, c'est celui des exportations d'armes. Sous couvert d'un discours associant respect des droits de l'homme et octroi des licences d'exportation, elle se place au 4e rang des exportateurs d'armement entre 2016 et 2020 (derrière les États-Unis, la Russie et la France). « Le gouvernement fédéral veille particulièrement à ce que ces équipements ne soient pas utilisés afin de violer les droits de l'homme et qu'ils ne contribuent pas à l'aggravation des crises », lit-on sur le site du ministère de l'Économie. Dans les faits, l'Allemagne représente 5,5 % du marché total avec trois destinataires principaux : la Corée du Sud, l'Algérie et l'Égypte[34]. Au prix de nombreuses restructurations, elle est parvenue à maintenir une industrie navale qui dépend des exportations. Cette industrie s'organise autour d'entreprises ayant des activités duales et d'un groupe clé : Thyssenkrupp Maritime Systems Gmbh (TKMS). Basé à Kiel, Hambourg, Brême et Emden, il emploie 3 300 personnes et maintient un savoir-faire unique, celui des sous-marins conventionnels, dont il est le leader mondial. Il équipe notamment les flottes d'Israël, de la Turquie ou de l'Égypte. En injectant 100 milliards d'euros, il est certain que les autorités allemandes veulent dynamiser une industrie de défense déjà très compétitive. C'est en réalité son principal atout pour peser sur les recompositions stratégiques en cours.

Réussir la transition énergétique

Très énergivore, l'industrie manufacturière allemande souffre aujourd'hui du double choc de la transition énergétique et de l'explosion des coûts de l'énergie après avoir envisagé, depuis la réunification, les importations sous un angle purement commercial et ignoré leur dimension géopolitique. À l'instar des autres pays européens, l'Allemagne est confrontée au début du XXe siècle à une production pétrolière dominée par les États-Unis et la Russie, ce qui l'oblige à se tourner vers les ressources du Moyen-Orient. Le pic des exportations de pétrole soviétique en Europe est atteint en 1933. Pendant la Seconde Guerre mondiale, le contrôle du pétrole du Caucase figure parmi les buts de guerre de Hitler. Après la crise de Suez en 1956, le flux Est-Ouest s'intensifie avec la mise en service en 1963 de l'oléoduc Droujba qui part de Russie, traverse l'Ukraine, la Hongrie et la Pologne pour rejoindre l'Allemagne. Jusqu'à la guerre d'Ukraine, c'était la principale artère pétrolière d'Europe continentale. En 1974, l'URSS dépasse les États-Unis comme principal producteur de pétrole et intensifie ses exportations vers l'Europe occidentale encouragées par l'*Ostpolitik* allemande.

Pendant quatre décennies, Washington tolère avec réticence la dépendance de l'Allemagne au pétrole et au gaz russes, mais les choses changent au milieu des années 2000 sous l'effet combiné de quatre facteurs dans un contexte de forte demande mondiale : la réorganisation du secteur énergétique russe, la résurgence de celui des États-Unis devenus autonomes, le cours donné à Berlin à sa transition énergétique qui substitue le gaz au charbon et le projet North Stream, qui devient une ligne de fracture géopolitique au sein de l'OTAN[35]. En reliant sous la mer les deux principales puissances continentales européennes, il permet à l'Allemagne de se transformer en hub gazier pour l'ensemble de l'UE, qui a intégré son marché. Parallèlement s'amorce un processus de négociation sur le programme nucléaire iranien, initié par trois pays européens – Allemagne, France et Royaume-Uni – désireux d'importer du pétrole et du gaz d'Iran. Ce processus est toujours en cours*.

Signé en 2005, on l'a vu, par Gerhard Schröder après que Berlin, à l'instar de Paris et Moscou, s'est opposé à l'intervention américaine en Irak, l'accord gazier modifie les équilibres européens. North Stream I entre en service en 2012 au grand dam des pays Baltes, de la Pologne et de l'Ukraine. Destiné à doubler les capacités, North Stream II est achevé en 2021. L'administration Trump s'oppose résolument au projet. Lors d'un sommet de l'OTAN (2018), le président américain fustige le partenariat énergétique germano-russe : « L'Allemagne est complètement contrôlée par la Russie », déclare-t-il alors que son pays dépense « des milliards et des milliards de dollars » pour la protéger. Avant de rappeler que les États-Unis contribuent pour 70 % au budget de l'OTAN. À la tribune des Nations unies, il fustige à nouveau la dépendance de l'Allemagne au gaz russe, puis décide de lourdes sanctions contre les entreprises impliquées dans North Stream II. Les autorités allemandes méprisent ouvertement ces mises en garde qu'elles présentent comme des provocations supplémentaires. Avec l'arrivée de l'administration Biden, Washington et Berlin parviennent à un accord en juillet 2021. Le bel édifice s'effondre avec la guerre d'Ukraine, qui place l'industrie allemande dans une profonde incertitude comme le reconnaît un chef d'entreprise du *Mittlestand* : « Le pire, ce n'est pas de savoir si Poutine va fermer complètement le robinet de gaz, c'est de ne rien savoir du tout[36]. » Avec le développement de son industrie de GNL (gaz naturel liquéfié) transporté par méthaniers, les États-Unis servent le marché gazier européen dans une sorte de revanche de l'approvisionnement par la

* Voir le chapitre consacré à l'Iran, p. 255.

mer sur l'approvisionnement par la terre. Les Européens se tournent aussi vers la Norvège et le Royaume-Uni pour constituer leurs stocks à la veille de l'été 2022.

La politique énergétique de l'Allemagne suscite de nombreuses critiques : sous couvert d'un discours très volontariste en matière de décarbonation, elle ne compte sortir complètement du charbon qu'en 2038. En outre, elle doit désormais trouver, dans l'urgence, des substituts aux importations gazières massives en provenance de Russie. Ayant annoncé la fin de l'exploitation de ses centrales nucléaires pour 2022, sa production d'électricité reste très largement d'origine fossile malgré le développement des renouvelables. Si l'éolien a connu un fort essor au cours de la dernière décennie avec un doublement des capacités, il se heurte aux limites des infrastructures : fortement implanté dans le Nord du pays, il doit alimenter un cœur industriel qui se situe dans le Sud. Sa politique énergétique est aujourd'hui dans une impasse forcément préjudiciable pour sa compétitivité économique. La question est de savoir si l'Allemagne va s'efforcer de maintenir des activités manufacturières au risque d'une perte de compétitivité globale ou si elle va privilégier la sauvegarde de sa puissance industrielle par des délocalisations. Ses patrons ne cachent pas leurs intentions de poursuivre leurs efforts de conquête de nouveaux marchés, hors Europe.

Réinventer un modèle économique

La reconfiguration contrainte du modèle énergétique allemand doit s'opérer en même temps que celle du secteur automobile, fleuron industriel employant 12 % de la main-d'œuvre manufacturière du pays et produisant 16 millions de véhicules par an. Son succès participe à l'extraversion de l'économie de l'Allemagne puisqu'il représente plus de 16 % des exportations allemandes ; 75 % des voitures fabriquées sur son territoire sont exportées. Par ailleurs, plus de 70 % des voitures allemandes sont construites à l'étranger. Le groupe Volkswagen continue à investir dans son usine de Wolfsburg, son berceau historique où travaillent plus de 63 000 personnes. Dans le même temps, il développe 26 sites de production et compte 100 000 salariés en Chine. Puissante voix du patronat allemand, son P.-D.G. Herbert Diess (2018-2022) a mis en garde les responsables politiques en indiquant que l'interruption des approvisionnements de gaz russe pourrait mettre en danger le site de Wolfsburg.

En 2010 a commencé « une décennie dorée » pour les groupes allemands parvenus au point d'équilibre optimal entre l'internationalisation des chaînes de production et le maintien d'un tissu industriel à forte valeur ajoutée au cœur de l'Europe[37]. Dix ans plus tard, l'excédent commercial des constructeurs allemands avec la Chine s'élève à 15 milliards d'euros ; celui avec les États-Unis à 9 milliards. Les deux marchés sont cruciaux pour l'avenir du secteur, qui doit se convertir à la voiture électrique et « intelligente ». Exigé par l'urgence de la transition énergétique, le passage à la voiture électrique renforce une double dépendance à l'égard de la Chine et des États-Unis avec les besoins en batteries et en semi-conducteurs. La gestion des données est amenée à jouer un rôle prédominant de la future mobilité au fur et à mesure que les voitures sont connectées et gagnent en autonomie. Les GAFAM détiennent un avantage incomparable dans leur maniement. Google a, par exemple, lancé *Google Automotive Services*, qui accélère l'autonomisation des véhicules. Les constructeurs chinois, quant à eux, investissent massivement dans la voiture électrique dont ils contrôlent 75 % du marché domestique. La production de batteries est d'ores et déjà un des principaux enjeux du commerce triangulaire : Chine-États-Unis-Europe. Se pose désormais la question de la pérennité de la valeur ajoutée produite par le *Standort Deutschland* car, avec 800 000 emplois directs, l'industrie automobile joue un rôle clé pour la cohésion territoriale et sociale allemande. Au-delà de l'Allemagne, il s'agit de savoir si l'UE sera en mesure de rester un acteur clé de la mobilité face à la Chine et aux États-Unis. Pour être positive, la réponse implique une profonde et rapide transformation des chaînes de production dans un contexte de renchérissement du coût de l'énergie moins sensible pour ses concurrents.

Si l'Allemagne excelle à produire des véhicules, il se pourrait bien que le rapport à la voiture individuelle, ainsi qu'un certain nombre d'usages soient radicalement transformés. Cela pose plus profondément la question de l'adaptation de l'appareil productif allemand à une économie de services numérisés. Cette adaptation ne peut se faire sans réflexion sur le vieillissement démographique de l'Allemagne dont on anticipe mal les conséquences, ainsi que sur ses politiques migratoires. À horizon 2050, entre un quart et un tiers de sa population active devrait être d'origine immigrée, ce qui implique des mécanismes d'intégration performants[38]. La corrélation entre l'accueil des réfugiés et l'atténuation de l'évolution démographique suscite des débats aussi sensibles que complexes[39].

Les déclarations récentes des dirigeants politiques et des chefs militaires marquent le « changement d'époque » auquel l'Allemagne doit s'adapter. Mais elles doivent être complétées par celles d'un patronat allemand bousculé dans ses certitudes géopolitiques pour mesurer la profondeur de l'actuelle remise en cause. Avant sa démission, Herbert Diess s'est dit « préoccupé par l'attitude générale du gouvernement allemand envers la Chine » et a préconisé « davantage de dialogue » avec Pékin, car sans commerce avec la Chine l'inflation « continuerait d'exploser[40] ». Quelques semaines auparavant, il avait formulé le problème géoéconomique de l'Europe en parts de marché : « Nous avons raison de défendre nos idéaux [...]. Nous devons défendre ces valeurs, mais il est bien sûr plus facile de le faire depuis une position de force économique. Nous ne pouvons donc pas nous limiter à travailler ou à être économiquement actifs uniquement avec les démocraties qui répondent pleinement à nos valeurs. Cela représente un maximum de 10 % de la population mondiale[41]. » Un pourcentage insuffisant pour garantir la prospérité allemande. C'est avec ce chiffre en tête qu'Olaf Scholz se rend en Chine en novembre 2022.

*

* *

Priorités stratégiques de l'Allemagne

8 septembre 2022 : l'ambassadeur Vladimir Chizhov quitte ses fonctions de représentant de la Fédération de Russie auprès de l'UE au terme d'un séjour de dix-sept ans. 26 septembre 2022 : les gazoducs Nord Stream I et Nord Stream II, dont la Russie est propriétaire, subissent des explosions. 29 septembre 2022 : le chancelier Scholz annonce un plan de 200 milliards d'euros pour protéger les entreprises et les ménages allemands contre la hausse des prix de l'énergie. Ces trois dates illustrent à quel point les choix de politique énergétique allemands, que ce soit la décision unilatérale d'arrêter le nucléaire ou celle d'importer massivement du gaz russe, concernent tous les pays de l'UE.

En 2005, à l'occasion de la conférence au château de Cecilienhof*, Vladimir Chizhov, nouvellement nommé, rappelait que l'Europe serait toujours dépendante en matière énergétique. Si ce n'était pas de la Russie, ce serait de l'Iran ou de l'Arabie saoudite, deux pays moins fiables que le sien : « Si des interruptions devaient intervenir un jour, ce serait probablement de la faute des pays de transit [comme l'Ukraine] non de la Russie[42] », ajoutait-il. Au cours de la discussion, Michael Thumann, journaliste à *Die Zeit*, soulignait que le projet de gazoduc en Baltique « était purement russo-allemand » et suscitait de vives inquiétudes en Europe. Le diplomate Ulrich Brandenburg lui rétorquait qu'il ne s'agissait que d'un « projet commercial[43] ». En relisant ces échanges dix-sept ans plus tard, il apparaît que la portée géopolitique des gazoducs North Stream était parfaitement identifiée au début de leur construction, qui s'est faite par un alignement des intérêts de Gazprom et des groupes d'électricité allemands avec l'assentiment du Kremlin et de la Chancellerie. Ce fut un choix délibéré de « grande stratégie » géoéconomique, qui est désormais complètement remis en cause par la guerre d'Ukraine.

La première priorité est aujourd'hui l'élaboration d'une nouvelle politique énergétique permettant à l'Allemagne de maintenir sa compétitivité industrielle et de respecter ses engagements climatiques. La décision prise en 2011 par Angela Merkel de sortie du nucléaire après l'accident de Fukushima a fracturé les relations franco-allemandes. C'est une rupture majeure dont les effets ont été sous-estimés à l'époque. Elle s'est traduite par un investissement massif sur le gaz comme énergie de transition en dépit de son impact environnemental. Avec la guerre d'Ukraine, Berlin

* Voir le Prologue, p. 9.

doit en urgence repenser son modèle énergétique et, par voie de conséquence, sa politique étrangère. La question fondamentale est de savoir si elle compte le faire de manière unilatérale ou en profitant de l'occasion pour tenter de construire une politique européenne de l'énergie, qui reste hypothétique. « C'est dur et désagréable de constater notre dépendance à l'égard de la Russie[44] », regrettait en août 2022 une personnalité politique allemande devant un parterre de dirigeants d'entreprise. Elle invitait ces derniers à ne pas commettre une erreur similaire avec la Chine. Cette remarque, faite en passant, est décisive pour la stratégie de l'Allemagne au regard de l'exposition de ses industriels, qui, à l'instar des autorités gouvernementales, n'ont nullement l'intention d'y réduire la voilure. Le voyage à Pékin d'Olaf Scholz en novembre 2022 l'a démontré. Le chancelier allemand s'y est rendu seul, parlant de fait, pour les autorités chinoises, au nom de l'UE. Cette position est tenable tant que Washington ne demande pas à Berlin de faire un choix en cas de crise stratégique grave à Taïwan. En outre, il n'est pas sûr que les représentants allemands parviennent à faire preuve de « pragmatisme et de morale » avec les autorités chinoises comme ils le souhaiteraient[45].

La deuxième priorité est de parvenir à trouver un positionnement tenable sur la durée entre la Chine et les États-Unis, en maintenant une relation économique substantielle avec Pékin et en retrouvant une crédibilité militaire aux yeux de Washington, tout en continuant à orienter le cours de l'UE. L'Allemagne a grandement bénéficié de la mondialisation pour s'enrichir au cours des deux dernières décennies. Ses décideurs ne misent pas sur l'instauration d'un système bipolaire sino-américain, mais sur un système multipolaire. Dans cette optique, leur maître mot est celui de « re-globalisation », avatar de leur modèle mercantiliste.

La troisième priorité réside dans son implication au sein de l'UE et de l'OTAN. L'Allemagne ne peut se détourner ni de l'une ni de l'autre, mais sa puissance économique et financière lui a permis d'imposer ses priorités. Souvent critiquée pour ses décisions unilatérales, lourdes de conséquences pour ses partenaires, elle ambitionne ouvertement de devenir la « première armée conventionnelle » du continent. C'est une rupture manifeste avec son positionnement depuis 1945, qui soulève une question de fond au-delà de l'avenir de l'actuelle coalition : dans quelle mesure l'Allemagne entend-elle renationaliser sa politique énergétique et sa politique de défense sous couvert d'unité européenne ? Une chose est certaine, une armée ne se juge pas seulement à la qualité de ses équipements. Il n'est pas certain que 100 milliards suffisent à reconstruire des forces armées crédibles à moyen terme. Une autre chose est certaine en revanche : l'Allemagne se prépare d'ores et déjà aux prochains élargissements de l'UE, en particulier à celui vers l'Ukraine, qui correspond, finalement, à une certaine tradition continentale de la géopolitique allemande.

Enseignements pour la France

En novembre 2022, Olaf Scholz s'est rendu en Chine alors qu'Emmanuel Macron faisait une seconde visite d'État aux États-Unis. Ce chassé-croisé reflète l'absolue nécessité pour les deux pays d'anticiper au plus près les soubresauts de la relation sino-américaine. Sans doute Paris s'inquiète davantage que Berlin du durcissement stratégique de Pékin.

En premier lieu, notre pays doit prendre acte du fait que l'Allemagne est plus importante pour lui qu'il ne l'est pour elle. En effet, les deux dernières décennies se sont caractérisées par un décrochage économique entre un pays qui a accumulé les excédents commerciaux et un autre qui a accentué ses déficits. Cependant, la récession annoncée en 2023 oblige Paris et Berlin à agir de concert avec leurs partenaires européens pour tenter de limiter les répercussions sociales et de sauvegarder l'appareil productif.

En deuxième lieu, sur le plan diplomatique, les deux pays gagneraient à tirer les enseignements de la guerre d'Ukraine qu'ils ne sont pas parvenus à éviter malgré leur garantie apportée aux accords de Minsk. Il leur revient de préparer activement le prochain élargissement de l'UE à l'Ukraine en anticipant les aspirations à la puissance militaire de Varsovie et de Kiev. Ce sont de nouveaux équilibres à trouver bien loin des traditionnels débats franco-allemands sur la sécurité européenne.

En troisième lieu, Paris doit davantage prendre en compte les intérêts de Berlin (qui s'inquiète du partenariat stratégique franco-grec signé en septembre 2021) dans sa politique vis-à-vis de pays comme la Turquie, et explorer les possibilités de coopération avec des pays africains.

En quatrième lieu, les profonds désaccords entre Paris et Berlin, en particulier dans les domaines énergétique et spatial, méritent un traitement politique approfondi qui fasse l'économie d'effets de communication, préjudiciables à la crédibilité au sein de l'UE, et vis-à-vis de leurs partenaires extérieurs.

MER

Les États-Unis, le Royaume-Uni et l'Inde représentent environ 30 % du PIB mondial, et exercent leur influence sur de vastes espaces maritimes. Leurs relations reflètent à elles seules la politique internationale du XXe siècle, dans la mesure où Washington a pris la tête du monde occidental après Londres dans l'entre-deux-guerres. En 1947, l'indépendance de l'Inde accélère le vaste mouvement de décolonisation des empires européens. Compte tenu de son poids démographique et de son potentiel économique, les conditions de l'émergence de New Delhi sur la scène internationale constituent une des grandes questions géopolitiques du XXIe siècle. La situation géopolitique des trois pays est profondément différente même s'ils s'inquiètent de la montée en puissance de la Chine : les États-Unis dominent à travers un réseau d'alliances et de formats de coopération ; le Royaume-Uni est à la recherche d'un nouveau positionnement international après sa sortie de l'UE ; quant à l'Inde, elle est jalouse de son indépendance. Cependant, elle participe depuis 2017 au Quad indopacifique avec les États-Unis, l'Australie et le Japon. En septembre 2021, Washington, Londres et Canberra annoncent la création de l'alliance militaire AUKUS. Les trois pays se présentent alors comme des « démocraties maritimes ».

Nous sommes entrés dans une nouvelle ère de « navalisme », c'est-à-dire de séquence historique où les grandes puissances se jaugent à travers leurs marines, qui reflètent la vitalité de leur appareil industriel et l'acuité stratégique de leurs dirigeants. Plus largement, la mondialisation correspond avant tout à la maritimisation des échanges qui relient les économies les unes aux autres, donnant aux façades maritimes un rôle clé dans le développement. Cela implique de sécuriser les flux et en particulier les nœuds par lesquels ils transitent. Réfléchir à la mer en termes géopolitiques conduit à privilégier une vision réticulaire dans laquelle compte la capacité des acteurs à tenir simultanément plusieurs points d'appui à travers le monde.

Le rapport entretenu par un pays à la mer définit souvent son organisation politique et économique, ainsi que son positionnement international. L'historien britannique Andrew Lambert distingue les pays dont la puissance et l'identité viennent de la mer – Athènes, Carthage, Venise, les Pays-Bas et le Royaume-Uni – de ceux – Chine, Perse, Russie, Allemagne ou France – qui utilisent la mer comme une option stratégique parmi d'autres. Selon lui, les premiers ont historiquement davantage contribué au développement du commerce, de la connaissance et de l'inclusion politique que les seconds. Ils seraient à l'origine de l'économie globale et des valeurs libérales qui définissent le monde contemporain actuel[1].

En 1942, dans *Terre et Mer*, Carl Schmitt remarquait avec admiration que les Anglais « surclassèrent tous leurs rivaux et s'assurèrent une suprématie mondiale fondée sur la domination des océans » à la différence de la France, qui « n'a pas suivi le grand élan maritime lié au protestantisme des huguenots » et a choisi « par là même la terre contre la mer ». Quant à l'Allemagne, il constatait avec dépit que « sa contribution se perdit dans les guerres de religion et dans la misère politique de l'Empire[2] ». Après la Seconde Guerre mondiale, les États-Unis ont repris l'héritage de la puissance navale et l'ont utilisé à l'échelle globale pour imposer leur domination. Se référant au géographe britannique Halford John Mackinder (1861-1947), qui a présenté le *heartland* comme l'enjeu majeur de la géopolitique mondiale, Raymond Aron (1905-1983) a décrit ainsi le positionnement américain : « En ce dessein planétaire, les Amériques occupent, par rapport à l'île mondiale [*heartland*], une position comparable à celle des îles Britanniques par rapport à l'Europe. »

La lecture de l'histoire mondiale à partir de la lutte entre les puissances maritimes et les puissances continentales forge des représentations géopolitiques schématiques profondément ancrées dans certaines pratiques politiques, militaires ou économiques. Construire, entretenir et utiliser efficacement une marine exigent des investissements dont peu de pays sont en réalité capables sur la durée. Apparaissent ainsi deux conceptions du capitalisme sans doute caricaturales, mais qui correspondent néanmoins à la primauté accordée aux stocks ou aux flux : un capitalisme maritime qui parcourt des espaces ouverts et fluides dans lesquels importe la vitesse de circulation des capitaux ; un capitalisme plus continental qui défend davantage son pré carré au sein duquel prime d'abord l'effort d'épargne. L'enjeu n'est pas simplement géopolitique à travers les rapports de force navals, il est aussi géoéconomique à travers le partage des responsabilités maritimes, indispensables au fonctionnement de la mondialisation. Dans cette double optique, les choix de l'Inde s'avéreront décisifs pour les équilibres stratégiques et économiques globaux.

Le grand jeu naval

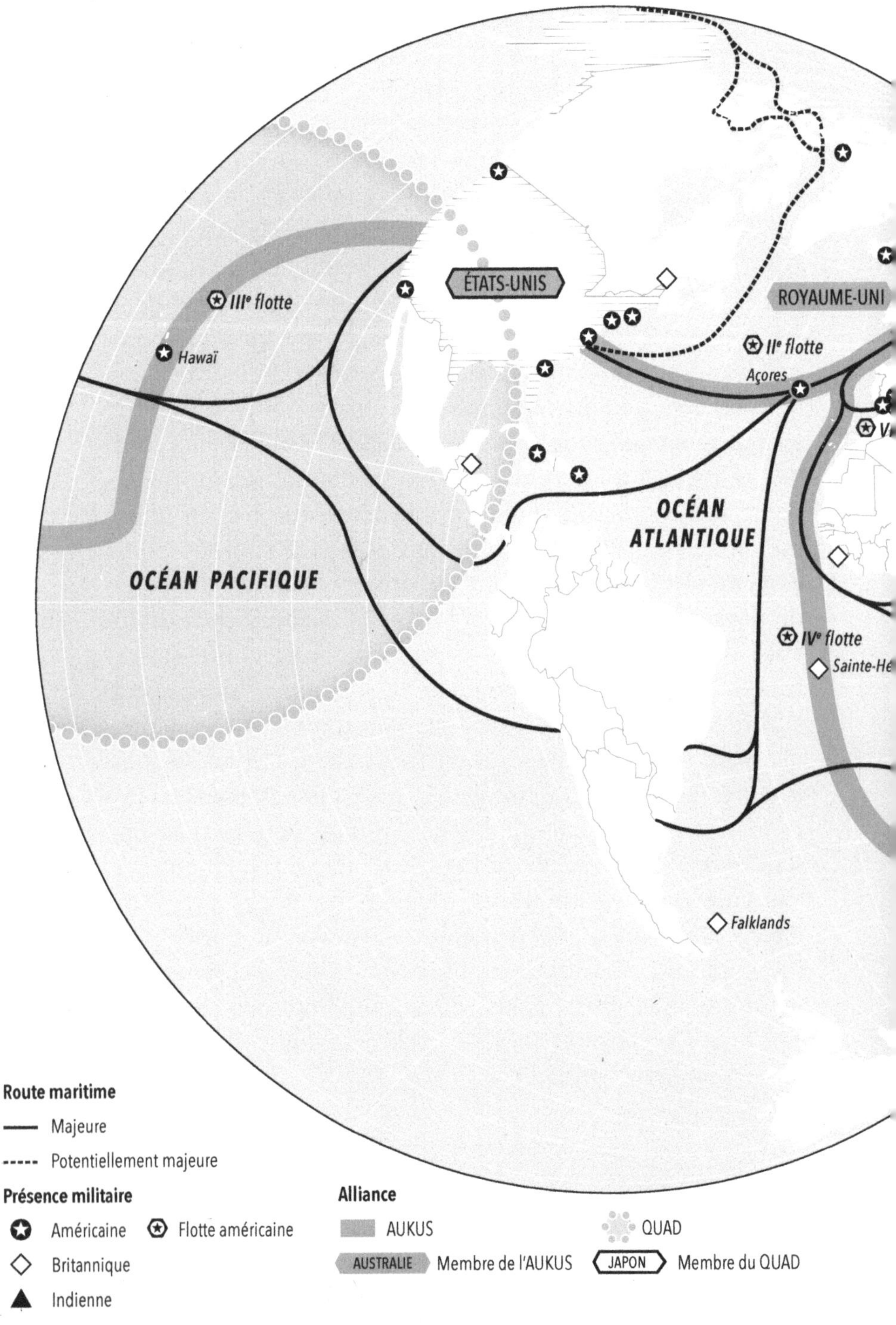

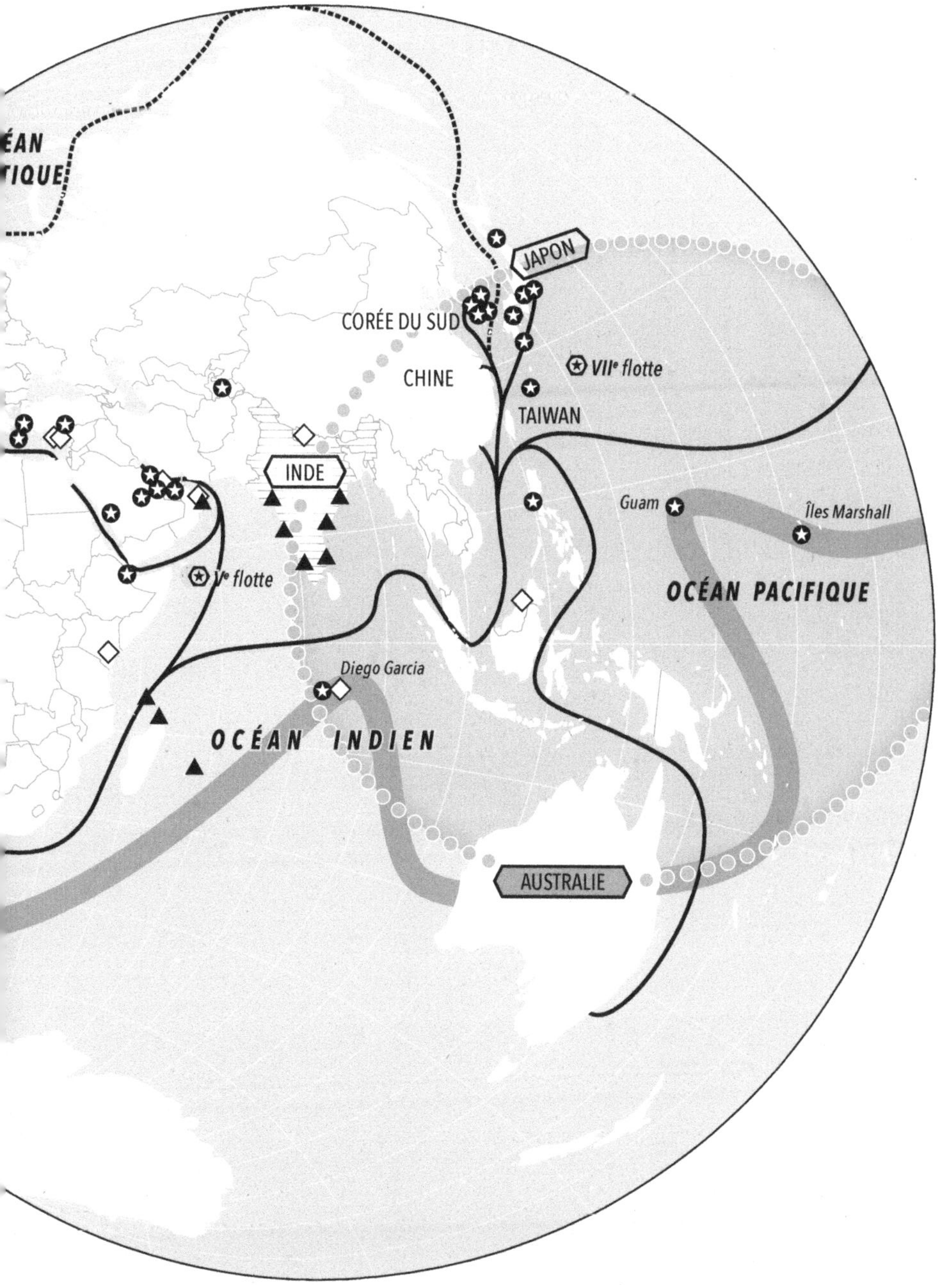
ÉAN
TIQUE
JAPON
CORÉE DU SUD
CHINE
VIIe flotte
TAIWAN
INDE
Ve flotte
Guam
Îles Marshall
OCÉAN PACIFIQUE
Diego Garcia
OCÉAN INDIEN
AUSTRALIE

4

Les États-Unis ou le contrôle global

Début juillet 2022, les directeurs du MI5 et du FBI prononcent un discours dans lequel ils se livrent à une mise en garde inhabituelle contre la Chine : « C'est que le gouvernement chinois représente une menace encore plus sérieuse pour les entreprises occidentales que ne le pensent même de nombreux hommes d'affaires avertis », déclare Chris Wray, le directeur du FBI, avant d'ajouter que traiter avec une entreprise chinoise revient presque à avoir le ministère de la Sécurité de l'État et l'Armée populaire de libération pour « partenaires silencieux ». Depuis Londres, il expose la priorité stratégique des États-Unis, tout en rappelant qu'ils sont « dans le même bateau » que leurs alliés.

Les Américains et les Britanniques ont embarqué sur un bateau ivre avec Donald Trump et Boris Johnson à la barre, remplacés par Joe Biden, Liz Truss (pendant une quarantaine de jours) et Rishi Sunak. En profondeur, les deux démocraties maritimes traversent des crises institutionnelles qui altèrent la confiance dans leurs modèles. Vingt ans séparent les attaques du 11 Septembre de l'assaut sur le Capitole : la cohésion nationale éprouvée par l'agression extérieure s'est transformée en forte polarisation idéologique. En juin 2022, la session de la Cour suprême décide d'une restriction du droit à l'avortement, d'une limitation des moyens fédéraux pour lutter contre le réchauffement climatique et d'une sanctuarisation du port d'armes. L'Amérique ne fait plus rêver le monde, elle l'inquiète.

Avec un déficit commercial de 975 milliards de dollars en 2021, l'économie américaine est directement concurrencée par celles de la Chine et de l'Europe. Sur le plan stratégique, le retrait d'Afghanistan en août 2021 a tourné à la déroute et a ravivé pour les États-Unis le spectre du Vietnam. Et pourtant, ils conservent un pouvoir de structuration sans équivalent, qui repose notamment sur leurs systèmes d'alliance. Quinze jours après Kaboul, les Américains annoncent l'alliance AUKUS avec le Royaume-Uni et l'Australie pour contenir la montée en puissance de la Chine. Après l'invasion russe en Ukraine, ils apportent un soutien militaire sans lequel Kiev n'aurait pu opposer de résistance durable à Moscou. Ce double front rappelle une réalité géopolitique fondamentale : les États-Unis disposent de deux façades océaniques et exercent leur domination à travers la maîtrise des espaces communs – haute mer, espace aérien, espace exo-atmosphérique et datasphère. C'est par leur conception globale du monde qu'ils ont assis leur supériorité sur les autres puissances. En sont-ils toujours capables ?

Penser global

Avant d'être nommé directeur de la CIA en mars 2021, William Burns présidait le *Carnegie Endowment for International Peace* (CEIP), un des principaux think tanks américains. À ses chercheurs, il expliquait qu'ils devaient être utiles de deux façons : « En anticipant et en étant global[1] », c'est-à-dire en étant capable de comprendre les ressorts régionaux, nationaux et locaux d'une situation et de les replacer dans le débat politique à Washington. Pour ce faire, le CEIP a ouvert des filiales à Moscou, à Pékin, à New Delhi, à Bruxelles et à Beyrouth, qui emploient des chercheurs de différentes nationalités en interaction permanente avec les gouvernements des pays suivis et la maison mère à Washington. Signe des temps, le bureau de Moscou a cessé ses activités en mars 2022.

Semper fidelis

« Toujours fidèle », cette devise est celle du corps des Marines créé à la fin du XVIIIe siècle, et rattaché au Département de la Marine. Son histoire aide à comprendre comment les États-Unis sont devenus une puissance amphibie et navale, étapes indispensables pour concevoir le monde de manière globale. Premier président des États-Unis, George Washington (1732-1799) avait déjà la conviction que « sans une force navale décisive nous ne pouvons rien faire de significatif[2] ». Garde d'honneur du président des États-Unis, les Marines assurent ses déplacements en hélicoptère, ainsi que la sécurité des postes diplomatiques. Dûment escorté, tout visiteur d'une ambassade américaine doit présenter son badge au Marine en faction derrière des vitres blindées. « Des palais de Montezuma aux rives de Tripoli », c'est ainsi que commence leur hymne en référence à la prise de Mexico (1847) et à la guerre contre les pirates barbaresques (1805). Leurs interventions délimitent l'extension progressive de la géopolitique américaine : Sumatra (1832), Chine (1855), Fidji (1858), Corée (1871), Philippines (1898), Cuba (1898), Hawaï (1898), Nicaragua (1912), Haïti (1915). Ils sont engagés lors des deux conflits mondiaux, puis en

Corée, au Vietnam et dans toutes les interventions américaines récentes. Une loi de 1952 interdit la dissolution ou la réduction du corps des Marines.

Les États-Unis ont acheté de vastes territoires comme la Louisiane (1803), la Floride (1819) ou l'Alaska (1867), tout en projetant leurs forces dans les Caraïbes, en Amérique latine et dans le Pacifique. Avec la doctrine Monroe (1823), ils ont condamné toute intervention européenne dans les affaires des Amériques, et ont ainsi établi le principe d'une sphère d'influence. En 1876, un rapport parlementaire du Congrès désignait l'océan Pacifique comme un océan américain, « future grande route entre nous-mêmes et les centaines de millions d'Asiatiques qui regardent vers nous pour le commerce, la civilisation et le christianisme[3] ».

Parallèlement, ils forçaient la pratique commerciale, car, comme l'avait observé le comte de Vergennes (1719-1787), secrétaire d'État des Affaires étrangères de Louis XVI : « Ces gens-là [les Américains] ont terriblement la manie du commerce[4]. » Un siècle plus tard, l'économie américaine rivalisait avec l'économie britannique. Entre 1899 et 1902, le secrétaire d'État John Hay (1838-1905) définit dans trois « notes » la doctrine de la « porte ouverte », qui proposait de maintenir un accès égal pour toutes les puissances étrangères au marché chinois afin d'éviter son morcèlement. En filigrane, il posait un principe d'une portée considérable : l'égalité d'accès aux marchandises et au capital.

La politique des États-Unis consiste fondamentalement à encourager l'ouverture des marchés extérieurs et à protéger le sien de la concurrence. Une quinzaine d'années séparent les « notes » de John Hay du moment où, en 1916, la production des États-Unis dépasse celle de l'Empire britannique. À la différence des autres belligérants, ils sortent en position de force de la Première Guerre mondiale avec un quasi-droit de veto sur les intérêts économiques et sécuritaires des autres puissances : « L'équilibre de la politique mondiale en 1919 ressemble beaucoup plus à la situation unipolaire de 1989 qu'au monde divisé de 1945[5]. » En effet, ils disposent alors d'une autorité morale, incarnée par Woodrow Wilson (1856-1924), d'une suprématie économique à travers les crédits en dollars et d'une puissance militaire reconnue, mais ne souhaitent pas encore exercer leurs responsabilités internationales à plein. Après le refus du Congrès, les États-Unis ne participent pas à la Société des Nations (SDN).

Cependant, la conférence navale de Washington (1922) consacre leur nouvelle prépondérance militaire en établissant le rapport de force entre le Royaume-Uni, le Japon, la France et l'Italie. Ni l'Allemagne ni la Russie soviétique n'y participent, ce qui révèle un pouvoir stratégique encore plus étroitement détenu que les armes nucléaires ne le sont aujourd'hui. Pour Léon Trotski (1879-1940), cette conférence marque un tournant dans la politique internationale comparable à la réécriture de la cosmologie par Copernic au Moyen Âge[6]. En réalité, l'importance des flottes est atténuée par l'apparition de l'arme aérienne, puis celle de l'arme nucléaire.

À la recherche du sea power

Impossible d'écrire *sea power* sans mentionner l'amiral Alfred Mahan (1840-1914) pour lequel la clé de la puissance réside moins dans la conquête terrestre que dans la maîtrise des mers. Directeur du *Naval War College* de Newport après une carrière embarquée, Mahan publie une trilogie sur *L'Influence de la puissance maritime dans l'histoire* (1890-1905) qui rencontre un large succès aux États-Unis, en Grande-Bretagne et surtout en Allemagne. Dans *Terre et Mer,* Carl Schmitt rappelle à quel point Mahan a directement inspiré l'amirauté allemande. En soulignant l'importance de l'insularité, le philosophe allemand controversé met en lumière l'existence « d'un condominium maritime anglo-américain ». Étant la « plus grande île », les États-Unis se retrouvent en mesure, après la Première Guerre mondiale, « de maintenir et de développer sur une base élargie la domination des mers[7] ».

La culture géopolitique des États-Unis doit beaucoup à l'Allemagne, et réciproquement*. En effet, les deux pays aspirent à un statut de puissance impériale, et donc navale, au même moment (1870-1914). De leurs échanges intellectuels complexes est née « la tradition réaliste atlantique[8] », qui place le rapport de force au cœur de l'analyse. Elle resurgit fréquemment dans les débats sur l'OTAN auxquels il m'arrive de participer. Britanniques et Français gagneraient à se souvenir que la culture géopolitique de leur principal allié s'est sans doute davantage forgée au contact de l'Allemagne que de leurs pays respectifs[9]. L'influence d'un Carl Schmitt se retrouve, par exemple, chez les néolibéraux de l'école de Chicago. Selon lui, le capitalisme est organisé par un double monde : l'*imperium,* c'est-à-dire celui des États exerçant leur autorité sur des territoires et des populations ; le *dominium,* c'est-à-dire celui de la propriété privée rendue possible par la circulation sans frontière des capitaux. Cette division est, à ses yeux, plus fondamentale que la distinction traditionnelle entre affaires extérieures et intérieures[10]. Le pouvoir des États-Unis s'exerce principalement aux points de jonction entre l'*imperium* et le *dominium,* dans la mesure où leur supériorité militaire sans égale leur permet de structurer le

* Voir le chapitre consacré à l'Allemagne, p. 87.

premier, tout en imposant le système de règles permettant au second de fonctionner. Les États-Unis se trouvent au sommet de la hiérarchie des États dans laquelle les pratiques capitalistes se lovent. Cela ne signifie nullement qu'ils ne soient pas contestés dans ce rôle.

La géopolitique relie l'idée au territoire : elle se concentre sur une série de points critiques qui offrent à ceux qui les contrôlent un avantage stratégique. Parmi eux, le canal de Panama*. Grâce à lui, la marine américaine est théoriquement en mesure de faire la navette d'un océan à l'autre en fonction de la localisation de la plus grande menace. Les États-Unis deviennent réellement une puissance globale pendant la Seconde Guerre mondiale en combinant des opérations d'envergure sur les théâtres atlantique et pacifique. En juin 1944, deux divisions de Marines débarquent sur les plages des îles Mariannes alors que leurs camarades sont engagés en Normandie. Cela révèle l'aptitude unique des États-Unis à organiser deux débarquements à 12 000 km de distance à quelques jours d'intervalle[11]. Leur suprématie post-1945 naît d'avoir remporté « le combat naval global[12] ».

Cependant, pendant la guerre, des voix autorisées comme celle du Britannique Halford John Mackinder (1861-1947) estimaient que la puissance globale dépendait surtout du contrôle du *heartland*. Sa formule est bien connue : « Qui tient l'Europe orientale contrôle le *Heartland*. Qui tient le *Heartland* contrôle l'île mondiale. Qui tient l'île mondiale contrôle le monde. » Dans un article retentissant de *Foreign Affairs* (1943), il écrivait que « si l'Union soviétique sort de la guerre comme le vainqueur de l'Allemagne, elle devra être considérée comme la plus grande puissance terrestre du monde », mettant ainsi en lumière une constante

* Ouvert en 1914.

préoccupation géopolitique : voir l'émergence d'une puissance dominante en Eurasie susceptible d'employer les vastes ressources continentales à la construction d'une flotte menaçant de se projeter. Cette préoccupation se retrouve aujourd'hui face au rapprochement entre la Russie et la Chine. Au cours des cent dernières années, les États-Unis n'ont jamais été en concurrence avec un compétiteur dont le PNB équivalait à plus de 40 % du leur. Avec la Chine, cette époque est révolue. En outre, Washington a fait le choix, sans doute par défaut, d'être en concurrence simultanée avec la Chine et la Russie, ce qui requiert un profond recalibrage de ses moyens. Le principe fondamental de la grande stratégie américaine demeure : empêcher l'émergence d'une puissance rivale, assise sur de vastes ressources détenues en propre, par le maintien d'une supériorité militaire dans tous les domaines.

Atlantique et Pacifique

Rappelons que les États-Unis sont entrés dans la Seconde Guerre mondiale à leur corps défendant. En 1937, ils ne consacraient que 1,5 % de leur PIB aux dépenses militaires (23,5 % pour l'Allemagne et 28,2 % pour le Japon). En 1939, moins de 3 % de l'opinion américaine se montrait favorable à une entrée dans le conflit européen. La défaite de la France en juin 1940 provoqua un véritable choc : « L'entière architecture de la grande stratégie américaine s'est effondrée », dans la mesure où les États-Unis avaient délégué à la France des pans entiers de leur sécurité et avaient « foi dans l'armée française[13] ». L'attaque surprise de Pearl Harbor, en décembre 1941, suscita leur entrée dans le conflit. Avec 70 % des forces navales mondiales en 1945, ils disposaient d'une capacité de projection de forces à l'échelle globale sans équivalent. Leur participation aux deux guerres mondiales a coûté 522 000 vies américaines. En mai 1945, plus de 3 millions de soldats américains se trouvaient en Europe. En août, Washington obtint la capitulation de Tokyo en recourant au feu nucléaire : « Hier, nous avons remporté la victoire dans le Pacifique, mais nous avons semé la tempête[14] », lisait-on dans le *New York Times*.

La décision de Harry Truman (1884-1972) visait à écourter la guerre, mais aussi à montrer sa détermination stratégique. Se référant à Pearl Harbor, il la justifiait de la manière suivante : « Quand vous êtes confronté à une bête fauve, vous devez la traiter comme une bête fauve[15]. » L'arme nucléaire devint le principal attribut de la puissance américaine, qui occupait le centre de l'économie mondiale. Ernest Bevin (1881-1951), ministre des Affaires étrangères britannique, écrivait alors : « Les États-Unis sont aujourd'hui dans la situation où se trouvait la Grande-Bretagne à la fin des guerres napoléoniennes. » Quand j'ai évoqué cette période décisive avec un ancien membre du *National Security Council*, aujourd'hui à la tête d'un grand think tank washingtonien, il a eu cette formule : « Nous avons encore en banque l'argent de la Seconde Guerre mondiale[16]. » Autrement dit, les États-Unis continuent à faire fructifier la puissance militaire acquise entre 1941 et 1945.

L'idée de Mahan selon laquelle la puissance nationale, la grandeur et la sécurité ne sont que les résultantes d'une force navale massive ne suffit plus. Il faut désormais repenser la puissance navale en fonction notamment des progrès balistiques et spatiaux. Cependant, le rapport entre les deux façades océaniques des États-Unis détermine toujours leur positionnement stratégique. Lecteur de Carl Schmitt, le philosophe français Julien Freund (1921-1993) consacre, au milieu des années 1980, un texte à la « thalassopolitique » dans lequel il évoque le débat géopolitique sous-jacent aux États-Unis entre les élites de la côte Est et celles de la côte Ouest. Selon lui, les premières, incarnées par John Kennedy (1917-1963), seraient toujours restées tournées vers l'Europe. Les secondes, à l'image de Richard Nixon (1913-1994), auraient une mentalité « plus combative et plus nationaliste » parce qu'elles doivent relever le défi « de la lente montée de l'océan Pacifique dans l'ordre de la politique internationale ». Élu président en 1968, le Californien bouleverse les « habitudes géopolitiques » en mettant fin à la guerre du Vietnam et en se rendant en Chine. Fondamentalement, les élites américaines conduisent une « thalassopolitique » visant à gérer « la concurrence entre l'Atlantique et le Pacifique[17] ». Ce débat est toujours d'actualité. Comme me le faisait observer incidemment une haute autorité militaire française, le soutien américain aux Ukrainiens correspond aussi « à la revanche de l'*US Army* sur la *Navy*[18] » ; les terriens regardent toujours vers l'Europe à travers l'OTAN, alors que les marins se préparent davantage aux chocs futurs en Asie.

À certains égards, la marine américaine se retrouve dans une situation comparable à celle de la *Royal Navy* il y a un siècle. Elle a atteint son point bas en 2015 avec 271 navires de surface. Son format actuel ne lui permet d'en déployer en moyenne que 90 par jour alors qu'il lui faudrait pouvoir compter sur 130 bâtiments[19]. La quantité redevient nécessaire pour assurer une présence globale. Cependant, la puissance américaine se distingue des autres par sa capacité à intégrer différents théâtres régionaux. Elle s'exerce en imposant la globalité à ses alliés et à ses adversaires. Ces derniers doivent s'y inscrire pour exister politiquement sans disposer des moyens pour ce faire. La Chine paraît aujourd'hui en mesure de relever un tel défi. Comme me l'expliquait un membre du *Defense Policy Board**, « seule la Chine a la possibilité et l'intention d'avoir une portée globale », avant de constater que « le centre de gravité se déplace chaque jour un peu plus en sa faveur au détriment des États-Unis[20] ».

AGIR GLOBAL

La fusion de la géopolitique comme discipline académique et comme pratique stratégique s'est opérée pendant la Seconde Guerre mondiale. À la Maison-Blanche, Harry Truman se rendait très régulièrement à la *Map Room*, hautement sécurisée, « où les mouvements des navires et des armées étaient constamment mis à jour à l'aide de marqueurs de couleurs[21] ». Les critiques de la géopolitique fustigent volontiers la « carto-hypnose », qui consiste à mener une politique en fonction d'une représentation du monde forcément imparfaite et partiale[22]. Si toute carte simplifie et fige une réalité complexe, elle propose aussi une interprétation de la situation permettant un passage à l'action. En ce sens, les cartes demeurent indispensables et convoitées. Disposer de celles utilisées par l'autre est un indicateur précieux de sa représentation du monde.

Contrôler les espaces communs

Tout au long de la guerre froide, les États-Unis élaborent un système reliant mer-terre-air-espace afin de parvenir à une efficience planétaire en combinant *imperium* et *dominium*. C'est ainsi qu'ils surclassent les Soviétiques et intègrent leurs

* Composé de personnalités chargées de conseiller le secrétaire d'État à la Défense.

alliés à leur dispositif. De 1991 à 2001, l'hyperpuissance américaine accentue son avance technologique et exerce un monopole complet sur ces espaces, laissant l'impression trompeuse d'être invincible. L'objectif consiste moins à conquérir ces espaces qu'à garantir la permanence des flux qui les traversent, indispensables à la projection des forces armées et au fonctionnement de l'économie mondialisée. Grâce à leur maîtrise simultanée des espaces communs, les Américains peuvent en principe projeter des forces sur tous les théâtres, et empêcher leurs compétiteurs stratégiques de faire de même.

Projeter des forces est une chose, stabiliser un pays en est une autre. Les attaques du 11 septembre 2001 touchent aux symboles de l'Amérique et tuent 2 977 personnes sur son sol, rappelant Pearl Harbor. En réaction, les États-Unis entrent en guerre contre le terrorisme et interviennent massivement, à ce titre, en Afghanistan et en Irak. Supériorité technologique, prouesses logistiques et aguerrissement des troupes conduisent à des succès tactiques et à des revers stratégiques. En Afghanistan, 2 443 soldats américains sont tués ; 837 milliards de dollars sont dépensés pour les opérations militaires et 145 pour la reconstruction du pays avant l'humiliation du retour au pouvoir des talibans en août 2021. En Irak, 4 500 soldats américains perdent la vie et 2 000 milliards sont engloutis : « On n'a pas de modèle de stabilisation post-conflit qui marche[23] », euphémise Stephen Hadley, conseiller à la sécurité nationale (2005-2009) de George Bush.

Pressée de fermer le cycle des interventions extérieures contre des adversaires plus faibles, la communauté stratégique américaine se repositionne sur la compétition de puissances, dès 2014, avec la *Third Offset Strategy*, renouant avec les cycles d'investissement technologique. L'administration

Eisenhower avait lancé la première stratégie de cette nature pour compenser la supériorité soviétique par la dissuasion nucléaire. Au début des années 1970, la deuxième stratégie visait cette fois, en situation de parité nucléaire, à rattraper la supériorité conventionnelle du pacte de Varsovie par la mise en œuvre des technologies de l'information et de la communication permettant notamment d'améliorer le renseignement, de cibler avec précision et de mener des opérations complexes. Enlisés en Afghanistan, les Soviétiques furent rapidement déclassés. Notons au passage que ces stratégies d'investissements technologiques furent prises au moment où les troupes américaines se heurtaient à la réalité du terrain : Corée, puis Vietnam.

Devant la montée en puissance de la Chine et la résurgence de la Russie, le Pentagone investit désormais sur la « collaboration homme-machine », espérant ainsi accentuer son avantage avec les priorités suivantes : armements hypersoniques, armes à énergie dirigée, drones sous-marins, autonomisation des systèmes d'armes grâce à l'intelligence artificielle, reconquête de la supériorité dans le domaine électromagnétique et lutte informatique[24]. En 2021, la dépense militaire américaine s'élève à 782 milliards de dollars, et doit atteindre 813 milliards en 2022. Plus de 100 milliards par an sont consacrés à la recherche et au développement. Même si le poids des États-Unis dans l'économie mondiale est appelé à diminuer, le Pentagone fait le choix de l'ultra-technologie pour maintenir la suprématie militaire des États-Unis, tout en irriguant l'appareil productif américain avec ses investissements. Autrement dit, la communauté stratégique n'envisage nullement un retrait des États-Unis du monde mais, au contraire, œuvre à « englober » ce dernier par la technologie. Est-ce à dire qu'elle ne définit plus d'ordre de priorité entre les différents théâtres en misant sur une sorte d'ubiquité globale ?

Énergie et priorités géopolitiques

Ce n'est pas l'avis d'Elbridge Colby, haut responsable civil du Pentagone sous Donald Trump, qui a rédigé la *National Defense Strategy* de 2018 dans laquelle la compétition de puissance avec la Chine devient prioritaire par rapport au contre-terrorisme. En conséquence, l'Indopacifique importe plus que le Moyen-Orient ou l'Europe. Dans son livre *The Strategy of Denial* (2021), il examine les conséquences du « pivot » de l'Europe vers l'Asie. Son raisonnement est simple, voire simpliste selon ses détracteurs : toute la stratégie américaine doit découler de l'antagonisme avec la Chine, susceptible d'attaquer Taïwan avant 2027[25].

C'est pourquoi la stratégie de Washington doit, selon lui, hiérarchiser quatre régions principales. En premier lieu, l'Asie, qui concentre plus de 40 % du PIB mondial. La rapidité du développement économique et technologique de la Chine au cours des quatre dernières décennies se ressent désormais dans le domaine militaire. À la différence de l'URSS, la Chine est en mesure de prendre l'avantage technologique sur les États-Unis. En deuxième lieu, l'Europe, qui représente moins de 25 % du PIB mondial mais dont l'économie reste avancée et innovante. En troisième lieu, l'Amérique du Nord, qui poursuit son intégration entre les États-Unis, le Mexique et le Canada, lesquels disposent de ressources énergétiques importantes. En dernier lieu, les pays du golfe Persique qui représentent moins de 5 % du PIB mondial mais concentrent 40 % des réserves mondiales de gaz et de pétrole. Dans ce contexte, l'objectif fondamental de la stratégie américaine « doit être d'éviter durablement qu'un autre État exerce son hégémonie sur l'une de ces régions clés du monde[26] ». Cette hiérarchisation souligne l'importance des enjeux énergétiques dans la définition de la stratégie américaine. Si cette dernière sert à indiquer un ordre de priorité, elle doit aussi s'adapter aux chocs inattendus. De ce point de vue, l'invasion de l'Ukraine par la Russie en février 2022 oblige la Maison-Blanche à prendre la décision d'une stratégie indirecte pour soutenir l'effort de guerre ukrainien en livrant des armes sophistiquées et en adoptant des sanctions économiques, décision qui fait immédiatement rejouer sa politique énergétique à l'égard de ses alliés de l'OTAN.

Depuis l'entre-deux-guerres, les États-Unis sécurisent leurs approvisionnements énergétiques, et ceux de leurs alliés, établissant un lien insécable entre dollar, pétrole et présence militaire, utilisé par toutes les administrations en fonction des circonstances. Point essentiel : à la différence de la plupart de leurs alliés, ils sont eux-mêmes producteurs de pétrole et de gaz. S'ils importaient les deux tiers de leur consommation de pétrole en 2005, ils exportent désormais plus de pétrole qu'ils n'en importent. C'est également le cas pour le gaz : *via* le GNL, les États-Unis concurrencent le gaz russe sur le marché européen. Au cours de la dernière décennie, la puissance militaire américaine s'est affaiblie au Moyen-Orient alors que sa puissance énergétique et financière s'est renforcée[27]. Cette rupture paradoxale modifie la géopolitique de l'énergie à son avantage dans un contexte où la Chine accentue sa dépendance énergétique aux fournisseurs extérieurs.

La guerre d'Ukraine amplifie ces transformations. Là où les Européens importaient du gaz de l'Est par voie terrestre, ils doivent désormais en importer de l'Ouest par voie maritime. Et cela très rapidement, avec une insuffisance des terminaux méthaniers, dans un contexte de fortes tensions sur les prix qui profitent évidemment aux producteurs, mais contribuent au retour de l'inflation et aux risques de récession économique. En juillet 2022, Joe Biden se rend à Djeddah, son Canossa, pour tenter d'enrayer la volatilité des prix du pétrole, renouant ainsi avec les habitudes de la diplomatie américaine. Il avait pourtant promis de faire de MBS un paria sur la scène internationale à la suite de l'assassinat de Jamal Khashoggi*, mais la hausse du prix du gallon d'essence à quelques mois des élections de mi-mandat l'oblige à composer.

Avec l'Ukraine, les enjeux de sécurité énergétique se surimposent à ceux de la sécurité climatique. Les États-Unis sont le deuxième émetteur de GES derrière la Chine, qui en émet le double. De manière symbolique, Joe Biden a rejoint les accords de Paris au premier jour de sa présidence, et se veut pragmatique dans leur mise en œuvre, tout en soulignant leurs implications militaires : « Ce n'est pas une blague. Vous savez quelle est la pire menace pour l'Amérique selon le Comité des chefs d'état-major ? Le réchauffement climatique[28] », déclare-t-il en juin 2021. Depuis la Première Guerre mondiale, la grande stratégie des États-Unis intègre une forte charge énergétique. La géopolitique de la transition nécessite des minerais, des capitaux considérables, des capacités d'innovation et d'organisation. Celle de la géopolitique fossile implique toujours de l'exploration, de la production et une sécurisation des flux. La combinaison de l'une et l'autre redonne aux États-Unis des marges de manœuvre globales. La probable fragmentation du monde en blocs énergétiques stratégiques les place incontestablement en position de force vis-à-vis de leurs alliés européens et asiatiques.

* Voir le chapitre consacré à l'Arabie saoudite, p. 231.

Les vecteurs de contrôle

Les États-Unis exercent leur contrôle global à travers quatre vecteurs principaux : les alliances militaires, le dollar, le droit et les plates-formes numériques. Bras armé de l'Alliance atlantique, l'OTAN constitue une pièce de l'*imperium* américain. Elle recherche l'efficacité militaire par l'interopérabilité des forces, ce qui suppose des formations, des entraînements et des règles d'engagement partagés. Ce dispositif favorise les exportations d'armements américains. Cela conduit Florence Parly, ministre des Armées (2017-2022), à rappeler que « la clause de solidarité de l'OTAN est l'article 5, pas l'article F-35* ». Depuis sa création, l'OTAN a connu deux vies. La première dure jusqu'à la chute de l'URSS, période au cours de laquelle les Européens demandent la protection américaine, qui rend possible leur intégration économique. La deuxième vie commence après 1991 avec les élargissements successifs qui doublent presque le nombre de membres et les interventions en dehors de sa zone d'action naturelle.

L'invasion de l'Ukraine ouvre un nouveau cycle, qui replace l'OTAN au cœur de la sécurité européenne face à la Russie. Le soutien apporté à l'Ukraine ramène les armées européennes à la guerre de haute intensité à laquelle elles ne s'étaient guère préparées ces dernières années. En juin 2022, le sommet de Madrid définit un « concept stratégique » tenant compte des nouvelles réalités : la Russie est présentée comme la menace la plus significative et la plus directe pour la stabilité de l'espace euro-atlantique. La Chine est également évoquée en raison des politiques coercitives qu'elle

* En mars 2019 à Washington. Le F-35 est un avion de cinquième génération, développé par Lockheed Martin, sur définition du Pentagone, mis en service en 2015.

mène, tout en restant opaque sur sa stratégie. S'agissant de ce pays, il s'agit pour l'OTAN de rester « ouverte à un engagement constructif », et de relever « les défis systémiques posés par la République populaire de Chine à la sécurité euro-atlantique[29] ».

Du point de vue de la stratégie américaine, le sommet de Madrid a trois significations principales. Tout d'abord, il confirme l'engagement américain en Europe après les incertitudes des années Trump. Ensuite, il rappelle que les États-Unis constituent le principal arsenal pour des Européens ayant renoncé, pour la grande majorité d'entre eux, à porter le fardeau financier de leur sécurité collective. La disproportion des moyens militaires américains et européens envoyés aux Ukrainiens met en évidence la dépendance européenne pour tout ce qui relève de la haute intensité. Enfin, le réengagement des États-Unis en Europe a pour corolaire le pivot de l'OTAN vers la Chine.

Les alliances militaires comme l'OTAN forment l'armature de la puissance américaine. Simultanément, la domination du dollar lui offre la possibilité de conduire des manœuvres géoéconomiques d'envergure auxquelles ses alliés ne peuvent que se rallier au risque de se voir à leur tour pénalisés. La réponse au 11 Septembre a été militaire et financière. Le Département du Trésor est moins connu à l'étranger que le Pentagone ou le Département d'État. Et pourtant, il dispose d'un privilège exorbitant, celui de couper l'accès aux circuits financiers légaux d'un acteur. Les États-Unis ont mis au point une ingénierie d'instruments financiers coercitifs comme les demandes de traçage de paiements ou le gel de comptes bancaires. Forgés pour la lutte contre les groupes terroristes, ces instruments sont désormais utilisés de manière systématique contre des États, des entreprises et des individus.

Pour comprendre les ressorts de cette « guerre financière », je rends visite à Juan Zarate, un de ses concepteurs. Ancien secrétaire adjoint au Trésor pour le financement de la lutte contre le terrorisme (2004-2005), auteur de *Treasury's War* (2013), il est désormais à la tête d'un cabinet de conseil sur la conformité financière ayant notamment des banques européennes pour clients. En l'écoutant dans son bureau ensoleillé sur Connecticut Avenue, deux choses apparaissent évidentes : cette guerre requiert une ingénierie financière indissociable de la profondeur des marchés financiers américains ; elle dépend *in fine* du poids relatif de l'économie américaine et de l'apparition éventuelle d'une alternative au dollar. Sur ce dernier point, le Trésor cible d'ores et déjà les crypto-monnaies et personne n'envisage encore le renminbi comme monnaie de réserve.

Rappelons qu'en 1865, Abraham Lincoln (1809-1865) a rattaché le *Secret Service* au Département du Trésor, avec l'éradication de la fausse monnaie comme mission. En outre, depuis 1901, le *Secret Service* est chargé de la protection personnelle du président. Les auditions parlementaires sur l'assaut du Capitole ont révélé au grand jour son rôle pour empêcher Donald Trump de rejoindre ses partisans. Au sein du Trésor, l'*Office of Foreign Assets Control* (OFAC) exerce une influence internationale considérable car il est chargé des politiques de sanctions. Aucune entreprise internationale n'ignore son nom. Son origine remonte à la Seconde Guerre mondiale quand les autorités américaines cherchèrent à contrôler les actifs des entreprises allemandes, italiennes et japonaises présentes aux États-Unis. Après la prise en otage de l'ambassade américaine à Téhéran en 1979, il a gelé 12 milliards d'actifs. Son influence n'a cessé depuis lors de s'accentuer et d'accompagner la politique étrangère américaine. Il est aujourd'hui au cœur de la « guerre financière » contre la Russie.

Les États-Unis combinent leurs actions financières, juridiques et technologiques afin de produire des effets globaux. Ils recourent activement au *lawfare*, c'est-à-dire à des stratégies juridiques complexes pour défendre leurs intérêts, stratégies servies par une pratique souple du droit, une culture de la négociation, une conception extraterritoriale dont le Département de la Justice est le fer de lance. L'utilisation d'instruments juridiques s'observe dans quatre domaines principaux : l'aménagement des contraintes juridiques par la réinterprétation des normes, la production de nouvelles normes au moyen d'un lobbying juridique auprès des régulateurs internationaux, la judiciarisation d'individus clés et l'utilisation du droit comme arme de réputation[30].

À la finance et au droit s'ajoute la technologie comme vecteur de contrôle global. Le « découplage » avec la Chine décidé par l'administration Trump a eu pour conséquence de casser la dynamique de la 5G alimentée par le chinois Huawei, très actif en Europe. Cette politique envers la Chine vise, d'une part, à « courir plus vite » en intégrant les technologies émergentes dans le secteur de la défense et, de l'autre, à « ralentir l'adversaire » par le contrôle des exportations et les sanctions. Il s'agit simultanément de convaincre et de contraindre les alliés pour qu'ils n'utilisent pas de technologies chinoises jugées à risque[31].

Vis-à-vis de leurs alliés comme de leurs adversaires, les États-Unis cherchent à maintenir une avance technologique, désormais directement contestée par la Chine. Dans cette optique, le secteur des semi-conducteurs revêt une importance cruciale. Il représente un marché mondial de 600 milliards de dollars, essentiel non seulement pour l'informatique ou l'automobile, mais aussi pour l'industrie de la défense. Peu connus du grand public, les groupes américains Broadcom, Qualcomm ou Nvidia jouent un rôle décisif dans leur conception et entretiennent des liens très étroits avec le Taïwanais TSMC et le Coréen Samsung pour la production. Quatre personnalités incarnent le capitalisme technologique américain : Bill Gates, cofondateur de Microsoft, qui oriente désormais ses efforts sur le changement climatique ; Jeff Bezos, fondateur d'Amazon, qui mise sur le tourisme spatial ; Mark Zuckerberg, fondateur de Facebook, qui investit dans le métavers, et Elon Musk, fondateur de Tesla et de SpaceX. Chacune de leurs déclarations connaît un large retentissement médiatique et véhicule l'image d'un pays à la pointe de la technologie.

Celles d'Elon Musk méritent une attention particulière tant ses décisions personnelles peuvent influer sur le cours du conflit en Ukraine. En effet, en février 2022, il fournit la constellation de satellites *Starlink* aux Ukrainiens pour leur offrir un accès Internet haut débit. En octobre 2022, il déclare ne plus pouvoir financer ce service. Quelques jours plus tôt, il avait publié un tweet proposant un plan de paix à ses 107 millions d'abonnés, plan bien reçu à Moscou. Cet épisode révèle le degré de puissance technologique accumulée par un petit groupe de personnalités, capables désormais d'orienter le cours de la politique internationale de leur propre chef. Ces initiatives ne peuvent s'expliquer par les transformations profondes de l'innovation à l'ère numérique. Alors que l'État fédéral a longtemps joué un rôle prépondérant en matière de R&D, le secteur privé représente désormais plus de 70 % des dépenses totales. Les grands patrons influencent directement les politiques publiques américaines, tout en contribuant à un récit global faisant de l'innovation l'alpha et l'oméga des évolutions sociétales.

Attribut de la puissance américaine, ce récit global conduit à deux observations plus générales. En premier lieu, les pouvoirs publics ont placé la « libre entreprise » au cœur de leur politique d'aide au développement depuis 1945. Pour Washington, il s'agit d'exporter le capitalisme à travers le monde, car seuls l'entreprenariat privé et les investissements étrangers seraient susceptibles de générer de la croissance. C'est pourquoi il faut toujours encourager les pays, qu'ils soient démocratiques ou autoritaires, à créer un climat d'investissement favorable[32]. Cela permet ainsi d'imposer un système de règles et de normes, et d'inscrire le développement dans un modèle global. En second lieu, les grandes entreprises technologiques influencent directement la stratégie militaire américaine tout comme celles des grands groupes énergétiques. Ce sont deux leviers de puissance dont aucun autre pays ne dispose. Ce constat me conduit à interroger un général du corps des Marines, féru d'histoire et passionné de technologie, sur la spécificité de la grande stratégie américaine. À ses yeux, ce sont les militaires qui en sont les garants ultimes. Ils sont les seuls à recevoir une éducation en la matière. Cependant, ils gagneraient, selon lui, à « intégrer la réalité du secteur privé » à leur action dans la mesure où il opère en dehors « des contraintes westphaliennes », c'est-à-dire des seules relations d'État à État. Et il ajoute : « L'exemple le plus remarquable de grande stratégie, c'est le plan Marshall car nous sommes une nation qui est au sommet quand elle est proche de ses alliés[33]. » Manière d'intégrer le secteur privé au maintien d'un système global d'alliances.

*

* *

Priorités stratégiques des États-Unis

Ancien secrétaire d'État adjoint (2005-2006), Robert Zoellick identifie cinq traditions qui innervent la grande stratégie américaine[34]. La première découle de la géographie, celle de l'Amérique du Nord, région bénéficiant d'une double façade océanique. L'intégration économique entre le Mexique, les États-Unis et le Canada crée un marché dynamique de 500 millions de consommateurs disposant de vastes ressources énergétiques. Deuxième tradition, le commerce et le libre-échange, promus activement sur le plan international. La troisième, c'est l'importance accordée aux alliances et au fonctionnement du système international. La quatrième tradition concerne le poids de l'opinion et du Congrès dans l'élaboration et le suivi des actions extérieures. Pour finir, les Américains considèrent que leur pays a une mission à remplir dans le monde, celle de le transformer. Rien n'indique que ces traditions devraient s'éteindre.

La première priorité des États-Unis est de maintenir le mode de vie de leurs classes moyennes. Ils représentaient 40 % du PIB mondial dans les années 1960, tout en envoyant des conscrits se battre au Vietnam ; ils représentent aujourd'hui 25 % du PIB mondial et entraînent leur armée professionnelle à une confrontation avec la Chine. Si leur rétraction économique relative s'explique principalement par l'émergence de la Chine et de l'Inde, elle ne doit pas faire oublier que l'économie américaine était plus faible que l'économie européenne en 1990. Elle la surclasse désormais. Les années Trump ont instillé un doute durable sur la trajectoire politique et institutionnelle des États-Unis. Sa défaite contre Joe Biden, suivie par celle aux élections de mi-mandat (novembre 2022), ne doit pas laisser croire à la disparition du trumpisme, qui repose fondamentalement sur la frustration économique et sociale de l'Amérique profonde, qui se sent déclassée par la mondialisation. Travaillée par les inégalités sociales et raciales, la société américaine traverse une profonde crise identitaire.

Dès lors, la deuxième priorité consiste à resserrer la cohésion nationale pour éviter que le pays soit traversé par des réalités parallèles. De ce point de vue, l'accès à l'éducation, et sa qualité, est crucial. Les États-Unis conservent de solides atouts : un état d'esprit entrepreneurial qui draine les talents du monde entier ; une capacité de mobilisation de ressources variées pour faire face aux défis ; un dynamisme démographique qui contraste avec le vieillissement de la population chinoise. Cependant, à l'heure du changement climatique, le « rêve américain », associé à un mode de consommation, apparaît quelque peu anachronique.

La troisième priorité est de continuer à imposer le jeu global aux autres pour maintenir leur primauté internationale. Dans la *Stratégie de sécurité nationale* publiée en octobre 2022, la Maison-Blanche assume la compétition de puissance, en particulier avec la Chine, tout en prenant acte des défis transfrontaliers comme le changement climatique, l'insécurité alimentaire, les pandémies, le terrorisme, les pénuries d'énergie et l'inflation : « Ces défis partagés ne sont pas des questions marginales qui sont subordonnées à la géopolitique. Ils sont le cœur même de la sécurité nationale et internationale et doivent donc être traités comme tels[35]. » Cette stratégie décrit une dialectique étroite entre la compétition géopolitique et les défis globaux : leur complexité et leur intensité croissante l'attisent directement.

Cela signifie que les États-Unis vont combiner la géopolitique du fossile et celle du renouvelable : ils disposent en la matière d'un avantage considérable sur leurs principaux compétiteurs dans la mesure où leur autosuffisance énergétique se double de capacités d'investissements considérables. En août 2022, le Sénat adopte l'*Inflation Reduction Act*, qui prévoit des investissements de 369 milliards de dollars dans le développement des énergies nouvelles, ce qui devrait permettre aux États-Unis d'améliorer leur avantage industriel notamment par rapport à l'Europe. Pour obtenir cet accord, les démocrates ont accepté de continuer l'exploitation des énergies fossiles. Sénateur de Virginie-Occidentale, Joe Manchin déclare au cours des débats : « Nous ne devons pas nuire à notre statut de superpuissance mondiale en éliminant une énergie fossile fiable et économique avant que les nouvelles technologies ne soient prêtes à prendre la relève[36]. » On peut y lire un résumé de la stratégie américaine de la prochaine décennie.

La quatrième priorité réside dans l'effort pour maintenir leur avance technologique et militaire, l'une n'allant pas sans l'autre, par une stratégie de moyens. En toutes circonstances, les États-Unis entendent compter sur des forces armées supérieures à celles de toute coalition envisageable. Leur industrie de défense est essentielle au développement de leur système d'innovation technologique. Parallèlement, la puissance américaine passe par ses alliances militaires et sa capacité de projection à travers le monde. Washington compte les utiliser dans sa confrontation avec la Chine. Cela apparaît dans le dernier concept stratégique de l'OTAN : en contribuant directement à la sécurité des Européens contre la menace russe, les Américains attendent en retour un soutien de leur part face à la Chine.

Enseignements pour la France

En premier lieu, il faut rappeler que l'alliance avec Washington et Londres est au cœur de la politique de sécurité de notre pays. Elle trouve ses origines dans la Première Guerre mondiale : la France est entrée dans le conflit avec la Triple-Entente (France, Royaume-Uni, Russie) pour en sortir avec l'embryon d'Alliance atlantique (France, Royaume-Uni, États-Unis). Ce fil court jusqu'à la *Revue nationale stratégique* présentée par Emmanuel Macron en novembre 2022, qui réaffirme que « le lien transatlantique reste essentiel pour la sécurité de l'espace euro-atlantique et par conséquence celle de la France[37] ». Il s'agit pour Paris d'assurer « le maintien d'un haut niveau d'interopérabilité avec les États-Unis[38] ». Lors de sa seconde visite d'État (novembre-décembre 2022), Emmanuel Macron évoque « l'intimité stratégique » des deux pays et leur « fraternité d'armes ».

En deuxième lieu, notre pays doit s'interroger sérieusement sur sa capacité à assurer par lui-même la sécurité de ses DROM-COM, en particulier dans le Pacifique Sud, ainsi que sur sa capacité à conduire seul des opérations extérieures exigeantes. En réalité, sa sécurité extérieure, y compris en Europe et en Méditerranée, dépend plus que jamais de l'efficacité de son système d'alliance.

En troisième lieu, la souveraineté nationale dépend de la capacité de la France à maintenir une industrie de défense lui permettant de produire ses propres armes, industrie qui joue un rôle moteur en matière d'innovation. Elle dépend aussi de la capacité à ne pas subir l'extraterritorialité du droit américain. Sur ces deux sujets, comme sur d'autres, Paris doit convaincre ses partenaires européens d'articuler leurs souverainetés nationales à la « souveraineté européenne ».

Paris doit naviguer entre deux écueils : le partenariat stratégique indispensable à sa propre sécurité et la rivalité économique visible (aéronautique, agriculture...) et invisible (armement, cyber...) qui est sans pitié. Fondamentalement, il s'agit pour la France de maintenir sa liberté d'appréciation des situations et de ses engagements, pour ne pas être embarqué, à son corps défendant, dans des aventures américaines qui ne seraient pas les siennes. Comme on peut l'entendre souvent à l'Élysée, il faut savoir « ne pas suivre le petit doigt sur la couture[39] ».

5

Le Royaume-Uni ou l'illusion globale

Le 5 septembre 2022, Élisabeth II (1926-2022) reçoit Liz Truss, son quinzième Premier ministre, au château de Balmoral, pour sa prestation de serment. Elle s'éteint trois jours plus tard après soixante-dix ans de règne au cours duquel elle n'aura cessé de veiller à l'unité du Royaume-Uni et du Commonwealth en incarnant le principe monarchique. Si les Anglais aiment contempler leur histoire, leurs politiciens préfèrent l'instrumentaliser. Prédécesseur de Liz Truss au 10 Downing Street, Boris Johnson avait choisi le Old Royal Naval College à Greenwich pour prononcer un discours sur le Brexit en février 2020. Au plafond, une peinture de James Thornhill (1675-1743) célèbre le *Triomphe de la Liberté et de la Paix sur la Tyrannie*. Marqué par « une explosion du commerce global grâce aux nouvelles technologies maritimes[1] », le début du XVIIIe siècle permit le décollage britannique. Établissant un parallèle avec cette glorieuse époque, le Premier ministre prétendait alors « libérer le potentiel britannique ». Après quarante-sept ans au sein de l'UE, le Royaume-Uni se trouverait à nouveau sur « une rampe de lancement » vers le monde. Est-ce seulement crédible ?

L'histoire du Royaume-Uni, c'est celle d'une suprématie insulaire qui lui permit de devenir le voisin de tous par la mer. Sa domination impériale se fit par l'exportation des hommes autant que par celle des capitaux, rendues possibles par la maîtrise des mers et du libre-échange. Pour les Britanniques, « le principe cosmopolite et le principe national ne sont qu'une seule et même chose[2] », disait Friedrich List (1789-1846), théoricien allemand du protectionnisme. Jadis, le « drapeau suivait le commerce » comme le « commerce suivait le drapeau ». Qu'en est-il aujourd'hui alors que le pays représente 3,2 % du PIB mondial, le deuxième déficit commercial mondial* et traverse une crise identitaire ?

Le *Global Britain* reflète davantage une nostalgie impériale qu'un projet crédible. Au lendemain de la victoire de 1945, des voix lucides avaient compris que si le Royaume-Uni était encore une grande nation, il ne serait plus une grande puissance. Et qu'il risquait de cesser d'être la première en poursuivant les chimères de la seconde[3]. Boris Johnson et Liz Truss, qui a été remplacée par Rishi Sunak au 10 Downing Street, prétendaient le contraire en adoptant la posture d'une « superpuissance de poche[4] ». En réalité, la stratégie britannique post-Brexit pourrait surtout consister à affaiblir l'UE et à renforcer l'OTAN pour exercer son influence sur le continent, tout en trouvant quelques raisons d'exister au-delà. Ce serait sa manière d'entretenir l'illusion d'une supériorité insulaire.

* 231 milliards de dollars en 2021.

La matrice industrielle

Berceau de la première révolution industrielle, le Royaume-Uni a connu plusieurs révolutions énergétiques indissociables de sa stratégie. La maîtrise des flux, quels qu'ils soient, a toujours constitué une priorité politique et économique. Jusqu'en 1939, le Royaume-Uni est le premier exportateur mondial de biens manufacturés et d'énergie[5]. Sur la durée, il a su conduire des politiques énergétiques à la fois cohérentes et pragmatiques. Ce n'est pas un hasard s'il a quitté l'UE au moment où cette dernière lançait une Union de l'énergie imposant des contraintes incompatibles avec la flexibilité recherchée par les différents acteurs britanniques.

La civilisation du charbon

« Loin d'avoir été arrêté dans ses progrès par l'Angleterre, le monde a reçu d'elle une forte impulsion. Elle a servi de modèle à tous les peuples, dans la politique intérieure et extérieure[6] », constate Friedrich List. Elle connaît une « révolution industrielle » qui fascine les autres pays et assure son prestige international en combinant puissance et richesse. Les Anglais se concentrent sur la maîtrise des forces productives, qui consiste fondamentalement à « acheter des produits bruts [et] vendre des produits fabriqués[7] ». Trois chiffres illustrent la vitalité des îles Britanniques. De 1550 à 1820, la population anglaise augmente de 280 % contre seulement 50 à 80 % sur le continent. Entre 1812 et 1914, 20 millions de personnes quittent les îles Britanniques pour s'installer outre-mer. Entre 1850 et 1875, leur commerce extérieur triple. C'est l'exploitation du sous-sol minier qui alimente un développement unique par sa rapidité. Les observateurs étrangers parlent du « miracle du charbon » pour les îles Britanniques, comme plus tard ils parleront du « miracle du pétrole » pour la péninsule Arabique. Le parallèle est d'autant plus tentant que les réserves de charbon de la Grande-Bretagne, aujourd'hui pratiquement épuisées, ont historiquement produit une quantité d'énergie équivalente à la production pétrolière cumulée de l'Arabie saoudite : la force motrice de l'industrie britannique a augmenté d'environ 50 % tous les dix ans au cours du XIXe siècle[8].

Le visiteur de la première Exposition universelle à Londres en 1851 est accueilli par deux figures symboliques : d'un côté une statue géante de Richard Cœur de Lion, symbolisant le Courage ; de l'autre, un énorme bloc de charbon de 24 tonnes, représentant la Puissance. En 1800, le charbon assure déjà 77 % des besoins énergétiques de l'Angleterre, chiffre qui atteint 95 % en 1900. Son exploitation intensive va de pair avec le développement des voies de communication, en particulier le réseau ferré. En 1850, l'Angleterre compte 11 000 km de voies ouvertes contre 12 000 km dans le reste de l'Europe. Le charbon nourrit la prospérité du Royaume-Uni par rapport au continent à l'époque victorienne. En termes de revenu par habitant, il a trois décennies d'avance sur la France et l'Allemagne.

La civilisation du charbon a façonné la société britannique. Elle a aussi laissé une forte empreinte sur l'environnement. En 2002, Paul Crutzen, prix Nobel de chimie, définit la période contemporaine comme l'Anthropocène, qui correspond à l'impact de l'action humaine sur la modification irréversible de l'environnement. Il la date de 1784, année de l'« invention » de la machine à vapeur par James Watt (1736-1819). Cela revient à désigner la Grande-Bretagne comme le berceau géographique de l'Anthropocène. La structure de l'économie fossile, charbon puis pétrole, est née là avant d'englober la plus grande partie du monde. Elle constitue le foyer d'un « croissant fossile » allant des Midlands à la Silésie dont l'exploitation s'est faite à partir d'un modèle extractiviste-productiviste que l'on retrouve ensuite ailleurs dans le monde[9].

La transition énergétique entre le charbon de bois et le charbon de terre, démultipliée par la machine à vapeur, singularise l'Europe par rapport à la Chine dès le XVIIIe siècle. En ce sens, la géologie est à l'origine d'une géopolitique dont la caractéristique principale est l'exploitation intensive de son propre sous-sol pour une projection simultanée de puissance et de richesse au-delà de son territoire. Aux yeux de certains, délimiter ce « croissant fossile » permet d'établir des responsabilités historiques, celles d'avoir été à l'origine des émissions de GES et des dérèglements climatiques en découlant, à l'heure où les victimes de l'injustice climatique, c'est-à-dire les pays colonisés, demandent des comptes[10].

De la liquidité du pétrole à la décarbonation

Évidence aux lourdes conséquences stratégiques, le pétrole est beaucoup plus facile à transporter que le charbon. Cela étant, sa prédominance met plusieurs décennies à s'installer : ce n'est qu'en 1967 que la consommation mondiale de pétrole dépasse celle de charbon. Dès 1865, l'économiste britannique Stanley Jevons (1835-1882) identifie deux problèmes fondamentaux dans *La Question du charbon*. Le premier concerne l'« effet rebond », c'est-à-dire le fait que la consommation d'énergie augmente à mesure que le rendement des machines s'améliore. Le second est formulé par le sous-titre : « Enquête sur le progrès de la nation et le probable épuisement de nos mines. » Vient un jour où les réserves d'un pays arrivent à extinction, que ce soit pour le charbon comme pour le pétrole.

Comparé au transport du charbon principalement par le rail, le transport transocéanique du pétrole bénéficie d'une très grande flexibilité : les tankers pétroliers quittent souvent le port sans connaître leur destination finale[11]. En 1913, le Royaume-Uni atteint le pic historique de sa production de charbon avec 287 millions de tonnes. La même année, Winston Churchill, alors Premier lord de l'Amirauté, décide la conversion au pétrole de la *Royal Navy*. Cette rupture oblige un contrôle à distance des puits de pétrole. Pour se doter d'un outil industriel à sa main, le gouvernement britannique prend la majorité en 1914 dans l'Anglo-Persian Oil Company, qui a découvert des gisements importants en Perse et commercialise son pétrole sous la marque British Petroleum (BP) à partir de 1916.

Avec le pétrole, le Moyen-Orient gagne évidemment en importance pour la diplomatie britannique de l'entre-deux-guerres. Elle cherche à éviter la dépendance au pétrole américain, tout en obtenant des concessions au détriment des Français. Le parcours de John Cadman (1877-1941) reflète ce pivotement de la stratégie britannique provoqué par le passage du charbon au pétrole. Né dans les Midlands, ingénieur géologue de formation, il inspecte les mines de Trinidad et Tobago avant de s'intéresser à l'extraction du pétrole de l'argile schisteuse. Après la Première Guerre mondiale, le Royaume-Uni exerce un mandat sur la Mésopotamie (1920-1932), qui correspond au territoire actuel de l'Irak. John Cadman encourage le gouvernement britannique à prendre le contrôle des provinces de Bagdad et Mossoul, et insiste pour que « tous les aménagements territoriaux en Syrie ou d'autres servitudes pour oléoducs, etc., de Mésopotamie et de Perse vers la Méditerranée soient assurés au mieux de la défense des intérêts britanniques[12] ». On ne saurait être plus clair. Président de la Turkish Petroleum Company, il obtient une concession en Irak dont Londres parvient à s'assurer le contrôle. Le pipeline entre Kirkouk et la Méditerranée devient l'« artère carotide de l'Empire britannique[13] ».

La maîtrise des approvisionnements pétroliers représente un des enjeux stratégiques de la Seconde Guerre mondiale. Elle passe par le contrôle de l'Iran envahi par les Soviétiques et les Britanniques en 1941. Unique exploitante du brut iranien, l'Anglo-Iranian Oil Company est, au lendemain de la guerre, la première source de revenus de la Couronne à l'étranger et octroie à la *Royal Navy* des tarifs très préférentiels, mais son monopole est violemment contesté par le Premier ministre, Mohammed Mossadegh (1882-1967). Organisée conjointement par la CIA et le MI6, l'opération « Ajax » le renverse en août 1953. Un nouvel accord est négocié entre Téhéran, Washington et Londres : l'Anglo-Iranian Oil Company disparaît et prend le nom de British Petroleum. Six ans après l'indépendance de l'Inde, l'Empire britannique s'agrippe à sa dernière pièce maîtresse. En 1956, la crise de Suez consacre le retrait de Paris et de Londres du Moyen-Orient au profit de Washington. Le général Dwight Eisenhower (1890-1969) décide de laisser ses deux principaux alliés européens « bouillir dans leur propre pétrole[14] ».

Dès 1956, le Royaume-Uni met en service sa première centrale nucléaire. La crise de Suez l'encourage à développer un programme de construction de centrales de 5 000 MW. À la fin des années 1960, le pays importe principalement son pétrole d'Irak, d'Iran, de Libye, du Koweït et du Nigeria. Et 10 % de sa production d'électricité est déjà d'origine nucléaire. En 1971, la *Royal Navy* cède sa base à Bahreïn à l'*US Navy*. Le premier choc pétrolier oblige les majors à diversifier leurs zones d'exploration. Alors qu'elles s'apprêtent à rejoindre la Communauté économique européenne (CEE) en 1973, les autorités britanniques encouragent l'exploitation des hydrocarbures de la mer du Nord. Grâce à elle, le Royaume-Uni est un des rares pays européens à redevenir autosuffisant sur le plan énergétique après le premier choc pétrolier. Cette situation privilégiée le singularise par rapport au continent et produit des effets jusqu'à aujourd'hui.

Elle rend possible le « thatchérisme » des années 1980. Arrivée au pouvoir, Margaret Thatcher (1925-2013) privatise les secteurs pétrolier et gazier pour le plus grand profit des majors, et lance un nouveau programme nucléaire. Parallèlement, les scientifiques britanniques jouent un rôle de premier plan dans les travaux sur le changement climatique, ce qui conduit la Première ministre à alerter l'Assemblée générale des Nations unies dès 1989 et à faire de la lutte contre le changement climatique un objectif de sa politique énergétique. Son conseiller diplomatique, Crispin Tickell, encourage la création d'un panel d'experts – qui deviendra le GIEC. C'est encore sous l'impulsion britannique que naît la convention-cadre des Nations unies sur les changements climatiques lors du sommet de Rio en 1992. La diminution progressive de la production d'hydrocarbures en mer du Nord oblige le Royaume-Uni à repenser son modèle énergétique, car il redevient importateur net d'énergie en 2005. Il s'oriente alors vers les énergies renouvelables, qui deviennent en 2020 la plus grande source de production d'électricité devant les énergies fossiles. Résultat remarquable par rapport à d'autres pays européens.

En 2003, le gouvernement de Tony Blair participe activement à la coalition internationale dirigée par les États-Unis pour destituer Saddam Hussein (1937-2006). Non sans grandes difficultés militaires, les troupes britanniques occupent la province de Bassorah, réactivant de vieux souvenirs. Les Britanniques se retirent d'Irak en décembre 2007. À la différence de l'Allemagne, l'accident de la centrale de Fukushima en 2011 n'affecte pas leur politique énergétique. Sur le site d'Hinkley Point, dans le Somerset, le gouvernement de David Cameron décide, en 2012, d'ajouter deux nouveaux réacteurs de type EPR dans le cadre d'un partenariat avec EDF. Le Royaume-Uni est parvenu à décarboner sa production d'électricité en une décennie : en 2012, 40 % de l'électricité était produite par le charbon, contre 1 % en 2020. Parallèlement, il continue à investir massivement dans les renouvelables. En septembre 2020, Boris Johnson déclare vouloir faire de son pays « l'Arabie saoudite de l'énergie éolienne » à l'horizon 2030. Par rapport à celles de l'Allemagne et de la France, la politique énergétique britannique fait flèche de tout bois : exploiter autant que possible les hydrocarbures en mer du Nord, développer les ENR, renforcer le nucléaire, produire de l'hydrogène, capter et séquestrer du CO_2 à grande échelle. Un point important à garder à l'esprit : liée au nucléaire, sa sécurité énergétique implique des relations de confiance avec EDF, et donc avec la France.

L'esprit impérial

En mars 2015, la statue de Cecil Rhodes (1853-1902) à l'université de Cape Town est retirée, ouvrant une campagne internationale contre sa mémoire. Figure emblématique de l'impérialisme britannique, Premier ministre de la colonie du Cap, fondateur de la compagnie diamantaire De Beers, il a aussi laissé son nom à un des programmes académiques les plus sélectifs du monde anglophone*. En février 2016, Boris Johnson déclare : « Nous gouvernions autrefois le plus grand empire que le monde ait connu [...]. Sommes-nous vraiment incapables de négocier des traités commerciaux[15] ? » L'histoire de l'empire reste omniprésente dans la conscience publique du Royaume-Uni, qui oscille entre nostalgie impériale et adaptation à la mondialisation sans parvenir à convaincre sur ses orientations actuelles.

Les spécificités de l'impérialisme britannique

L'impérialisme britannique se distingue de celui des autres puissances occidentales : il est parvenu à devenir global grâce à l'accaparement des terres et à la maîtrise des mers. Grâce aussi à des organisations uniques comme la Compagnie des Indes orientales**, qui « reste très certainement le pire exemple de violence exercée par une multinationale dans l'histoire du monde », en comparaison du pouvoir que détiennent aujourd'hui des groupes mondiaux tels que ExxonMobil, Walmart ou Google[16]. Société par actions, la Compagnie des Indes orientales est créée, en septembre 1599, par une centaine d'investisseurs autour de Sir Thomas Smythe (1558-1625), commissaire aux comptes de la City de Londres, qui « en l'honneur de la patrie et pour le progrès du commerce et de l'approvisionnement au sein du royaume d'Angleterre » apportèrent leurs contributions personnelles dans le livre des souscriptions[17]. Innovation décisive de l'Angleterre des Tudors, la société par actions permet de réunir plusieurs fortunes pour entreprendre des

* Créées en 1902, les bourses Rhodes *(Rhodes Scolarship)* permettent à leurs récipiendaires d'étudier gratuitement à l'université d'Oxford pour une durée d'un à trois ans.

** *East India Company.*

projets qu'aucune d'entre elles ne pourrait conduire individuellement. Le 31 décembre 1600, Élisabeth Ire (1533-1603) octroie une charte conférant à la Compagnie le monopole du commerce avec les Indes orientales, zone mal définie allant du cap de Bonne-Espérance au détroit de Magellan. La formulation de la charte permit aux différentes générations d'administrateurs et de représentants de la Compagnie de battre monnaie, d'élever des fortifications, de « guerroyer », de faire justice et d'implanter des colonies. La Couronne lui avait concédé un monopole sur « près des deux tiers du Monde du commerce » qu'elle allait exploiter pendant deux siècles et demi[18].

Too big to fail, ce principe selon lequel la chute d'une institution financière de référence pourrait avoir des conséquences autrement plus lourdes que son seul refinancement existe déjà à l'époque moderne. Sans retracer l'histoire de la Compagnie, il faut rappeler qu'elle fit défaut en 1772 et provoqua alors une crise systémique qui conduisit le gouvernement britannique à la renflouer. Progressivement, il lui imposa un contrôle plus strict alors même qu'elle était invincible en Inde. En 1813, le Parlement abolit son monopole commercial. Vingt ans plus tard, elle connaît une première nationalisation, et passe progressivement sous le contrôle direct de la Couronne. La boucle est bouclée : la colonisation de l'Inde s'est faite par une compagnie destinée à engranger des bénéfices pour des investisseurs privés ayant obtenu une décision initiale royale en leur faveur.

Appartenant à l'Internationale protestante, les Anglais tiennent à se distinguer des papistes espagnols dans leur manière de coloniser : à la brutalité des premiers, ils aiment opposer leur prétendue modération[19]. En réalité, ils se distinguent moins sur le plan moral que sur le plan foncier : plus encore que l'or et l'argent que les Espagnols tirent de leurs conquêtes, les colons anglais privilégient avant tout la possession de la terre – exploitable, louable et transmissible – par le biais de la plantation, c'est-à-dire la colonie de peuplement reposant, en pratique, sur la spoliation et la mise à l'écart des populations indigènes. Sous le règne de Jacques Ier (1566-1625), les plantations se multiplient en Irlande et en Amérique, exploitées par des colons le plus souvent profondément puritains qui voyaient dans les terres vierges une possibilité de renouveau spirituel. William Bradford (1590-1657), un des pères pèlerins ayant fondé Plymouth au Massachusetts, rappelait avoir entrepris cette colonisation « pour la gloire de Dieu, le progrès de la foi chrétienne et l'honneur de notre roi et de notre pays ». Les rois d'Angleterre, plus inspirés que les rois de France sur ce point, comprirent que l'entreprise coloniale permettait aussi d'éloigner une dissidence politique et religieuse.

Dans la longue histoire de l'impérialisme britannique, la guerre de l'Opium (1839-1842) mérite une attention particulière car son souvenir est politiquement instrumentalisé. Cette guerre résulte d'un problème élémentaire de commerce extérieur. À compter des années 1780, la Grande-Bretagne voit son déficit commercial avec la Chine se creuser en raison de l'augmentation des importations de thé réglées en numéraire. Au début des années 1820, la Compagnie des Indes encourage l'exportation en Chine d'opium indien, qui devient la monnaie d'échange pour financer les exportations chinoises vers la Grande-Bretagne. Avec ce montage, le déficit se transforme en excédent, qui finance une part substantielle de l'entretien de la *Royal Navy*[20]. L'interdiction des importations d'opium en provenance d'Inde décidée par les autorités chinoises entraîne une vive réaction de Londres. Grâce à leur supériorité navale, les Britanniques, pour reprendre le mot de Lord Palmerston, infligent « la plus exemplaire des raclées » à la Chine, contrainte de céder Hong Kong et de conclure une série de traités « inégaux ».

Au lendemain de la répression de Tian'anmen, Pékin réactive le souvenir de la guerre de l'Opium présentée à la fois comme une humiliation et le premier chapitre glorieux de la résistance du peuple chinois aux ingérences occidentales. Signe des temps, en décembre 2009, Akmal Shaikh, citoyen britannique d'origine pakistanaise accusé de trafic de drogue, est le premier Européen exécuté en Chine depuis près de soixante ans. Un an plus tard, le Premier ministre David Cameron s'y rend à la tête d'une délégation pour signer des contrats. Sur leur revers de veste, les Britanniques portent un coquelicot rouge en souvenir des morts de la Première Guerre mondiale. Leurs hôtes chinois, qui voient dans cette fleur un rappel de la guerre de l'Opium, demandent leur retrait... On trouve toujours un symbole pour faire passer un message politique ainsi résumé par un blogueur : « Comment les Anglais envahirent-ils la Chine ? Avec l'opium. Comment les Anglais sont-ils devenus riches et puissants ? Avec l'opium[21]. »

Sur terre et sur mer

À l'époque victorienne, Londres consacre en moyenne au moins 5 % de son produit national brut à des investissements outre-mer quand Paris et Berlin se contentent de 2 ou 3 %[22]. Sur le plan politique, l'impérialisme a ses chantres comme Joseph Chamberlain (1836-1914), ministre du Commerce, secrétaire d'État aux Colonies (1895-1903), qui soutint notamment Cecil Rhodes et mena la guerre des Boers. Dans un discours de 1895, il exprime l'idée d'un impérialisme reflétant la supériorité du peuple britannique : « Oui, je crois en cette race, la plus grande des races gouvernantes que le monde ait jamais connues, en cette race anglo-saxonne [...] et je crois en l'avenir de cet Empire, large comme le monde, dont un Anglais ne peut parler sans un frisson d'enthousiasme. » L'empire a façonné l'identité britannique à tel point que des historiens soutiennent qu'il n'existait pas, entre 1880 et 1945, de nation britannique mais un Empire britannique, qui n'était pas une possession de la Grande-Bretagne mais un ensemble dont celle-ci faisait partie[23]. Le passage d'un imaginaire impérial à un imaginaire national se fait après 1945 autour des principes de l'État providence.

Pendant plus de deux cents ans, les Britanniques ont exercé une suprématie maritime et navale leur permettant de bénéficier au mieux des flux commerciaux mondiaux. Au tournant du XXe siècle, l'Allemagne construit une marine de premier plan pour devenir une puissance navale et étendre son commerce. Cette rivalité oblige les autorités britanniques à réagir pour maintenir leur prédominance. Le mémorandum Crowe reflète leur état d'esprit. Rédigé en 1907 par Sir Eyre Alexander Barby Wichart Crowe (1864-1925), diplomate spécialiste des affaires allemandes, ce document indique que Londres ne cherche nullement le conflit, avant d'ajouter la phrase clé : « Mais ce n'est pas un domaine dans lequel l'Angleterre peut se permettre de courir des risques sans encombre[24]. » Autrement dit, même si les intentions de l'Allemagne étaient pacifiques, l'Angleterre ne saurait courir le risque de la voir défier sa domination car ses intentions pourraient, un jour ou l'autre, changer. Ce raisonnement se retrouve dans l'analyse stratégique jusqu'à nos jours : investir pour maintenir son avantage entraîne une course aux armements, toujours susceptible de terminer en affrontement, mais permet de se prémunir contre un revirement décidé par un compétiteur.

C'est pourquoi, à partir de 1889, Londres s'impose la règle du *Two Powers Standard* qui consiste à disposer d'une marine de guerre capable d'affronter seule les deux autres marines les plus puissantes au monde. Après l'intervention américaine en Europe, la conférence navale de Washington (1922) établit un nouveau rapport de force en limitant les grands navires de ligne en fonction des coefficients suivants : 5 pour la Grande-Bretagne et les États-Unis (ces derniers disposant en réalité d'une capacité de production deux fois supérieure à celle des chantiers britanniques) ; 3 pour le Japon (ce dernier poursuivant sa montée en puissance après avoir infligé une défaite navale décisive à l'Empire russe en 1905) ; 1,75 pour la France et l'Italie (les deux pays se concentrant sur la Méditerranée). La conférence navale de Londres (1930) poursuit l'effort de maîtrise des armements navals. En 1934, le Japon dénonce le traité de Washington et cesse de s'imposer la moindre restriction. Les rapports de puissance se jaugent dans les équilibres navals à travers lesquels se joue la sourde rivalité entre la vieille Angleterre et la jeune Amérique, rivalité qui se retrouve aussi dans le domaine financier avec la prépondérance acquise par le dollar sur la livre sterling.

C'est dans le domaine naval que le bras de fer germano-britannique est le plus visible. À la pointe septentrionale de l'Écosse, dans l'archipel des Orcades, se trouve la rade de Scapa Flow. C'est de là que part la *Grand Fleet* britannique pour se porter au-devant de la *Hochseeflotte* lors de la bataille du Jutland (1916). C'est là aussi que 52 navires allemands se sabordent en juin 1919. En octobre 1939, les Allemands tiennent leur revanche en coulant le cuirassé *HMS Royal Oak* au mouillage. La *Kriegsmarine* n'hésite pas à braver « le lion britannique dans sa tanière[25] », ce qui revêt une forte charge symbolique. En effet, la fascination allemande pour la nature de la puissance britannique se retrouve sous la plume de Carl Schmitt dans son essai *Terre et Mer* : « Sa spécificité, son caractère incomparable, tient au fait que l'Angleterre a réalisé sa métamorphose élémentaire à un moment de l'histoire tout à fait différent et de tout autre manière que les anciennes puissances maritimes. Elle a véritablement transposé toute son existence collective de la terre à la mer[26]. » Ce que l'Allemagne ne parviendra jamais à faire.

Les prétentions globales

Le souvenir des deux guerres mondiales dans la vie publique britannique laisse parfois l'impression d'un pays encore prisonnier de ses victoires passées. Pour Basil Liddell Hart (1895-1970), célèbre stratégiste anglais gazé lors de la bataille de la Somme, la grande stratégie britannique a échoué car le pays est sorti profondément affaibli des deux conflits. Le référendum sur le Brexit en 2016, effectif depuis janvier 2021, marque un tournant identitaire. Avec le *Global Britain*, les *brexiters* se racontent une nouvelle histoire : débarrassés des contingences bruxelloises, ils renoueraient avec l'ambition victorienne et la détermination churchillienne pour créer un « Singapour-sur-Tamise » rayonnant à travers le Commonwealth*. Comme le dit le patron d'un centre de recherche londonien, vaguement dépité : « Ils prennent leur slogan pour une grande stratégie. Ce n'est qu'une manière de dire que nous avons quitté l'UE[27]. »

* Organisation intergouvernementale, le Commonwealth regroupe 56 États membres « libres et égaux », qui n'ont aucune obligation les uns envers les autres. Charles III est le chef du Commonwealth ; il est également le chef d'État monarchique de ses 15 royaumes. Les autres États membres sont 36 républiques et cinq monarchies dont le monarque est différent.

En finir avec le Brexit

Le Royaume-Uni a-t-il aujourd'hui une grande stratégie ? « Non, répond mon interlocuteur, pour la simple raison que nous avons un gouvernement révolutionnaire toujours occupé à justifier le Brexit au prix d'une constante gymnastique mentale[28]. » Une dispute au long cours avec les Européens est le plus court chemin pour ressouder les rangs du Parti conservateur. En mars 2021, le gouvernement britannique publie une stratégie intégrée – *Global Britain in a competitive age* – destinée à relier les enjeux (défense, diplomatie, développement, renseignement, sécurité, commerce, environnement et technologie). Professeur au *Department of War Studies* du King's College ayant rejoint le 10 Downing Street, John Bew en est la cheville ouvrière. Dans son livre *Realpolitik*, il retrace la généalogie de ce concept, son passage de l'Allemagne à la Grande-Bretagne, en soulignant le rôle joué par le journaliste et homme politique Ludwig August von Rochau (1810-1873). Selon ce dernier, les mouvements révolutionnaires de 1848 échouèrent en raison d'une incompréhension des mécanismes de pouvoir et de la naïveté de leurs idéaux, ce qui le conduit à présenter la *realpolitik* comme une alternative à une *idealpolitik*. Après avoir souligné à quel point Rochau insistait sur l'appréciation des circonstances par le décideur politique, John Bew conclut à la nécessité de préparer ce dernier à réfléchir de manière synthétique et holistique[29].

Cette ambition intellectuelle se retrouve dans le document, qui identifie quatre objectifs principaux : défendre un ordre international basé sur les valeurs démocratiques libérales ; contribuer à le sécuriser ; construire des capacités de résilience globale face aux impacts du changement climatique et à l'insécurité sanitaire tout en promouvant le développement durable ; poursuivre un agenda économique destiné à renforcer la compétitivité du Royaume-Uni et la prospérité de ses citoyens. Sur le plan stratégique, le document présente les États-Unis comme le partenaire cardinal dans l'OTAN et au sein des *Five Eyes**. Quant à la Russie, elle est présentée comme « la menace la plus aiguë » pesant sur la sécurité du pays.

L'*Integrated Review* est complétée par un *Defence Command Paper* destiné à orienter la politique de défense à l'horizon 2030. Il prévoit de réduire le format de l'armée de terre à 72 500 hommes, au plus bas niveau historique depuis 1714. En revanche, il envisage d'intensifier la présence avancée à l'extérieur du royaume à partir d'un réseau de bases – Allemagne, Kenya, Brunei et Belize – pour être en mesure d'intervenir avec des unités légères dans des crises ponctuelles ou en coalition dans le cadre de l'OTAN. Cette réduction de format s'accompagne d'investissements significatifs dans les domaines nucléaire, spatial, cyber et naval. En effet, le Royaume-Uni prévoit d'augmenter son stock d'armes nucléaires de 225 à 260 têtes. Plus de 5 milliards d'euros sur dix ans sont annoncés pour le renforcement des capacités spatiales, sans oublier les moyens cyber. Fin 2022, l'*Integrated Review* fait l'objet d'une actualisation en raison de trois facteurs : les leçons à tirer de la guerre en Ukraine ; l'enjeu stratégique des stocks de munitions et le durcissement de la Chine[30].

Symbole du renouveau naval, la montée en puissance des deux nouveaux porte-aéronefs : *HMS Prince of Wales* et *HMS Queen Elizabeth*. En 2021, ce dernier réalise son premier

* Littéralement « Cinq Yeux », désigne l'alliance des services de renseignement des États-Unis, de l'Australie, du Canada, de la Nouvelle-Zélande et du Royaume-Uni.

déploiement opérationnel jusqu'en mer de Chine. En septembre 2021, la création de l'alliance militaire AUKUS provoque une crise profonde entre Paris, Canberra, Londres et Washington. Le gouvernement Johnson trouve une occasion d'illustrer par l'exemple la bascule indopacifique envisagée par l'*Integrated Review*. En réalité, cet accord reflète son opportunisme : « C'était le prix à payer pour être le principal allié des États-Unis en Europe » selon le patron d'un centre de recherche londonien[31]. Reste aussi l'équation budgétaire, qui paraît insoluble au regard de la situation économique du Royaume-Uni.

De l'opportunisme stratégique

L'invasion de l'Ukraine en février 2022 confirme la pertinence de l'analyse de la menace faite par les autorités britanniques, différente de celle de Paris et Berlin. Si Londres a vu juste sur ce point, la mise en œuvre de l'*Integrated Review* se heurte à de profondes contradictions. Une première évaluation souligne les sévères coupes budgétaires portées à l'aide au développement, pourtant présentée comme une priorité[32]. La réaction des marchés au budget improvisé par Liz Truss en septembre 2022 entraîne sa chute et rappelle la fragilité économique du pays. Des critiques pointent les incohérences du gouvernement Johnson en raison de son manque d'attention « aux liens entre politique intérieure et extérieure », notamment en matière migratoire et commerciale, et son incapacité à « respecter un plan fixe sur le long terme[33] ». Sur le plan naval, la *Royal Navy* n'est pas en mesure d'armer ses porte-aéronefs par ses propres appareils. Il existe un scepticisme fondamental d'une partie de la communauté d'expertise sur la capacité d'agir durablement dans l'Indopacifique. En ce sens, le Royaume-Uni serait ramené à ses limites géographiques, celles d'un archipel au nord-ouest du continent européen[34].

Ce jugement sévère minimise l'influence stratégique qu'il exerce à travers son réseau de bases ou de points d'appui autour de la Chine (Singapour, Brunei, Népal et Australie), en Méditerranée (Gibraltar et Chypre), au Moyen-Orient (Oman, Bahreïn) et en Afrique (Djibouti, Sierra Leone, Nigeria). Cependant, à la différence de la France, le Royaume-Uni n'a pas de territoires à défendre dans l'Indopacifique. Depuis 1968, il loue aux États-Unis la base de Diego Garcia dans l'archipel des Chagos revendiqué par la république de Maurice. Ce « Territoire britannique de l'océan Indien » est devenu la « dernière colonie » de l'Empire britannique pour reprendre le titre du livre de Philippe Sands[35]. Ce dossier fragilise sa position au regard de la défense du droit international. Au sud des Maldives, c'est un point clé pour la projection de forces américaines dans l'océan Indien, vers le Moyen-Orient et l'Afrique orientale. En février 2019, un avis consultatif de la Cour internationale de Justice (CIJ) estime que le Royaume-Uni a « illicitement » séparé l'archipel des Chagos de l'île Maurice lors de l'indépendance en 1968. En mai 2019, une résolution de l'Assemblée générale de l'ONU exige qu'il mette fin à son administration de l'archipel dans les plus brefs délais et reconnaisse la souveraineté de Maurice sur ce territoire*. Londres s'y refuse, car cela irait à l'encontre de sa stratégie militaire pour l'Indopacifique et des intérêts d'AUKUS.

La communauté stratégique britannique aime répéter la formule de Lord Palmerston (1784-1865) : « Nous n'avons ni alliés éternels, ni ennemis perpétuels. Nos intérêts, à l'inverse,

* Présentée par le Sénégal, cette résolution est adoptée par 116 voix, six contre (notamment les États-Unis et l'Australie) et 56 abstentions (dont la France, l'Allemagne, les Pays-Bas et la Pologne).

le sont. Il est de notre devoir de les suivre. » Comment les définir aujourd'hui ? Le premier consiste à rester proche des États-Unis pour bénéficier de leur protection ultime, c'est-à-dire d'entretenir la « relation spéciale », même si, comme le note un diplomate américain, Washington entretient « beaucoup d'autres relations spéciales[36] ». Londres a su, dans le passé, résister à ses demandes comme celle de déployer des troupes lors de la guerre du Vietnam, mais porte encore le coût politique de ses interventions en Afghanistan, en Irak et en Libye. Le deuxième réside dans la défense d'un ordre international reposant sur la règle du droit, alors que le troisième se trouve dans la nécessaire adaptation aux circonstances géopolitiques et économiques[37]. Rappelons que le déficit commercial britannique s'élève à plus de 230 milliards de dollars en 2021.

Comme pour ses compétiteurs, la grande stratégie britannique reste déterminée par la lecture de l'histoire nationale et impériale : le traité de Versailles, les accords de Munich, la charte de l'Atlantique, les accords de Yalta et Potsdam, la crise de Suez, la guerre des Malouines ou les interventions en Afghanistan et en Irak sont des épisodes régulièrement évoqués au Parlement ou dans les médias. La guerre des Malouines en 1982 a illustré la détermination de Londres à défendre sa souveraineté à plusieurs milliers de kilomètres des îles Britanniques. Serait-elle en mesure de renouveler une telle opération aujourd'hui ? Les interventions militaires aux côtés des États-Unis ont durablement affaibli ses forces armées. En 2013, le Parlement s'oppose à une intervention militaire en Syrie, obligeant le gouvernement de David Cameron à renoncer et, par voie de conséquence, à entraîner l'annulation par Washington de l'opération prévue avec Paris. La même année, le Premier ministre, en pleine campagne pour sa réélection, annonce un référendum sur la place du Royaume-Uni dans l'UE « avec un choix très simple : dedans ou dehors ». Ce sera dehors.

Reste donc pour le Royaume-Uni à reconstruire ses relations avec l'UE, car continuer à alimenter l'antagonisme ne peut être que contre-productif sur le plan économique à terme. Avant le Brexit, le gouvernement britannique estime que 3 millions d'emplois dépendaient des exportations vers l'UE[38]. Lors d'une visite à Paris, deux mois avant AUKUS, le patron d'un service de renseignement britannique se demandait : « Comment soutenir notre économie et notre sécurité sur le long terme ? Comment désormais s'engager comme nation[39] ? » Il n'existe pas de réponse convaincante à cette heure de la part du gouvernement de Rishi Sunak, qui doit faire face à une profonde crise économique et sociale. Pour démontrer les bénéfices d'avoir recouvré sa politique commerciale, le Royaume-Uni cherche à rejoindre le *Comprehensive and Progressive Agreement for Trans-Pacific Partnership* (CPTPP), qui réunit 11 pays* et représente un marché de 500 millions de consommateurs (13 % du PIB mondial). Cela dit, un tel accord n'augmenterait le PIB britannique que de 0,08 %. Le Royaume-Uni mise sur son *soft power* pour continuer à drainer et à orienter les investissements. La City de Londres continue d'exercer une forte attraction. Cependant, la réputation actuelle du Royaume-Uni souffre des « doubles standards » entre le discours et la pratique dans le domaine démocratique, financier et migratoire, qui lui valent des accusations répétées d'inefficacité et d'hypocrisie[40].

*

* *

* Entré en vigueur en décembre 2018, il réunit les pays suivants : Australie, Brunei, Canada, Chili, Japon, Malaisie, Mexique, Nouvelle-Zélande, Pérou, Singapour et Vietnam.

Priorités stratégiques du Royaume-Uni

Charles III règne désormais sur le Royaume-Uni et sur le Commonwealth. Il doit veiller à l'unité du premier et au maintien du second. Le Brexit a aggravé les divisions politiques, révélant des risques de désunion du royaume. L'Écosse et l'Irlande du Nord ont voté en faveur du maintien au sein de l'UE. Cette phase relance les aspirations écossaises à l'indépendance, et ouvre la possibilité d'une réunification *de facto* de l'Irlande. En ce sens, l'union britannique suscite des interrogations sur sa configuration future. Affleure ici le problème anglais, « car l'Angleterre se considère comme une puissance exceptionnelle et mondiale alors que l'Écosse s'est débarrassée de cette illusion et veut se voir comme une nation européenne normale[41] », estime un historien britannique.

En juin 2022, la journaliste néerlandaise Caroline de Gruyter signait un article présentant le Royaume-Uni et la Russie, deux pays ennemis, situés à l'ouest et à l'est du continent, comme les principaux perturbateurs extérieurs de l'UE[42]. Selon elle, Londres pratiquait alors la politique du fait accompli et ne respectait pas sa signature. Jugement sévère qui faisait écho à la persistance de l'hostilité à l'égard de l'UE des partisans du Brexit. De ce point de vue, la participation du Royaume-Uni à la première réunion de la Communauté politique européenne (CPE) en octobre 2022 marque une évolution positive et rappelle qu'il est partie prenante de la sécurité européenne.

Dans ce contexte, la première priorité du Royaume-Uni est de retrouver la stabilité politique indispensable pour contrecarrer les effets dévastateurs de la crise économique. En 2021, les Britanniques ont commémoré le tricentenaire de l'invention du poste de Premier ministre. L'équilibre entre le souverain et le Premier ministre a été théorisé par Walter Bagehot (1826-1877) : en produisant et conservant le respect des populations, le premier est chargé de la dignité du système ; en impulsant le mouvement et en indiquant la direction, le second assure son efficacité. Boris Johnson et Liz Truss se sont décrédibilisés. Il est encore trop tôt pour savoir si Rishi Sunak parviendra à modifier l'attitude du Parti conservateur et à projeter une image plus positive du Royaume-Uni. Le discours de dérégulation visant à créer le « Singapour-sur-Tamise » fantasmé par les *brexiters* devrait, à un moment ou à un autre, revenir à la réalité d'une crise économique et sociale particulièrement violente.

La deuxième priorité consiste à retrouver une crédibilité en matière de politique étrangère, en particulier vis-à-vis des pays européens. En effet, le projet de *Global Britain* visant à tisser « un réseau de liberté » à travers le monde ne convainc guère au regard de la très faible capacité actuelle de Londres à créer des coalitions. Rishi Sunak serait lui-même très sceptique sur ce terme selon des diplomates britanniques[43]. Sa mise en œuvre passe par le Commonwealth, qui est une arme à double tranchant pour l'influence internationale du Royaume-Uni. D'un côté, plusieurs États membres sont loin de respecter les principes démocratiques élémentaires. De l'autre, des États s'inquiètent ouvertement de l'évolution du système britannique qui perd de sa légitimité. En novembre 2021, l'île de la Barbade est devenue une république ne reconnaissant plus Élisabeth II comme chef d'État. Cet épisode a réactivé des mouvements antimonarchistes, notamment en Australie et au Canada. Les ambitions pour animer cette « famille des nations » qui réunit 2,5 milliards de personnes se heurtent à la réalité suivante : en 2021, Londres réalise 9,4 % de ses échanges commerciaux avec les membres du Commonwealth, très loin derrière l'UE, qui représente 42 % de ses exportations et 50 % de ses importations.

La troisième priorité devrait être de reconstruire une relation de coopération avec l'UE, qui demeure de loin le premier partenaire économique du Royaume-Uni. Comment y parvenir de manière raisonnable ? À moyen et long terme, une forme de réintégration à la zone UE, sur un modèle comparable à celui de la Norvège, semble inévitable, *a fortiori* si l'Écosse allait vers l'indépendance. Paradoxalement, le *Global Britain* passe, d'une manière ou d'une autre, par Bruxelles. C'est d'ores et déjà le cas à travers le réinvestissement dans l'OTAN. Comme la guerre d'Ukraine l'a montré, c'est sur le continent européen qu'une action décidée de Londres produit des effets réels, bien plus qu'à travers des initiatives globales que les Britanniques n'ont plus les moyens de conduire seuls. C'est pourquoi il faut s'attendre, là aussi de manière paradoxale, à une implication forte de leur part pour encourager le prochain élargissement de l'UE aux Balkans et surtout à l'Ukraine.

Enseignements pour la France

De la même manière que Paris ne peut éviter Berlin, il ne lui est pas possible d'ignorer Londres. Il importe de solder le Brexit et AUKUS pour reconstruire une relation de travail et de confiance avec le Royaume-Uni. Avec les accords de Lancaster (2010), les deux pays ont noué une coopération militaire dont ils gagneraient à retrouver l'esprit, car elle garantit une partie de la sécurité européenne. Sans doute est-ce dû à leur mimétisme historique, mais le

Royaume-Uni stimule l'ambition maritime et navale de la France. Il existe une manière maritime de penser le monde, qui n'est guère comprise à Bruxelles. Dans un monde de flux, la permanence à la mer devient une condition indispensable à l'exercice de la puissance. L'intuition de la CPE mérite d'être poursuivie dans la mesure où elle offre un cadre pour des échanges stratégiques, incluant notamment les questions énergétiques. En se présentant comme un des principaux soutiens de Kiev avec Varsovie, Londres anticipe la recomposition des équilibres européens à la suite de la guerre d'Ukraine. Pour Paris et Berlin, il est temps de comprendre les limites du tandem franco-allemand au regard de la crise ukrainienne et de travailler plus étroitement avec Varsovie et Londres.

L'analyse stratégique de Londres et Paris, à travers leurs documents respectifs, converge sur quatre points principaux : la centralité de l'OTAN pour garantir la sécurité européenne ; la géopolitique des technologies ; le retour de la haute intensité et la nécessité de penser différemment la résilience de nos sociétés. En revanche, elle diverge sur l'appréciation de la situation en Méditerranée orientale et sur un éventuel Quad +*. Il n'en demeure pas moins que les deux pays ne peuvent pas s'ignorer l'un l'autre comme c'est le cas depuis 2016.

* Quad + serait un format où des pays européens rejoindraient les États-Unis, l'Inde, le Japon et l'Australie.

6

L'Inde ou l'art du double jeu

La dualité continentale et maritime de l'Inde explique bon nombre de ses choix. Depuis plusieurs années, sa communauté stratégique se concentre sur l'océan Indien en raison de son intégration aux flux mondiaux et des ambitions navales de la Chine. Au cours d'une discussion avec un ancien conseiller national à la sécurité, je lui demande si l'Inde se définirait comme une « démocratie maritime » à l'instar des États-Unis, du Royaume-Uni et de l'Australie. « Nous devrions l'être » me répond-il, avant d'ajouter que l'histoire maritime de son pays a commencé « il y a sept mille ans ».

Au cours de la même conversation, il rappelle comme une évidence qu'« on ne devient pas hindou car on naît hindou[1] », manière de souligner le tournant identitaire pris par Narendra Modi. Depuis son accession au pouvoir en 2014, le nationalisme hindou tend à faire basculer l'Inde dans un nouveau type de régime, la « démocratie ethnique », et, ce faisant, à rejeter le sécularisme et la diversité religieuse dont le pays a longtemps tiré fierté[2]. Les profondes transformations intérieures de « la plus grande démocratie du monde » produisent des effets directs sur son positionnement extérieur.

L'Inde s'inscrit résolument dans une logique de puissance souveraine, désireuse d'échapper aux contraintes des alliances pour peser davantage sur la scène internationale. Elle représente 3,1 % du PIB mondial avec un PIB par habitant dix fois inférieur à celui de la Chine, qui est son premier fournisseur, loin devant les États-Unis et les Émirats arabes unis (EAU). Elle exporte vers les États-Unis, les EAU et la Chine, et ambitionne de devenir, à moyen terme, la troisième économie mondiale. L'Inde est confrontée à un double défi : adapter son modèle économique à sa démographie dynamique en intégrant de fortes contraintes climatiques ; acquérir une crédibilité stratégique vis-à-vis de la Chine et des États-Unis.

Les fondamentaux stratégiques

Comptant 18 % de la population mondiale sur 2,4 % de la surface terrestre, l'Inde occupe la majeure partie du sous-continent, avec le Pakistan, le Bangladesh, le Népal, le Bhoutan, le Sri Lanka et les Maldives. Délimité au nord par l'Himalaya, partie intégrante du *Rimland*, c'est-à-dire de cette zone intermédiaire que se disputent puissances terrestres et maritimes, le sous-continent a toujours été un carrefour d'échanges. Autour de l'an mille, c'était une des grandes plaques commerciales, sans contact avec l'Europe, mais étroitement liée au monde islamique, à l'Asie centrale, à l'Afrique subsaharienne, à l'Asie du Sud-Est et à l'Extrême-Orient[3]. Aujourd'hui, la rivalité entre l'Inde et le Pakistan continue à travailler le sous-continent.

Repères géographiques et historiques

Shivshankar Menon est un des diplomates indiens les plus connus et les plus respectés. Son grand-père fut le premier ministre des Affaires étrangères indien après l'indépendance. Ancien ambassadeur en Israël et en Chine, il a servi comme conseiller à la sécurité nationale (2010-2014). En marge d'un séminaire à Pékin, nous avons discuté des ambitions de la Chine, puissance terrestre, « qui essaie pour la première fois de son histoire de devenir une puissance maritime, de plus en plus en confrontation avec la principale puissance maritime mondiale, les États-Unis[4] ». Cette rupture historique concerne directement l'Inde dont la culture stratégique est souvent réduite à sa politique étrangère depuis 1947. Or, comme le rappelle Shivshankar Menon : « L'Inde est le pays de Kautilya, Chandragupta Maurya, Charvaka, Kalidasa, Panini, Ashoka, Kanishka, Harsha, Akbar, Gandhi et Nehru[5] », rappel destiné à souligner une tradition étatique millénaire comparable à celle de la Chine.

Au IVe siècle avant J.-C., Kautilya exerce des responsabilités politiques et rédige l'*Artha-Sastra* dont des fragments nous sont parvenus. Spécialiste des conflits, Gérard Chaliand établit un parallèle entre Kautilya et Sun Tzu en considérant que le premier est à la politique ce que le second est à la stratégie. Il constate qu'il a fallu la victoire inattendue de Mao Zedong pour que les Occidentaux s'intéressent à nouveau à *L'Art de la guerre*. Et s'interroge : n'est-il pas temps de lire l'*Artha-Sastra* au moment où l'Inde s'affirme comme puissance ? Le livre VII énumère des procédés intemporels de politique étrangère : « La paix, la guerre, se tenir coi, se mettre en marche, se mettre à couvert, le double jeu constituent les six mesures », c'est-à-dire les six procédés de politique étrangère[6]. Ce texte propose une dynamique visant à quitter le déclin pour la stabilité, et la stabilité pour la croissance de ses propres entreprises. Sur la nature des alliances, il énonce le principe suivant : « Entre le double jeu et le recours à une alliance, il faut choisir le double jeu », car il permet à celui qui le choisit de servir uniquement ses intérêts et non ceux d'autrui. Un principe à bien retenir.

Dans l'énumération des figures ayant marqué la pensée stratégique indienne, Shivshankar Menon n'évoque aucun Britannique. Or, la période coloniale a conditionné un certain nombre de réflexes. Vice-roi des Indes (1899-1905), Lord Curzon (1859-1925) estimait que le maître de l'Inde serait celui du continent asiatique, et donc du monde en raison de « sa position centrale », de ses ressources, de sa population, de ses ports et de ses réserves de forces militaires[7]. Le vice-roi des Indes exerçait son autorité sur les territoires du Moyen-Orient, Aden, Zanzibar dans une période où Londres et Saint-Pétersbourg se livraient un « grand jeu » en Asie centrale. La construction d'un axe de puissance allant de l'Afrique à l'Asie orientale a été rendue possible par l'armée des Indes. Pendant la Première Guerre mondiale, elle fournit 1,3 million de combattants ; 2,5 millions pendant la Seconde Guerre mondiale. Dans les domaines militaire, diplomatique et du renseignement, l'influence britannique s'est longtemps ressentie en termes d'organisation et d'orientation. Certains voisins de l'Inde considèrent aujourd'hui que Delhi aurait repris à son compte cette vision britannique du monde « à l'est de Suez[8] ».

Cette influence a une conséquence, relevée par Shivshankar Menon, celle d'avoir créé une « cécité maritime » pour l'Inde indépendante[9]. En effet, la *Royal Navy* commandée depuis Londres portait la vision globale de l'Empire alors que le gouvernement britannique de l'Inde se concentrait sur les frontières terrestres. Les Britanniques enseignèrent une histoire de l'Inde comme succession d'empires fondés par des envahisseurs étrangers pour mieux légitimer leur domination, tout en insistant sur les clivages religieux et ethniques pour mieux diviser. Cette histoire était davantage l'histoire des vallées du Gange et de l'Indus que celle du sous-continent dans son ensemble. Cela se retrouve aujourd'hui comme me l'explique ce diplomate indien de haut rang : « Nous avons un dilemme historique entre nos versants continental et maritime », avant d'ajouter « et nous devons désormais investir le second[10] ».

De Nehru à Modi

Premier ministre pendant dix-sept ans, Jawaharlal Nehru (1889-1964) a façonné la culture stratégique de l'Inde contemporaine. Le 14 août 1947, jour de l'indépendance, il prononce un discours fondateur qui fait de la lutte contre la pauvreté dans son pays une priorité absolue – l'espérance de vie est alors de 32 ans –, tout en indiquant que ce rêve est aussi celui des autres peuples, qui forment tous « un seul monde, qui ne peut plus être divisé en parties isolées[11] ». Nehru oriente son action dans trois directions principales : la décolonisation, le non-alignement et les nouvelles frontières du sous-continent. En effet, la partition entre l'Inde et le Pakistan, dont le territoire est composé de deux entités distinctes distantes de 1 600 km, donne lieu à de violents affrontements et à des déplacements massifs de populations. Les deux pays se livrent une guerre au Cachemire (1947-1948) qui s'achève par l'adoption d'un cessez-le-feu proposé par l'ONU. Pour New Delhi, il est clair que le Royaume-Uni et les États-Unis ménagent le Pakistan, pièce stratégique essentielle dans la rivalité naissante avec l'URSS.

Islamabad rejoint d'ailleurs l'Organisation du traité de l'Asie du Sud-Est (OTASE) en 1954. Le souvenir de cet affrontement originel hante toujours les relations entre les deux pays. À New Delhi, je me souviens avoir visité la maison où Gandhi (1869-1948) vécut ses dernières heures, en suivant une classe de collégiens indiens en uniforme : les principes de paix du « père de la Nation » ainsi que l'antagonisme fondateur avec le Pakistan leur étaient rappelés.

Nehru met en œuvre une politique de non-alignement entre les deux blocs qui le conduit à la conférence de Bandung (1955) en compagnie notamment de Nasser (1918-1970), Soekarno (1901-1970) et Zhou Enlai (1898-1976). L'Inde souhaite devenir le porte-parole d'une Asie prête à affirmer une identité distincte, ce qui implique de s'entendre avec la Chine. En 1950, cette dernière lance ce qu'elle appelle la « libération du Tibet » avec pour conséquence de fortes tensions frontalières avec l'Inde, suivies par l'exil du dalaï-lama en 1959. À l'automne 1962, alors que se déroule la crise nucléaire de Cuba, l'Armée populaire de libération chinoise (APL) passe à l'offensive et met en grande difficulté les forces indiennes, qui obtiennent une assistance militaire américaine. Les Chinois annoncent un cessez-le-feu unilatéral qui leur permet à la fois de conserver l'Aksai Chin et de remporter une victoire à forte portée politique. La Chine apparaît comme le leader naturel des pays du tiers-monde face à l'impérialisme des États-Unis auxquels l'Inde a dû faire appel. Elle dénonce aussi l'URSS en lui reprochant d'avoir manqué à la solidarité internationaliste, et devient puissance nucléaire deux ans plus tard. Mao estimait que cette guerre serait oubliée par les Indiens au bout de trente ans : « C'est peut-être la psychologie chinoise, mais ce n'est certainement pas la psychologie indienne », estime

Shivshankar Menon[12]. Ce traumatisme est toujours vivement ressenti aujourd'hui.

La deuxième guerre indo-pakistanaise (1965) provoque un regain de tensions entre les États-Unis et la Chine, qui menace d'intervenir à nouveau. En 1971, la troisième guerre entre les deux pays aboutit à la création du Bangladesh, véritable victoire militaire et politique pour Delhi. Le rapprochement sino-américain enclenché par l'administration Nixon provoque mécaniquement un rapprochement entre New Delhi et Moscou, qui lui fournit du matériel militaire. Dès l'indépendance, l'Inde a commencé un programme nucléaire civil, tout en préconisant un désarmement universel. Après la première explosion nucléaire chinoise (1964), elle revoit ses principes et refuse de signer le traité de non-prolifération (TNP) nucléaire. En 1974, elle réalise un premier essai nucléaire, et se lance, au début des années 1980, dans un programme balistique. En mai 1998, cinq essais nucléaires sont réalisés, suivis deux semaines plus tard par ceux du Pakistan. L'Inde devient une puissance nucléaire de fait en adoptant une doctrine de « dissuasion minimale crédible » qui pose le principe d'une non-utilisation en premier de l'arme nucléaire et l'assurance de représailles massives en cas d'attaque nucléaire contre elle.

L'Inde dispose des trois vecteurs – aériens avec les *Rafale* entrés en service en 2020, terrestre avec les missiles *Agni* et maritime avec un sous-marin nucléaire lanceur d'engins (SNLE) entré en service en 2016 – qui lui permettent de dissuader à la fois le Pakistan et la Chine, qui forment désormais un axe stratégique[13]. Si Washington a sanctionné Islamabad et New Delhi pour leurs tests, ils ont engagé un dialogue stratégique avec cette dernière, qui aboutit à un accord pour le nucléaire civil en 2006. Pour un des négociateurs indiens, il s'agit de rendre impossible « tout chantage nucléaire » de la Chine et du Pakistan[14]. Il n'en demeure pas moins que l'Inde reste méfiante à l'égard des États-Unis, tout en veillant à réduire sa dépendance aux armes russes. Pour ce faire, elle s'appuie sur un archipel de partenaires lui permettant de renforcer sa souveraineté : la France, Israël, les EAU et le Japon. Selon un diplomate français qui connaît intimement ce pays, l'objectif de Narendra Modi consiste « à ancrer viscéralement l'indépendance stratégique de l'Inde. C'est très gaullien[15] ».

Hindutva, ce qu'être hindou veut dire

Cette approche « gaullienne » verse dans l'autoritarisme. En 2014, le *Bharatiya Janata Party* (BJP), qui avait déjà participé à une coalition gouvernementale (1998-2004), arrive au pouvoir et obtient la majorité absolue pour appliquer son programme défini par l'*Hindutva* (« hindouïté »). Ce courant idéologique s'inspire des nationalismes ethniques européens en reconnaissant un rôle dominant à la communauté majoritaire des fils du sol sur les minorités musulmane et chrétienne, qui doivent s'assimiler. Le BJP s'appuie sur les « vigilantistes », groupes d'activistes qui s'emploient, par exemple, à empêcher les mariages mixtes. Bénéficiant de la bienveillance des forces de l'ordre soucieuses de ne pas déplaire aux autorités politiques, ils ont lancé en 2014 une campagne contre le *love jihad* destinée à protéger les jeunes hindoues des musulmans les séduisant. Né en 1925, le mouvement nationaliste indien quadrille la société avec des antennes dans tous les villes et villages. Le projet consiste à travailler la société « par en bas » pour en faire un *Hindu Rashtra* (« nation hindoue »). Simultanément, le BJP travaille « par en haut » en impliquant les administrations publiques pour bâtir un *Hindu Raj* (« État hindou »).

Se dessinent ainsi les contours d'une « démocratie ethnique » qui repose sur « l'existence d'une menace (réelle ou perçue) pesant sur la nation ethnique qui requiert la mobilisation de la majorité afin de [la] préserver[16] ». Elle n'est pas sans rappeler le fonctionnement d'Israël, officiellement « l'État-nation du peuple juif » au titre d'une loi votée en 2018. Dans cette optique, les élections se tiennent à intervalles réguliers, le pouvoir judiciaire maintient son indépendance et la presse reste pluraliste. Dans les faits, les citoyens ne possèdent pas tous les mêmes droits, dans la mesure où la communauté majoritaire impose les symboles de son identité et de son mode de vie aux minorités. Inscrit dans le droit, ce rapport est accentué par les discriminations relevant de règles non écrites. À cela s'ajoute une pression exercée sur les universités et les ONG afin de remettre en cause le récit national enseigné à l'école. Le rôle néfaste des musulmans constitue un des thèmes favoris de Narendra Modi et d'Amit Shah, son ministre de l'Intérieur, chargé de la machine électorale. Le Premier ministre dénonce les « 1 200 années d'esclavage », incluant l'ère de l'Empire moghol, subies par les hindous. Le rôle des grandes figures de l'Inde indépendante, comme Gandhi et Nehru, est minoré.

Pur produit des classes moyennes indiennes, Narendra Modi s'est fait connaître en dirigeant le Gujarat, État côtier frontalier du Pakistan, par des lois discriminatoires contre les musulmans, qui représentent 14 % de la population. Sur un tract distribué pendant les émeutes de 2002, on pouvait lire : « Nous ne voulons plus un seul musulman vivant au Gujarat [...]. Quand ils étaient rois, les rois musulmans forçaient leurs frères hindous à se convertir, puis leur infligeaient les pires atrocités. Et ceci continuera tant que les musulmans ne seront pas exterminés[17]. » Fort d'un nouveau succès électoral national en 2019, il a fait adopter un amendement constitutionnel pour révoquer l'autonomie dont jouissait jusqu'alors le Cachemire, seul État à majorité musulmane, ainsi que le *Citizenship Act*, texte visant à accueillir les minorités religieuses persécutées venant du Bangladesh, d'Afghanistan ou du Pakistan : il prévoit que seules les victimes non musulmanes sont éligibles au statut de citoyen indien, ce qui empêche les Rohingyas, les chiites ou les Hazaras d'y prétendre. L'hostilité des nationalistes hindous à l'égard des musulmans a été avivée par la vague terroriste islamiste des années 2000 : l'Inde est alors l'un des pays du monde qui subit le plus d'attentats.

« Pour Modi, seule la nation compte », rappelle un diplomate français frappé par son charisme personnel[18]. Dans son entourage, Jaishankar Subrahmanyam, diplomate de carrière, membre du BJP, ministre des Relations extérieures depuis 2019, formalise ses ambitions stratégiques vis-à-vis des partenaires étrangers. Selon lui, une politique étrangère qui prend peu de risques ne produit que des résultats limités : l'Inde doit assumer d'avoir « une plus grande volonté de faire des vagues[19] ». Deux jours avant l'invasion russe de l'Ukraine, nous avons reçu Jaishankar Subrahmanyam à l'Ifri ; il s'était abstenu de toute critique à l'égard de la Russie, tout en déconnectant la situation en Ukraine et celle dans le détroit de Taïwan, annonçant la position indienne de refuser les sanctions à l'encontre de Moscou.

La quête de puissance

Narendra Modi remet en question le sécularisme et la diversité religieuse. Sur le plan régional, son nationalisme intransigeant attise les tensions traditionnelles avec le Pakistan au sujet du Cachemire, qui reste son « Alsace-Lorraine » selon un diplomate français. Sur le plan international, l'Inde cherche sa place dans une configuration triangulaire avec la Chine et les États-Unis. En 2021, elle se classe au 3e rang mondial des dépenses militaires avec 76 milliards de dollars. Elle ambitionne de devenir une puissance économique de tout premier plan à horizon de dix ans. C'est d'ores et déjà le 3e émetteur mondial de GES.

Les grands défis

La dynamique démographique est au cœur de son développement économique. Entre 1947 et 2020, sa population a été multipliée par 3,7, passant de 376 millions de personnes à 1,38 milliard. À la différence de la Chine, sa croissance démographique – actuellement 14 millions de personnes par an – a été linéaire et devrait atteindre un pic vers 2060 avec des projections à 1,65 milliard d'habitants, alors que la population chinoise devrait baisser à partir de 2030. Avec 2,2 enfants par femme, l'Inde est entrée dans la phase finale de sa transition démographique, qui a été beaucoup moins rapide qu'en Chine, au Bangladesh ou en Indonésie. Elle dispose actuellement d'un « bonus démographique », c'est-à-dire d'un ratio favorable entre les catégories en âge de travailler (15-64 ans) et les catégories dépendantes. Sa bonne utilisation dépend de l'évolution du marché du travail. Or, celui-ci n'a pas absorbé dans les secteurs secondaire et tertiaire cette nouvelle main-d'œuvre, encore largement prisonnière d'un secteur primaire faiblement productif. L'agriculture représente 15 % du PIB et 43 % de la population active. Le secteur tertiaire contribue à 59 % du PIB avec 32 % de la population active.

L'Inde compte désormais des groupes de taille mondiale, indispensables à sa montée en gamme. Elle est devenue un carrefour mondial des services informatiques avec des entreprises comme Infosys, Tata Consultancy Service ou Wipro. En assurant la sous-traitance des grands groupes américains et européens, ces entreprises jouent un rôle invisible mais décisif. Dans le secteur manufacturier, l'Inde développe en particulier ses industries textile, chimique et pharmaceutique. En 2014, le gouvernement a lancé un double programme – *Make in India* et *Make for the World* – destiné à attirer les investisseurs étrangers. Avec la crise sanitaire, il a orienté son plan de relance vers 24 « secteurs champions » et cinq corridors reliant les grandes agglomérations (Delhi, Mumbai, Kolkata, Chennai, Bengaluru et Ahmedabad) afin de gagner en souveraineté industrielle. Deux conglomérats sont au cœur de cette stratégie inspirée par celles du Japon et de la Corée du Sud : Adani Group et Reliance Industries, surnommés les « 2As ».

Créé en 1988 par Gautam Adani, aujourd'hui sixième fortune mondiale, le premier est producteur d'électricité à partir du charbon et exploitant d'infrastructures portuaires. À titre d'exemple, il a acheté le port d'Abbot Point en Australie pour faciliter les exportations de charbon vers l'Inde. Créé en 1966, le second est aujourd'hui dirigé par Mukesh Ambani, treizième fortune mondiale. Son groupe pétrochimique s'est diversifié dans les télécommunications et la grande distribution. Il opère la plus grande raffinerie de pétrole au monde, capable de produire plus de 1 200 000 barils par jour, au Gujarat. Des voix s'inquiètent de la concentration oligopolistique du pouvoir entre les « 2As », qui cultivent des relations étroites avec le gouvernement Modi[20].

Le potentiel de développement de l'Inde se heurte à plusieurs problèmes structurels au premier rang desquels figure l'inégalité entretenue par la hiérarchie des castes : les 1 % les plus fortunés possèdent davantage que les 70 % les plus pauvres. Son taux de croissance ne permet pas d'absorber le nombre de nouveaux entrants sur le marché du travail, ce qui favorise l'économie informelle : 30 % des jeunes ne sont ni employés ni étudiants. Indépendamment des questions ethniques, son corps social est travaillé par de très forts contrastes économiques et territoriaux : 85 % des agriculteurs disposent de moins de deux hectares ; 190 millions de personnes souffrent de sous-alimentation chronique. L'accès à l'eau reflète les grandes difficultés environnementales auxquelles l'Inde est confrontée. Sur les 21 grands bassins versants du sous-continent, cinq sont d'ores et déjà dans une situation de rareté absolue avec moins de 500 m^3 par habitant et par an. À cela s'ajoutent d'inquiétantes contaminations des eaux souterraines. Le réchauffement climatique produit des effets déstabilisants. Le 26 avril 2022, il a fait 42 °C à New Delhi, nouvel épisode d'une vague de chaleur extrême avec 9 degrés au-dessus des normales de saison.

Un des principaux défis pour l'Inde réside dans sa politique énergétique, qui doit alimenter sa croissance économique tout en limitant ses effets environnementaux. Son mix énergétique repose principalement sur le charbon (45 %), le pétrole (25 %) et la biomasse (20 %). Second producteur mondial de charbon après la Chine, l'Inde importe du pétrole en provenance principalement d'Irak, d'Arabie saoudite, des EAU et des États-Unis. Sous le contrôle étroit du ministère du Pétrole et du Gaz naturel, ONGC Videsh, filiale de la compagnie nationale ONGC, assure la sécurité énergétique du pays en étant présente dans 15 pays.

Au début de son mandat, Narendra Modi tenait des propos climato-sceptiques qui ont laissé place à un activisme international au nom de la « justice climatique ». En avril 2021, lors du sommet sur le climat organisé par Joe Biden, le Premier ministre indien a expliqué que si l'empreinte carbone d'un Indien était de 60 % inférieure à la moyenne, cela reflétait le « mode de vie sobre et traditionnel » de son peuple. Ayant ratifié les accords de Paris, l'Inde entend porter à 40 % la part des énergies renouvelables dans son mix électrique à horizon de 2030 et, pour ce faire, continue à investir massivement dans le solaire et l'éolien. Entre 2015 et 2021, elle a augmenté ses capacités de production dans ces deux domaines de 250 %, ainsi que ses efforts en matière de reforestation. Cependant, les investissements dans le charbon augmentent également pour répondre à la demande d'électricité. Dans ce contexte très contraint, le gouvernement Modi présente la transition énergétique comme une nécessité vitale et comme une opportunité unique pour les investisseurs étrangers.

Entre mondialisation et autonomie stratégique

Le gouvernement Modi inscrit son action dans un cycle ouvert en 1991 par la libéralisation de l'économie caractérisée jusqu'alors par un fort interventionnisme étatique. À l'été 1991, le pays obtient une aide du FMI contre de strictes mesures d'ajustement budgétaire. Manmohan Singh, ministre des Finances (1991-1996), puis Premier ministre (2004-2014), annonce une nouvelle politique autour de trois axes : libéralisation, privatisation et globalisation. Les chiffres suivants illustrent l'ouverture de l'économie indienne. Au moment de l'indépendance, l'Inde représentait 2,2 % des échanges mondiaux de marchandises, chiffre qui tomba à 0,6 % en 1993 en raison d'un modèle autocentré. En 2018, elle représentait à nouveau 2,2 % des échanges, qui en termes absolus ont été multipliés par vingt. Cependant, elle a changé de politique commerciale : si Manmohan Singh a signé 11 accords commerciaux pendant la durée de son mandat, Narendra Modi n'en a signé aucun depuis 2014. En outre, fin 2019, il a décidé de ne pas rejoindre le *Regional Comprehensive Economic Partnership* (RCEP), accord commercial entre les dix pays de l'ASEAN, l'Australie, la Chine, le Japon, la Corée du Sud et la Nouvelle-Zélande. Narendra Modi justifie sa décision par l'impréparation de son pays à recevoir des importations agricoles massives de Chine.

C'est en réalité un tournant stratégique qui marque la fin du cycle de la mondialisation post-1991. Son nationalisme se traduit par du protectionnisme, accentué par la crise de la Covid, qui soulève des questions sur les capacités d'adaptation du modèle indien. Là comme ailleurs, l'heure est au *Make India Great Alone*. Lors d'un entretien à Washington, une voix indienne influente dans l'univers des think tanks lâche cette phrase : « Si l'Inde devenait illibérale, elle perdrait de sa valeur pour Washington[21]. » Si l'hypothèse d'une dérive illibérale se vérifiait, elle fragiliserait certainement le positionnement stratégique de l'Inde et invaliderait son discours international.

À cet égard, il n'est pas inutile d'évoquer Krishnaswamy Subrahmanyam (1929-2011), auquel se réfèrent ouvertement de jeunes experts indiens[22]. Figure de la communauté stratégique indienne, il est le père de l'actuel ministre Jaishankar et de Sanjay, professeur invité à la chaire d'histoire globale de la première modernité du Collège de France (2013-2021). Dans un texte souvent évoqué, il constatait que l'Inde, à l'instar des États-Unis et à la différence des « tigres » asiatiques, s'était démocratisée avant de s'industrialiser. À ceux qui préconisaient à son pays de suivre le modèle chinois, il rappelait les 40 millions de morts par famine. L'Inde avait su se développer rapidement sans renoncer au pluralisme démocratique. Selon lui, l'avenir dépendait de la tension entre ce modèle et celui d'un parti unique oligarchique privilégiant l'harmonie sociale aux droits individuels. La « grande stratégie indienne » consiste à défendre les valeurs indiennes de la double menace du djihadisme et de l'autoritarisme, écrivait-il à la fin de sa vie[23].

En un mot, de l'axe Pékin-Islamabad, qui s'est renforcé depuis lors. Projet phare de la *Belt and Road Initiative*, destiné à relier le Xinjiang au port de Gwadar en mer d'Arabie*, le *China-Pakistan Economic Corridor* (CPEC), dont la mise en œuvre se heurte à de nombreux obstacles politiques, a toujours été interprété comme une tentative de renforcement naval de la Chine, et un risque de deuxième front à l'ouest. Au regard de ses ambitions globales, l'Inde voudrait éviter la diversion stratégique que représente le Pakistan alors que celui-ci trouve une légitimité existentielle en s'opposant à New Delhi.

Après 1991, la tradition du non-alignement, toujours très ancrée, s'est retrouvée dans le concept de multipolarité. C'est ainsi que New Delhi participe dès 2009 aux sommets des BRICS**. En 2017, elle rejoint l'Organisation de coopération de Shanghai, tout comme le Pakistan. Parallèlement, elle signe une trentaine de partenariats stratégiques bilatéraux de portée variable, parmi lesquels ceux avec la Russie et Israël méritent une attention particulière. L'Inde n'a reconnu l'État d'Israël qu'en 1950 et a longtemps soutenu la cause palestinienne pour ne pas s'aliéner les pays arabes. En 1980, elle accorde un statut diplomatique au bureau de l'OLP à New Delhi. Ce n'est qu'en 1992 qu'Israël ouvre

* À 70 km de la frontière iranienne à l'ouest et à 460 km de Karachi à l'est.

** En 2011, l'Afrique du Sud rejoint le Brésil, la Russie, l'Inde et la Chine.

une ambassade à New Delhi. Après le 11 Septembre, les relations se sont développées rapidement avec le soutien des États-Unis dans le domaine de la lutte anti-terroriste et de l'armement. Ariel Sharon, Premier ministre israélien (2001-2006), se rend en Inde en 2002 pour la première fois. En 2017, Narendra Modi est accueilli en Israël avec l'« I4I » pour slogan : « *India for Israël and Israël for India.* » Il existe une claire affinité idéologique entre les nationalistes hindous et les dirigeants israéliens concernant la menace islamiste.

Avec Moscou, les liens remontent au début de la guerre froide quand l'URSS reconnut que le Jammu-et-Cachemire faisait partie de l'Union indienne. Lors de la guerre sino-indienne, on l'a vu, les Soviétiques ne soutinrent pas Pékin. Commença alors une coopération militaire étroite : Moscou devint le principal fournisseur en armements de l'Inde et joua un rôle décisif dans la construction de ses forces aériennes, sous-marines et aéronavales. Un expert indien estime que les armes russes représentaient 80 % de l'arsenal indien avant 2014, chiffre qui serait désormais de l'ordre de 50 %. En dépit de cette diminution, qui a bénéficié aux exportations françaises, israéliennes et américaines, « la coopération nucléaire avec la Russie devrait perdurer[24] », affirme-t-il. C'est une question cruciale pour les équilibres stratégiques à venir, car, dans le même temps, un diplomate indien de haut rang confirme la volonté de New Delhi de réduire sa dépendance à l'égard de la Russie en raison de sa proximité grandissante avec la Chine[25].

Entre Chine et États-Unis

Le principal défi stratégique de l'Inde réside dans la nature de ses relations avec la Chine. Les deux pays partagent l'humiliation d'avoir été parmi les plus prospères jusqu'au milieu du XVIIIe siècle avant d'être relégués par les pays industrialisés. Pour l'un comme pour l'autre, la quête de puissance vise à rendre impossible toute nouvelle forme d'assujettissement et à affirmer leurs nationalismes respectifs. Après la Seconde Guerre mondiale, leurs systèmes politiques divergent rapidement et s'opposent ouvertement en 1962. Depuis lors, leurs armées se font face le long d'une frontière de 3 500 km. En 1979, les deux pays se situent au même niveau technologique et économique. À partir de 1991, l'Inde cherche à bénéficier de la dynamique économique chinoise, mais la Chine a désormais trois décennies d'avance sur la plupart des indicateurs sociaux. Cela explique sans doute pourquoi Pékin et Delhi ne tirent pas les mêmes conclusions de la crise financière de 2008. Pour la Chine, elle correspond à la phase terminale du déclin occidental. Pour l'Inde, elle s'apparente à la fin d'un environnement extérieur favorisant les réformes économiques intérieures. Dans les deux cas, la crise entraîne une concentration du pouvoir.

En juin 2020, un accrochage à 4 200 mètres d'altitude dans l'Himalaya provoque la mort de 20 soldats indiens et cinq soldats chinois ; ces combats mettent fin au *statu quo* et instaurent un profond climat de défiance. Le gouvernement Modi prend des mesures de rétorsion économique contre la Chine : le refus d'investissements et l'interdiction d'applications chinoises – TikTok, WeChat – amorcent un processus de découplage par rapport à l'économie chinoise. Sur le plan stratégique, en approfondissant ses relations avec Islamabad, Pékin renforce le poids des militaires au Pakistan, qui n'ont pas intérêt à améliorer les rapports avec l'Inde. Fondamentalement, celle-ci se retrouve face à une Chine en train de construire un ordre continental eurasiatique avec l'aide de la Russie. Or, comme le résume un diplomate français : « Sa terreur stratégique est la glissade de la Russie vers la Chine aboutissant à un monstre au-dessus d'eux[26]. » Pour l'éviter, elle refuse d'ostraciser Moscou, mais surtout développe ses capacités maritimes et navales. Elle entend sécuriser les lignes de communication et défendre la liberté de navigation, en particulier en mer de Chine, pour assurer ses approvisionnements et ses exportations. Ayant parfaitement conscience de leur infériorité stratégique par rapport à la Chine, les Indiens veulent éviter tout affrontement direct qui risquerait d'interrompre leur montée en puissance.

Pour ce faire, l'Inde participe au Quad avec les États-Unis, le Japon et l'Australie, tout en entretenant des échanges réguliers avec toutes les puissances maritimes (Indonésie, Iran, Singapour, Vietnam, pays européens). Cela ne signifie nullement qu'elle rejoigne un système d'alliance dirigé par les États-Unis même si les deux pays intensifient leurs relations en se définissant comme « alliés naturels ». Leur accord sur le nucléaire civil de 2008 a marqué une étape importante. En 2016, l'Inde s'est vu octroyer le statut de partenaire majeur en matière de défense par Washington, qui envisage de développer en commun des systèmes d'armes. Ce rapprochement n'empêche pas la persistance de différends commerciaux ou stratégiques, comme le désengagement américain d'Afghanistan. En réalité, l'Inde et les États-Unis construisent un partenariat qui ressemble à une alliance avec une différence fondamentale : l'absence d'engagement de défense mutuelle.

*

* *

Priorités stratégiques de l'Inde

La fiction permet souvent de dévoiler des ambitions stratégiques inavouables. En 2021, l'amiral James Stavridis, ancien *Supreme Allied Commander Europe* (SACEUR) de l'OTAN (2009-2013), et Elliot Ackerman, ancien officier du corps des Marines, publient un roman d'anticipation stratégique – *2034* – dans lequel ils imaginent un conflit entre la Chine et les États-Unis qui entraîne des frappes nucléaires tactiques croisées. Après avoir coulé le *Zheng He**, un porte-avion chinois, puis abattu neuf F-18 américains conduisant un raid nucléaire, les Indiens imposent la paix de New Delhi et la relocalisation du siège des Nations unies de New York à Bombay « comme condition préalable à l'attribution d'une aide s'étalant sur plusieurs années aux États-Unis, qui en avaient terriblement besoin[27] ». Cette fiction recoupe bien les propos assumés d'experts indiens qui promeuvent une autonomie stratégique de leur pays allant de pair avec une implication systématique dans les grands dossiers internationaux : « Nous devons exploiter toutes les contradictions pour maximiser notre influence internationale et construire notre puissance nationale[28] », me confie l'un d'eux pour qui le double jeu vaut mieux que l'alliance.

La première priorité de l'Inde est de poursuivre son développement économique. Compte tenu de son poids, sa dynamique démographique a un impact global, ainsi que la vigueur de sa croissance. Aucune menace existentielle

* Zheng He (1371-1433), explorateur maritime dont la mémoire est célébrée par les autorités chinoises depuis plusieurs années.

ne pèse sur elle de l'extérieur[29]. En revanche, elle connaît des lourdes menaces intérieures en raison de l'ampleur des transformations sociales à accomplir. À cela s'ajoutent les vives tensions ethniques et religieuses toujours susceptibles de dégénérer. Or, pour se développer, le pays a besoin d'une forte stabilité intérieure. Troisième émetteur mondial de GES, l'Inde doit trouver une politique énergétique et climatique lui permettant de poursuivre son développement économique. Elle annonce vouloir atteindre 40 % d'énergies renouvelables à l'horizon 2030, objectif extrêmement ambitieux qui lui permet d'attirer des financeurs étrangers, désireux pour certains de se détourner de la Chine sans l'afficher. À n'en pas douter, New Delhi va continuer à rappeler aux pays du G7 leurs engagements en matière de « justice climatique ».

La deuxième priorité est de renforcer la sécurité de sa frontière septentrionale. Dans l'Himalaya, l'Inde a désormais deux fronts ouverts, l'un avec le Pakistan et l'autre avec la Chine. Pour préserver sa réputation d'homme fort, Narendra Modi minimise les risques. Si le rapport de force bilatéral avec Islamabad lui est désormais favorable en raison de son poids économique, New Delhi reste engagé dans un constant face-à-face nucléaire avec son ennemi principal depuis l'indépendance. Vis-à-vis de Pékin, le rapport de force bilatéral lui est défavorable. Depuis mai 2020, les Chinois ont conquis 1 000 km^2 de territoire sans que les Indiens parviennent à inverser l'incursion chinoise au Ladakh. Comme en mer de Chine, Pékin poursuit un grignotage territorial qui lui permet de durcir ses positions militaires. L'étroitesse de la coopération sino-pakistanaise accentue évidemment la pression sur New Delhi, qui a autant besoin d'une marine et d'une aviation que de troupes de montagne aguerries. Comme le reconnaît un diplomate indien, tout le monde s'inquiète de la montée en puissance de la Chine dans l'Indopacifique alors que « le vrai danger se situe aujourd'hui en Eurasie[30] ».

Néanmoins, la troisième priorité de l'Inde est de s'affirmer comme puissance navale dans l'Indopacifique. Si elle participe au Quad avec les États-Unis, le Japon et l'Australie, elle n'entend nullement entrer dans un système d'alliance militaire contraignant. Son ambition est de promouvoir un « multi-alignement » diplomatique lui permettant de ne jamais se lier les mains. Cela explique sa position vis-à-vis de la Russie. En septembre 2022, Narendra Modi signifie à Vladimir Poutine que l'heure n'est « pas à la guerre ». Un mois plus tard, l'Inde s'abstient lors du vote de l'Assemblée générale des Nations unies condamnant l'annexion par Moscou de quatre régions ukrainiennes. Sous couvert du « multi-alignement », l'Inde poursuit en réalité une politique de plus en plus nationaliste, convaincue que son heure arrive enfin.

Enseignements pour la France

En premier lieu, le partenariat stratégique franco-indien permet aux deux pays de ne pas se résoudre à la rivalité sino-américaine. Pour New Delhi, c'est une manière d'affirmer son indépendance en refusant de s'aligner sur Moscou ou sur Washington. Pour Paris, c'est une manière de donner corps à sa stratégie indopacifique, laquelle lui permet de légitimer sa présence et son action à « l'est de Suez ».

En deuxième lieu, Paris doit tirer les enseignements de la position diplomatique de New Delhi à l'égard de la guerre d'Ukraine – l'Inde a refusé de prendre des sanctions à l'encontre de Moscou. Le pays n'entre pas dans une logique d'alliances, mais dans une logique de partenariats pour maximiser ses intérêts nationaux. Cette trajectoire d'indépendance devrait s'accentuer. Si son évolution politique mérite un suivi attentif en raison de ses possibles soubresauts intérieurs, Paris peut valoriser son siège de membre permanent du Conseil de sécurité (en continuant à soutenir les ambitions diplomatiques de l'Inde), ses capacités aériennes, navales et spatiales, ainsi que ses entreprises dans son dialogue avec elle. Il faut se préparer à un investissement grandissant de ces dernières pour le marché indien compte tenu des difficultés de plus en plus nombreuses qu'elles rencontrent sur le marché chinois.

En dernier lieu, Paris doit mesurer précisément l'influence de l'Inde (comme de la Chine évidemment) sur tous les sujets globaux, en particulier le climat. Compte tenu de son poids et de sa vitalité démographique, les choix de l'Inde seront décisifs pour les équilibres planétaires.

CIEL

« Ces jeunes-là aiment autant la mort que vous aimez la vie. » Extraite de la « Déclaration de djihad contre les Américains qui occupent le pays des deux Lieux saints », cette célèbre phrase d'Oussama Ben Laden (1957-2011) résume à elle seule le problème stratégique auquel sont confrontés les Occidentaux depuis quatre décennies : faire face à des moudjahidine prêts à mourir pour leur foi. C'est une chose de les combattre militairement ; c'en est une autre de les vaincre politiquement.

En 1996, les talibans établissaient l'Émirat islamique d'Afghanistan, seulement reconnu par trois pays – le Pakistan, l'Arabie saoudite et les Émirats arabes unis –, qui protégeait sur son territoire al-Qaida et Ben Laden. Ce dernier conçut et conduisit les attentats du 11 septembre 2001. Directement frappés sur leur sol, les États-Unis et leurs alliés intervinrent en Afghanistan avec pour objectif initial de détruire le sanctuaire de Ben Laden, ce qui entraîna la chute des talibans. Vingt ans après les attentats, le 15 août 2021, ceux-ci reprirent Kaboul, infligeant une lourde défaite symbolique aux Occidentaux.

Ces derniers éprouvent la plus grande difficulté à intégrer les croyances des autres à leurs stratégies, car ils continuent à penser que tous aspirent à vivre comme eux. Couvrant la révolution iranienne en 1979, Michel Foucault (1926-1984) soulignait l'importance de la « spiritualité politique » qui transcendait les partisans de l'ayatollah Khomeini. Celle-ci n'a nullement disparu, et se retrouve sur de nombreux théâtres. C'est pourquoi il semble plus que jamais nécessaire de comprendre les mécanismes « théologico-politiques » toujours à l'œuvre.

La « question d'Orient », née au XVIIIe siècle pour interroger la nature des liens entre les pays européens et l'Empire ottoman, connaît de nouveaux avatars dans les relations entretenues avec la Turquie, l'Arabie saoudite et l'Iran. Il est certain que l'avènement de la révolution islamique dans ce pays en 1979 a profondément modifié les équilibres régionaux. Il est également certain que les manifestations des femmes iraniennes à la suite de la mort de Mahsa Amini en septembre 2022 ébranlent les fondements de la République islamique et pourraient bien avoir des conséquences régionales majeures. En enlevant leur voile, elles envoient un message libérateur à toutes celles qui sont contraintes de le porter. En dépit de la répression, les manifestants contestent l'emprise des mollahs sur le corps social.

Même s'ils ont pu connaître des périodes d'occupation, ces trois pays n'ont jamais été colonisés par une puissance européenne. Ils ne représentent que 1,9 % du PIB mondial, mais pèsent d'un poids particulier dans la géopolitique des hydrocarbures. Ils font l'objet d'une forte personnalisation du pouvoir autour de Recep Tayyip Erdoğan, de Mohammed ben Salman (MBS) et d'Ali Khamenei, et se disputent le contrôle de l'Organisation de la coopération islamique (OCI) créée en 1969. Cela conduit à s'intéresser à l'islamisme d'en haut, c'est-à-dire à son instrumentalisation diplomatique par des puissances soucieuses de promouvoir leurs intérêts politiques et religieux. De manière différente, Ankara, Riyad et Téhéran assignent une « mission civilisatrice » à l'islam au-delà de leurs propres frontières.

Il existe une planète islamique comme il existe une « planète catholique[1] ». L'islam lui aussi est un universalisme, qui a vocation pour ses fidèles à être adopté par tous les peuples de la terre et attend d'eux la soumission à ses principes.

Ressources spirituelles, ressources énergétiques

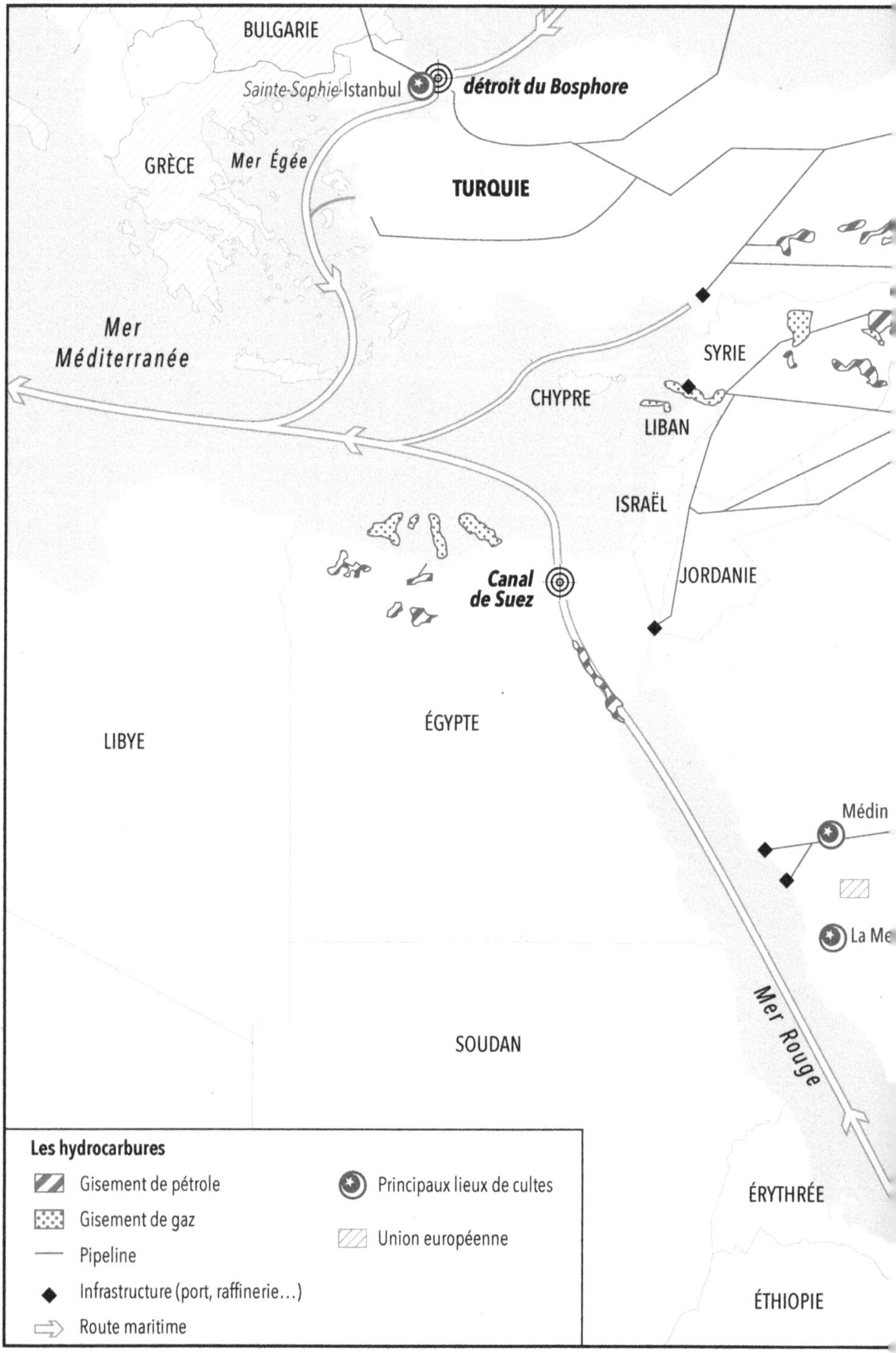

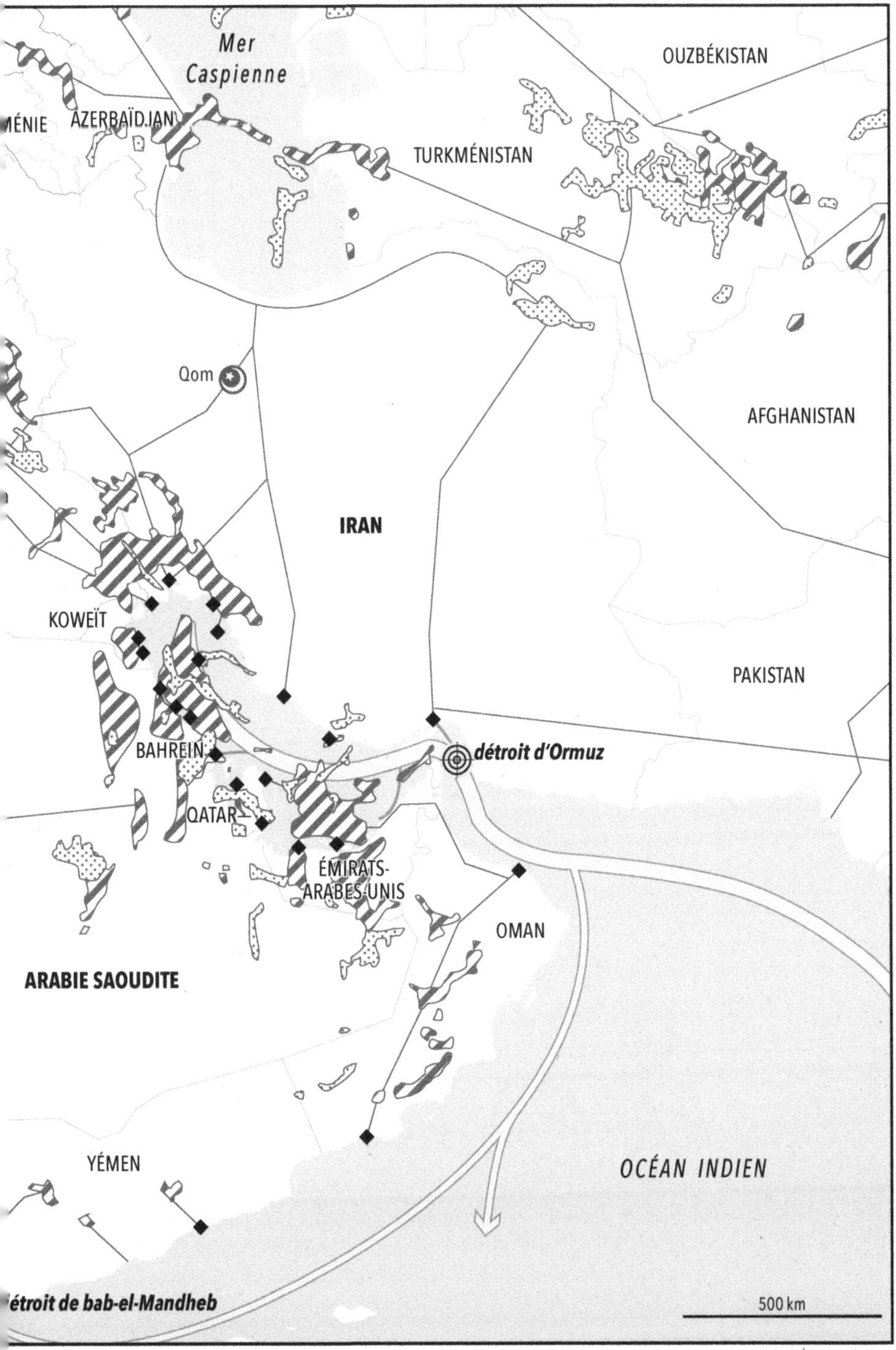

Mer
Caspienne
OUZBÉKISTAN
ÉNIE
AZERBAÏDJAN
TURKMÉNISTAN
Qom
AFGHANISTAN
IRAN
KOWEÏT
PAKISTAN
BAHREIN
détroit d'Ormuz
QATAR
ÉMIRATS-
ARABES-UNIS
OMAN
ARABIE SAOUDITE
YÉMEN
OCÉAN INDIEN
étroit de bab-el-Mandheb
500 km

7

La Turquie ou l'islamo-nationalisme en action

L'image a fait le tour du monde. Lors d'un meeting, Recep Tayyip Erdoğan invite sur scène une fillette apeurée, vêtue de l'uniforme des forces spéciales turques, et tonne : « Si elle tombe en martyr, elle sera recouverte d'un drapeau, si Dieu le veut. » Depuis la victoire électorale de son parti l'AKP en 2002*, le président turc conjugue islamisme et nationalisme pour faire reconnaître à son pays un statut de puissance à la hauteur de sa grande histoire. Initialement favorable à l'entrée dans l'Union européenne, il critique vertement les pays européens, cherche de nouveaux partenaires, multiplie les interventions militaires pour délimiter une nouvelle sphère d'influence régionale, tout en étant membre du G20.

Avec 83 millions d'habitants, la Turquie représente aujourd'hui 0,9 % du PIB mondial. Grâce à la consommation intérieure et l'accès au crédit, le pays a connu une croissance moyenne annuelle de 5 % au cours des deux dernières décennies, mais traverse des crises monétaires récurrentes qui provoquent de vives tensions sociales. En 2021, la

* AKP : *Adalet ve Kakinma Partisi* (« Parti de la justice et du développement »).

livre turque perd presque 50 % de sa valeur face au dollar, provoquant une forte inflation des produits importés, en provenance principalement d'Allemagne, de Chine et de Russie. L'importance de son déficit commercial la laisse très dépendante des capitaux étrangers. Économie tertiaire, elle doit maximiser sa position de carrefour, financer ses dépenses sociales et gagner son autonomie technologique, tout en rêvant de rejoindre les dix premières économies mondiales à l'horizon 2050.

Mais la Turquie d'Erdoğan a-t-elle le ressort de cette ambition au regard de ses performances économiques, de ses réalisations diplomatiques, et surtout de son verrouillage politique et religieux ? En termes de longévité au pouvoir, le « Reis » dépasse désormais Mustafa Kemal « Atatürk » (1881-1938). La célébration du centenaire de la République en 2023 constitue une étape essentielle pour le régime, qui doit se réinventer au risque d'être violemment rejeté. La dernière décennie rompt avec la culture stratégique turque. Au-delà du destin d'Erdoğan, il est peu probable que la Turquie revienne à ses principes fondateurs, tant le « Reis » marque de son empreinte l'orientation stratégique du pays.

Erdoğan ou la stratégie de l'émotion

Né en 1954, Recep Tayyip Erdoğan a commencé son parcours footballeur pour le finir sultan. Cela pourrait susciter des vocations. Il s'engage très tôt dans une formation islamiste et connaît quelques mois la prison en raison de ses activités politiques. Nommé Premier ministre (2003-2014), il devient le premier président de la République de Turquie élu au suffrage universel direct en 2014. Démocrate pro-européen à ses débuts, il s'est mué en autocrate nationaliste. Tribun à l'instinct exceptionnel, le « Reis » sait jouer des passions populaires, instiller du religieux et fustiger les élites dès qu'il le faut. Mais, selon un diplomate européen, il serait désormais piégé par son « enfermement autocratique » ; « tous les moyens seront employés pour sa survie politique[1] ».

Six siècles d'héritage

La Turquie est née de la chute de l'Empire ottoman. Son territoire a été le creuset de plusieurs civilisations et royaumes, notamment grecs, avant l'installation des tribus turciques venues d'Asie centrale. La mémoire de cette généalogie complexe demeure un enjeu identitaire sensible. En 2015, Recep Tayyip Erdoğan se met en scène sur les marches de son palais à Ankara, entouré de 16 guerriers portant armures et épées, symbolisant, au grand dam des historiens, les seize périodes d'une histoire mythifiée.

Quelques repères chronologiques doivent être présents à l'esprit. Vassal des Seldjoukides converti à l'islam, Osman Ier (1281-1326) mène la guerre sainte contre les Byzantins, et étend son territoire vers les villes de Nicée (Iznik) et de Brousse (Bursa). Murat Ier (1326-1389), son petit-fils, est considéré comme le fondateur de l'Empire ottoman. Installé à Edirne (Andrinopole), il prend pied dans les Balkans. En 1453, la conquête de Constantinople par Mehmet II (1432-1481) marque une profonde rupture entre Orient et Occident et met fin aux onze siècles de l'Empire byzantin. Le sultan, « ombre de Dieu sur terre », entre à cheval dans la cathédrale Sainte-Sophie, alors la plus vaste église de la Chrétienté, pour aussitôt la transformer en mosquée. La portée de ce geste symbolique se ressent jusqu'à nos jours : Atatürk décide de la désacraliser en la transformant en musée ; en juillet 2020, Recep Tayyip Erdoğan, lui-même imam de formation, la rend au culte musulman pour exhumer le califat ottoman.

« Nuit et jour notre cheval est sellé et notre sabre est ceint », cette devise de Soliman le Magnifique (1494-1566) reflète la fulgurance au combat des Ottomans, qui atteignent leur apogée sous son règne. Mosaïque multiethnique et multiconfessionnelle, l'empire est délimité à l'ouest par l'Algérie actuelle, au nord par la Hongrie, à l'est par l'Azerbaïdjan et au sud par l'Égypte et le Hedjaz où se trouvent Médine et La Mecque. À la suite de leur invasion de Chypre, le pape confie une flotte chrétienne à don Juan d'Autriche (1547-1578), qui remporte une victoire éclatante à Lépante (1571). Les Ottomans perdent alors leur réputation d'invincibilité. Même si leur reflux territorial commence dès le XVIIe siècle, ils mobilisent d'importantes capacités d'intervention militaire grâce notamment aux janissaires. Ils reconstruisent des forces navales leur permettant d'opérer simultanément en mer Noire et en Méditerranée, et surtout de dominer la mer Égée, tout en entretenant une administration complexe pour contrôler l'ensemble du territoire. Le poids militaire et administratif devient progressivement la principale faiblesse d'un empire travaillé par les nationalismes. En 1853, le tsar Nicolas Ier (1796-1855) le présente comme « l'homme malade de l'Europe ».

Inspirés par la France révolutionnaire, le nationalisme allemand et l'expérience de modernisation du Japon, les Jeunes-Turcs s'emparent du pouvoir en 1908. Leur expérience libérale tourne court avec notamment l'extermination de la population arménienne d'Adana l'année suivante, qui annonce le génocide ainsi qu'une orientation panturquiste, islamique et jacobine. Le triumvirat des « Trois

Pachas* » s'octroie les pleins pouvoirs et s'engage aux côtés de l'Empire allemand dans la Première Guerre mondiale. Cette alliance de l'Aigle et du Croissant a été préparée de longue date par le Kaiser, qui avait assuré de son amitié protectrice « les 300 millions de musulmans dispersés sur la Terre » lors d'une visite grandiose à Istanbul en 1898. À son cousin Nicolas II (1868-1918), il avait expliqué que « les musulmans sont une carte énorme dans notre jeu au cas où toi ou moi serions subitement confrontés à la guerre avec une puissance importune[2] ». Pour les stratèges allemands, le panislamisme et le djihad doivent assurer la victoire du Reich et la fin des Empires français et britannique. Ce fut un échec.

La Turquie moderne naît de la Première Guerre mondiale. Avant d'évoquer le parcours d'Atatürk, rappelons quelques éléments de positionnement stratégique. La convention de Montreux (1936), qui « ne sera jamais révisée » selon un diplomate turc en poste en Europe[3], rétablit la souveraineté turque sur les détroits du Bosphore et des Dardanelles, tout en posant le principe de liberté absolue de passage en temps de paix et de guerre pour les navires commerciaux quel que soit leur pavillon. Les navires de guerre doivent annoncer leur passage à l'avance. Pendant la Seconde Guerre mondiale, la Turquie d'Ismet Inönü (1884-1973) maintient sa neutralité avant d'entrer en guerre après la conférence de Yalta. Bénéficiaire du plan Marshall, elle envoie une brigade combattre en Corée et rejoint l'OTAN en 1952.

Au cours de la guerre froide, elle occupe une position cruciale dans le dispositif occidental en pouvant bloquer l'accès de l'URSS à la Méditerranée et en accueillant des

* Enver Pacha (1881-1922), Talaat Pacha (1874-1921) et Djemal Pacha (1872-1922).

armes nucléaires américaines. En 1963, elle signe un accord d'association avec la Communauté économique européenne. En 1974, l'opération « Attila » aboutit à l'occupation du Nord de Chypre par les forces turques, qui y sont toujours présentes. Parallèlement, leur engagement continu au sein de l'OTAN les conduit à des déploiements au Liban, en Bosnie, au Kosovo et en Afghanistan. Cependant, l'alignement géopolitique de la Turquie sur les États-Unis connaît quelques contrecoups après l'intervention à Chypre ou, en 2003, avec son refus d'autoriser le passage terrestre des troupes américaines vers l'Irak.

« Le loup gris d'Angora »

Ainsi surnommé, le colonel Mustafa Kemal s'illustre aux Dardanelles en repoussant l'offensive anglo-française. La même année se déroulent les « événements de 1915 », euphémisme toujours utilisé par les autorités turques pour désigner les massacres à grande échelle perpétrés contre les Arméniens et les Assyro-Chaldéens. En 2015, le centenaire du génocide donne lieu à de virulentes controverses, car la Turquie ainsi que l'Azerbaïdjan continuent à le nier. Plus de 30 pays le reconnaissent officiellement dont la Russie, la France ou, plus récemment, les États-Unis*. L'AKP s'arc-boute sur une posture négationniste. Plus profondément, depuis la fondation de la république, la construction continue de l'identité nationale empêche toute réflexion sur les apports de l'empire multiculturel.

La conception rigide et jacobine de l'État s'exerce au détriment des minorités et se traduit par un fort autoritarisme. Les conditions de la défaite conduisent Mustafa

* En 2021 sous l'administration Biden.

Kemal à créer un nationalisme unificateur, cultivé par tous ses successeurs à la tête du pays. Grâce à sa reconquête du territoire anatolien, il obtient la révision du traité de Sèvres (1920), qui consacrait le démembrement de l'Empire ottoman et établissait des sphères d'influence pour les puissances européennes en Anatolie. En outre, le traité prévoyait le détachement des provinces arabes, un État arménien, un État kurde et l'internationalisation des Détroits. Naît alors chez les Turcs le « syndrome de Sèvres » dont les effets se font sentir jusqu'à nos jours[4]. L'expression traduit une phobie collective, toujours facile à manipuler, d'une crainte de dislocation du territoire provoquée par les puissances extérieures ou par les ennemis de l'intérieur.

Une fois les frontières du nouveau pays stabilisées, Mustafa Kemal proclame la république en 1923 et se lance dans une modernisation à marche forcée pour conduire la Turquie au « niveau de la civilisation moderne ». Cela passe par l'expulsion du calife, qui prétend régenter l'islam sunnite de 300 millions de personnes (dont 10 à 15 millions de Turcs) répartis sur tous les continents depuis Istanbul. Pour Mustafa Kemal, cette situation est intenable : « Notre nation a été conduite durant des siècles sous l'influence de cette idée erronée [...]. Savez-vous quel est le nombre des fils d'Anatolie qui ont péri dans les déserts torrides du Yémen ? Savez-vous les pertes que nous avons subies pour garder la Syrie et l'Irak, pour conserver l'Égypte et nous maintenir en Afrique ? », demande-t-il avant d'ajouter : « La nouvelle Turquie... n'a plus lieu de penser à autre chose qu'à sa propre existence, à sa propre prospérité. Il ne lui reste plus rien à donner aux autres[5]. » Ainsi, celui qui apparaît comme « l'épée de l'islam », tout en se gardant bien de présenter son combat comme une guerre sainte, met fin au califat. Aujourd'hui encore, beaucoup de musulmans ne lui pardonnent pas d'avoir ainsi dissiper l'illusion d'une *umma** unie et forte. Cependant, son ombre plane toujours sur la vie politique turque. Tous les ans, à l'heure exacte de sa mort – 10 novembre 1938 à 9 h 05 –, le pays observe deux minutes de silence.

Atatürk a trouvé une sorte de troisième voie entre bolchevisme et fascisme pour son régime, qui repose sur six principes constitutionnels : républicanisme, nationalisme, laïcisme, populisme, étatisme et réformisme. Les militaires ont joué un rôle central dans la structuration de l'État. Sur le plan international, Mustafa Kemal a conduit une politique de stricte indépendance neutraliste poursuivie par son successeur. Dans le domaine stratégique, ses héritiers sont parvenus à maintenir un niveau d'influence en dépit des à-coups de la politique étrangère conduite par Erdoğan. Vis-à-vis de leurs interlocuteurs européens, les kémalistes d'aujourd'hui rappellent les six principes pour mieux souligner la rupture introduite par l'AKP : ne pas interférer dans les affaires intérieures de ses voisins ; ne pas provoquer la Russie ; ne pas donner de conseil sans y avoir été invité ; développer les relations historiques, sociales et culturelles avec les pays arabes sans se laisser entraîner dans leurs disputes ; pour finir, adopter la culture de l'Occident sans devenir un instrument de son impérialisme[6], autant de principes foulés au pied par Recep Tayyip Erdoğan.

« *La démocratie n'est pas un but, mais un moyen* »

« C'est comme un tramway, lorsqu'on est arrivé au terminus, on en descend » ajoute Recep Tayyip Erdoğan dans une formule bien connue, qui reflète les soubresauts de la

* *Umma* : communauté islamique.

vie politique turque, ainsi que la stratégie de l'AKP. Après sa réélection, il disqualifie ceux qui veulent instaurer la charia, tout en s'alliant avec les nationalistes. Les militaires ont pris le pouvoir à quatre reprises pour réorienter le pays en fonction de leurs intérêts et de leur vision du monde : 1960, 1971, 1980 et 1997. En 2007, l'armée exprime sa préoccupation concernant la possible élection d'un président islamiste, ce qui n'empêche pas Abdullah Gül d'être élu. En 2016, des militaires échouent à renverser Recep Tayyip Erdoğan. « Présent de Dieu » pour ce dernier, cette tentative justifie des purges massives à tous les niveaux de l'État.

Un imaginaire de complots et de luttes souterraines travaille la politique turque et explique les atteintes aux libertés publiques ou individuelles. L'expression « État profond » désigne une hypothétique structure de pouvoir clandestine, parallèle à l'État visible, qui dirigerait le pays en fonction d'intérêts de sécurité qu'elle serait seule à connaître[7]. Elle trouve en partie son origine dans les cellules clandestines mises en place par l'OTAN pour prévenir les risques de contagion révolutionnaire depuis l'URSS, à l'image du réseau *Gladio* en Italie. Le terme resurgit régulièrement pour décrire les collusions entre services secrets, milieux d'affaires et mafia. En 2007, une cellule secrète appelée *Ergenekon*, rassemblant des officiers, des militants ultranationalistes, des hommes d'affaires, des membres du parti kémaliste, des magistrats et des intellectuels, est identifiée, ce qui entraîne l'arrestation de plusieurs centaines de personnes. Leur procès est présenté comme celui de « l'État profond ». En le dénonçant ainsi, l'AKP renforce sa propre emprise sur l'appareil d'État. On le comprend, sa définition élastique dépend des circonstances et autorise des pratiques répressives au nom de la sécurité intérieure.

En arrivant au pouvoir, l'AKP se présente comme un parti « musulman démocrate » qui modernise un courant islamiste longtemps incarné par Necmettin Erbakan (1926-2011). En deux décennies, l'AKP se transforme en parti nationaliste et anti-occidental sous la férule du « Reis ». Élu maire d'Istanbul (1994-1998), Recep Tayyip Erdoğan sait capter les aspirations de l'électorat religieux et des classes moyennes laborieuses avides de consommation. Pour ses proches, « il a la langue proche du cœur », c'est-à-dire qu'« il dit ce qu'il pense aussitôt qu'il le pense[8] ». Habilement, le Premier ministre turc utilise la candidature à l'UE pour affaiblir l'armée. Le plan Annan prévoit une réunification de Chypre, mais son rejet en 2004 par la partie grecque provoque une cassure dans les relations entre la Turquie et l'UE. Au cours des années 2000, il ouvre l'économie turque et encourage les entrepreneurs à gagner des marchés à l'export, ce qui nourrit une forte croissance et favorise l'émergence d'une classe moyenne. La composante islamique du régime et sa dérive autoritaire apparaissent clairement avec les « printemps arabes » et les manifestations de Gezi durement réprimées en 2013. Se rapprochant de la mouvance des Frères musulmans, l'AKP se rêve à la tête d'une coalition islamiste régionale.

Progressivement, la vie démocratique se vide de sa substance pour se limiter aux élections, qui deviennent plébiscites. Élu président au suffrage universel en 2014, Recep Tayyip Erdoğan accélère cette mutation par un culte de la personnalité et une mise au pas des opposants. Dans sa prise de contrôle de l'appareil étatique, il s'est dans un premier temps appuyé sur la confrérie de Fethullah Gülen (né en 1938). Se plaçant dans la tradition de l'islam turc soufi, le prédicateur aux yeux mi-clos tient un discours interreligieux et dirige une communauté très active dans l'éducation, qui étend ses ramifications dans l'armée, la police, la justice, et à l'étranger grâce à ses écoles (Asie centrale et Afrique). En 1999, il s'exile aux États-Unis d'où il exerce une forte influence et condamne les attentats du 11 Septembre sans aucune hésitation. Les gülenistes évincent les anciens kémalistes de l'« État profond ». À partir de 2013, le « Reis » se retourne contre la confrérie avant de lui attribuer la responsabilité de la tentative du coup d'État de 2016 et, depuis lors, pourchasse ses membres accusés d'être « traîtres à la patrie ».

CHAMPS DU POSSIBLE ET DES CONTRAINTES

La nature du pouvoir de Recep Tayyip Erdoğan explique l'inflexion qu'il a donnée à la grande stratégie de son pays. Pour celui qui estime qu'« on ne peut faire des économies quand il s'agit du prestige de l'État », il n'existe pas de distinction entre politique intérieure et politique extérieure car les deux délimitent un champ de guerre permanente contre les « traîtres de l'intérieur » et les « ennemis » de l'extérieur. À l'instar de la Russie et de l'Iran, la Turquie fait le choix d'une orientation anti-démocratique en se pensant comme un contre-modèle national et religieux à la démocratie libérale. Les trois pays partagent l'ambition de restaurer un ordre ancien, « antérieur aux expériences d'occidentalisation du XVIIIe siècle », par une combinaison de coercition extérieure et de répression intérieure[9]. Pour la Turquie, elle se joue principalement sur la question kurde.

Les forces en présence

Les guerres en Syrie et en Libye modifient le positionnement international de la Turquie, qui multiplie les interventions militaires grâce à des forces armées bien équipées et entraînées. Ses relations ambivalentes avec l'Iran et la Russie l'obligent à des ajustements fréquents. Avec cette dernière, elle alterne des phases de confrontation (avion russe abattu en novembre 2015, assassinat de l'ambassadeur russe en décembre 2016) avec des phases de coopération (partenariat nucléaire, achat de missiles S-400, justifié par le fait que « notre allié américain a été incapable de nous proposer une offre raisonnable » selon un diplomate turc[10]). Si elle achète des armes à la Russie, elle en vend à l'Ukraine.

Parallèlement, Ankara entretient des relations dégradées avec l'Union européenne (et de fortes tensions avec la Grèce et Chypre), l'Arménie, l'Égypte, Israël, l'Irak, l'Arabie saoudite et les Émirats arabes unis, mais s'appuie sur le Pakistan, le Qatar, le Soudan et la Somalie, la Turquie disposant de bases militaires dans les trois derniers. Elle mène une politique de soutien et d'influence vers les communautés turques en Europe, la bande de Gaza à travers le Hamas, les Balkans, l'Azerbaïdjan et les pays d'Asie centrale turcophone.

Au terme de ce bref tour d'horizon géopolitique, il apparaît qu'une région revêt une importance très particulière pour Ankara. C'est évidemment le Kurdistan, qui s'étend dans le Nord-Ouest de l'Iran, le Sud-Est de la Turquie, le Nord-Est de l'Irak, et sur deux petites régions dans le Nord-Ouest et le Nord-Est de la Syrie. La Première Guerre mondiale a provoqué la division du Kurdistan ottoman. L'intégration de la population kurde, estimée à plus de 30 millions de personnes dont environ 15 millions en Turquie, pose des difficultés différentes selon les pays. Historiquement, les tribus kurdes ont alterné les alliances sans état d'âme.

La lutte nationale des Kurdes en Turquie connait différentes phases qui aboutissent à la création en 1978 du Parti des travailleurs du Kurdistan (PKK), organisation marxiste-léniniste qui mène une guérilla séparatiste depuis 1984. L'UE et les États-Unis le classent parmi les organisations terroristes. Il reste l'ennemi principal des autorités turques. Né en 1949, Abdullah Öcalan, son leader historique, est détenu depuis 1999 sur l'île d'Imralı. Ses partisans, dont les bases militaires se situent dans les monts Qandil, lui vouent un culte de la personnalité. En Turquie, les Kurdes restent en majorité légitimistes à l'égard des institutions et opposés à la stratégie d'affrontement direct du PKK, qui lève l'impôt révolutionnaire dans la diaspora « de la place de la République [à Paris] jusqu'à Qandil[11] ».

Depuis 1984, cette guerre civile larvée a provoqué plus de 40 000 morts ; elle explique certains choix stratégiques d'Ankara comme l'intervention militaire directe en Syrie, devenue le laboratoire de ses ambitions régionales. La Turquie soutient l'opposition à Bachar el-Assad à travers l'armée syrienne libre et des groupes djihadistes liés à la mouvance idéologique de l'AKP. Elle ouvre ses frontières et accueille sur son territoire plus de 3 millions de réfugiés en 2015. Parallèlement, elle est accusée de jouer un double jeu avec l'État islamique en servant de base arrière à certains de ses combattants. Victime d'attentats, elle rejoint la coalition internationale contre l'EI, tout en continuant à combattre les Kurdes. Convoquant la mémoire de l'Empire ottoman, Erdoğan intervient militairement en Libye, dès avril 2019, en soutenant le gouvernement de Fayez el-Sarraj contre les troupes du maréchal Khalifa Haftar. Pour ce faire, elle utilise ses forces spéciales, ses capacités navales et aériennes, ainsi que des mercenaires syriens.

L'interventionnisme militaire d'Erdoğan contraste avec la retenue de ses prédécesseurs. Sa politique arabe vise à acquérir un statut de leader régional susceptible, compte tenu des enjeux globaux qui traversent la région (énergie, religion, armements, migrations...), de lui donner une portée globale. La Turquie dispose d'une culture stratégique qui irrigue des cercles de décision toujours friands de raisonnements et de références géopolitiques en raison de « leur instinct impérial » comme le dit un des leurs[12]. Sous Erdoğan, deux discours géopolitiques sont médiatisés pour tenter de donner sens aux actions extérieures de la Turquie.

Contradictions géopolitiques

L'islamo-nationalisme de Recep Tayyip Erdoğan charrie différents discours géopolitiques. Universitaire, conseiller diplomatique, ministre des Affaires étrangères (2009-2014), Premier ministre (2014-2016), Ahmet Davutoğlu porte un discours reposant sur la profondeur stratégique que formerait un arc islamique allant du Maroc à l'Indonésie, et sur le principe du « zéro problème avec les voisins ». Souvent résumé à un « néo-ottomanisme », il sert de cadre de référence à l'AKP jusqu'à l'intervention militaire directe en Syrie. Tout au long des années 2000, les diplomates d'Ankara recourent à une métaphore d'Ahmet Davutoğlu : « Il faut concevoir notre politique au Moyen-Orient à travers la métaphore du tir à l'arc ; plus nous tirons fort au Moyen-Orient et plus loin nous atterrirons en Europe. » Il s'agit ainsi de rayonner au Moyen-Orient, en Europe, mais aussi en Afrique et en Amérique latine. Cette politique ambitieuse s'accompagne d'une profonde transformation de l'appareil diplomatique turc, qui ouvre de nouvelles représentations et renouvelle un personnel traditionnellement kémaliste au profit de l'AKP.

Les calculs idéologiques d'Ahmet Davutoğlu, toujours en faveur des Frères musulmans, entraînent la Turquie dans le bourbier syrien et lui aliènent une partie des opinions arabes, tout en tendant fortement les relations avec Israël et la Russie. Il est renvoyé par Erdoğan en mai 2016.

De leur côté, des officiers de marine élaborent un second discours, connu sous le nom de *Mavi Vatan**, qui justifie les ambitions maritimes et navales de la Turquie en Méditerranée, et au-delà. À partir de 2016, Ankara utilise des navires océanographiques pour mener des missions de prospection à la recherche de gaz et de pétrole en Méditerranée en lien avec la marine de guerre, ce qui provoque des accrochages avec la Grèce et Chypre. Fondamentalement, la Turquie préconise un redécoupage des zones économiques exclusives (ZEE) et revendique une extension de 460 000 km^2 en mer Égée et en mer Noire. Dans le débat intérieur turc, les amiraux apparaissent comme un contrepoids aux islamo-conservateurs. Ils se définissent comme kémalistes, tout en considérant que l'hégémonie euro-atlantiste issue de la guerre froide est révolue. Leur vision est une réaction à la vision de l'UE des frontières maritimes, ce qui les conduit à une opposition à la réunification de Chypre et à une hostilité à l'égard de la mouvance fériste[13].

La mise en œuvre de la *Mavi Vatan* s'observe directement en Libye puisque l'intervention des troupes turques en janvier 2020 vise notamment à sécuriser l'accord sur les ZEE signé par Ankara et le gouvernement d'entente nationale libyen. Figure de ce courant, l'amiral Cem Gürdeniz se place résolument dans une logique de puissance : « Quand la République turque a été créée en 1923, nous importions jusqu'aux aiguilles à coudre, il n'y avait rien. Mais à l'heure

* La « Patrie bleue ».

où je vous parle, nous construisons nos frégates [...]. Il faut donc comprendre que les intérêts géopolitiques de la Turquie vont se développer à l'avenir. Cela exige que la marine turque se développe également, mais nous ne pouvons pas appeler cela du néo-ottomanisme : aujourd'hui, c'est l'AKP qui est au pouvoir. Qu'en sera-t-il dans dix ans ? La Turquie sera toujours là[14]. » Il n'a pas tort.

Recep Tayyip Erdoğan alterne les références géopolitiques, tout en saisissant des opportunités de modifier son environnement régional par des interventions militaires. Si elles lui permettent d'apparaître comme une puissance, elles exposent la Turquie sur trois fronts simultanément – Syrie, Libye et Méditerranée orientale – et affaiblissent son système d'alliance traditionnel. Hormis le Qatar, elle n'a plus d'alliés sûrs. Cependant, les calculs d'Erdoğan pourraient se comprendre comme une tentative de repousser l'influence des grandes puissances sur son environnement immédiat. En effet, la Turquie domine militairement et économiquement tous ses voisins : Grèce, Bulgarie, Géorgie, Arménie, Azerbaïdjan, Irak, Syrie et Iran (sauf si ce dernier devenait puissance nucléaire). À titre d'exemple, ses dépenses militaires excèdent de 30 % celles de ce dernier, qui est le seul à pouvoir exercer une menace existentielle sur elle. Depuis la fin de la guerre froide, quatre de ces voisins ont fait l'objet d'interventions directes de la part de grandes puissances extérieures : Irak, Géorgie, Syrie et Arménie. Après avoir souligné que l'intervention directe de la Turquie en Syrie s'est déroulée après celle de la Russie, de l'Iran, des États-Unis, Sener Aktürk, un universitaire turc, constate que la stratégie de son pays devrait fondamentalement empêcher les grandes puissances extérieures, y compris la France et le Royaume-Uni, de prendre durablement pied dans son voisinage immédiat[15].

Un expert turc, aussi à l'aise à New York qu'à Séoul, estime que son pays devrait s'efforcer de « préserver le mode de vie privilégié par la société », lequel repose sur l'équilibre entre « sécurité, prospérité et démocratie ». Selon lui, le style, la rhétorique et les initiatives d'Erdoğan ont eu pour effet de dissiper « la confiance mutuelle » entre la Turquie et ses alliés traditionnels, tout en déchaînant « les passions » au détriment de la préservation des « équilibres[16] ». Finalement, il apparaît que les conseillers du président turc forment en matière stratégique « un ensemble sans grande cohésion[17] ». Néanmoins, Erdoğan ne craint pas de passer à l'acte sur le plan militaire et de prendre des initiatives sur le plan diplomatique.

Les vecteurs d'influence

La Turquie dispose désormais d'une gamme d'instruments lui permettant d'exercer une influence en dehors de ses frontières. Largement importatrice, son mix énergétique repose sur le pétrole (29 %), le charbon (27 %), le gaz naturel (27 %), le solaire et l'éolien (10 %), l'hydro (5 %) et la biomasse (2 %). Quinzième émetteur mondial de GES, elle développe un programme nucléaire civil avec la construction de la centrale d'Akkuyu par la compagnie russe Rosatom, destinée à être opérationnelle en 2023 et à fournir entre 5 et 10 % de ses besoins électriques. S'il suscite des interrogations sur les intentions véritables d'Erdoğan en raison de ses déclarations ambiguës sur l'arme nucléaire, ce programme marque clairement une étape supplémentaire dans la quête du statut de puissance.

Sur la plan climatique, la Turquie n'a ratifié les accords de Paris qu'en octobre 2021 après avoir obtenu des aides financières. Sa politique consiste à obtenir tout ce qu'elle peut en échange de ses efforts climatiques. Son discours en la matière fait écho à celui de l'Inde en demandant aux économies avancées de porter le coût de l'injustice climatique, qui amplifie les phénomènes migratoires : « Aujourd'hui, nous ne savons pas comment gérer la venue de centaines de millions de personnes qui migreront à cause de la sécheresse, de la famine ou d'événements météorologiques », déclare le président turc en septembre 2021, rappelant ainsi le rôle clé d'ores et déjà joué par son pays dans le domaine migratoire. Fin 2015, pour stopper l'afflux de réfugiés syriens en Europe, la Turquie avait obtenu une aide de 3 milliards d'euros de la part de Bruxelles pour financer leur présence sur son sol.

Au cours de la dernière décennie, la présence de la Turquie en Afrique s'est fortement intensifiée en combinant ouverture d'ambassades (27 entre 2009 et 2015) et liaisons aériennes par la Turkish Airlines. Créée en 1933, cette compagnie symbolise les ambitions internationales de la Turquie[18]. Son développement spectaculaire doit beaucoup à la décision de l'AKP de la privatiser avec comme slogan : « Chaque Turc volera une fois dans sa vie. » Disposant d'une flotte de 310 appareils, elle dessert aujourd'hui 310 destinations (96 en 2003) avec l'Europe comme principal marché, suivi du Moyen-Orient et de l'Asie. Turkish Airlines bénéficie de la situation exceptionnelle de l'aéroport d'Istanbul, son hub, qui se situe à trois heures de vol d'une cinquantaine de pays. Inauguré en 2018, le nouvel aéroport vise à accueillir 200 millions de passagers par an. La compagnie a beaucoup mieux résisté à la crise sanitaire que ses concurrentes européennes en convertissant notamment une partie de sa flotte au fret.

Le bâtiment et les travaux publics (BTP) représentent un autre secteur d'activités dans lequel la Turquie dispose d'entreprises compétitives. Très stimulé par les commandes nationales dans le cadre d'un plan quinquennal (2019-2023), le secteur représente 9 % de son PIB. Le règne d'Erdoğan correspond à une fièvre constructrice pour répondre aux besoins de la population en infrastructures. À titre d'exemple, les autorités turques sont parvenues à développer un secteur hospitalier de tout premier plan qui renforce l'impact de l'AKP dans toutes les couches de la population. À part les spécialistes, qui connaît Rönesans, Limak ou Alsim Alarko ? Ce sont pourtant des groupes de taille mondiale. La première est très active en Russie, au Kazakhstan ou au Turkménistan ; la deuxième développe des projets au Koweït, au Pakistan ou en Inde ; la troisième réalise des infrastructures en Roumanie ou en Ukraine.

La Turquie cherche également à étendre son influence en Afrique à travers l'ouverture d'ambassades et de tournées présidentielles régulières en ne négligeant aucun pays. Les échanges avec le continent s'élèvent à 25 milliards de dollars en 2020. À titre d'exemple, en octobre 2021, Recep Tayyip Erdoğan se rend en Angola, au Nigeria et au Togo. Au programme de sa visite à Lomé : fermeture des écoles Gülen, développement des échanges économiques (148 millions de dollars), investissements turcs dans les infrastructures portuaires, accords de sécurité. En parallèle, la presse évoque de possibles discussions sur des drones militaires[19].

Ce dernier point fait écho à la « diplomatie du drone » mise en œuvre par Ankara depuis une décennie. Il s'agit, d'une part, de bâtir une industrie de défense compétitive et, de l'autre, de nouer des partenariats stratégiques à partir de ventes d'armes. Arrêtons-nous sur la société Baykar. Créé en 1984 par Özdemir Bayraktar, ce groupe familial fabrique des pièces d'automobiles. En 2000, il oriente son effort de R&D sur le drone, réalise un premier vol quatre ans plus tard, équipe l'armée turque en 2007 et exporte son premier système d'armes au Qatar en 2011. Cette rapidité de développement s'explique par le refus des États-Unis et d'Israël de vendre des drones armés à la Turquie, qui trouve des marchés à l'export au Maroc, en Pologne, en Ukraine ou en Azerbaïdjan – les drones turcs jouent un rôle décisif dans la défaite infligée à Erevan par Bakou au Haut-Karabagh. Né en 1979, Selçuk Bayraktar, un des fils du fondateur passé par le Massachusetts Institute of Technology (MIT), est le directeur technique du groupe, qui propose une gamme allant du petit drone de surveillance bon marché au drone de combat ayant des capacités proches de celles des drones américains pour un prix très inférieur. Par ailleurs, il est le gendre de Recep Tayyip Erdoğan.

Les drones reflètent l'ambition des autorités turques de construire une industrie de défense autonome en appui de ses forces armées. Sur le plan terrestre, elles comptent environ 2 300 chars, presque autant que la Russie, et beaucoup plus que les autres armées européennes. Sur le plan naval, elles mettent en œuvre 16 frégates achetées aux États-Unis ou à l'Allemagne, ainsi qu'une sous-marinade de conception allemande. Depuis 2018, elles disposent de deux bâtiments de transports de troupes lui permettant de planifier des opérations amphibies. Sur le plan aérien, la Turquie accuse un retard par rapport aux pays qui modernisent leurs flottes comme l'Égypte ou la Grèce, mais elle a lancé un programme pour construire son propre avion de combat. En 2019, les États-Unis l'excluent du programme F-35 en raison de sa décision d'acheter des systèmes de défense antiaérienne S-400 à la Russie*. En outre, l'armée de l'air fait l'objet de nombreuses purges après la tentative de coup d'État en 2016.

* Mis en service en 2015, le F-35 est un avion multirôle de cinquième génération développé depuis 1996 par Lockheed Martin pour équiper les forces armées américaines. Il résulte d'un programme associant plusieurs pays de l'OTAN – Royaume-Uni, Italie, Pays-Bas, Norvège, Danemark, Canada – ainsi que des pays associés comme l'Australie, Israël et Singapour.

À l'instar des soldats « Wagner » de la Russie, la Turquie recourt à des sociétés militaires privées (SMP) pour appuyer ses opérations extérieures. En 2012, le général à la retraite Adnan Tanriverdi, un proche d'Erdoğan, crée SADAT International Defense Consultancy Inc. après avoir constaté, dans son manifeste, que les SMP présentes en Afghanistan et en Irak étaient « sous contrôle du capitalisme occidental ». SADAT se présente comme une alternative à la « mentalité coloniale et croisée » pour permettre « au Monde Musulman de se hisser au rang des superpuissances ». Le groupe interviendrait en Syrie, en Libye, au Haut-Karabagh et au Kurdistan irakien.

L'influence de la Turquie s'exerce à travers sa diaspora, très présente en Europe, traversée par divers courants, mais animée d'un fort sentiment national. En 2018, la Turquie compte plus de 3 millions de ressortissants expatriés votant en Turquie dont 1 443 000 en Allemagne et 340 000 en France. À partir de ces chiffres, la diaspora est estimée à 3 millions d'individus en Allemagne et à 600 000 en France[20]. L'AKP, qui a accordé le droit de vote aux expatriés, encourage vivement ses ressortissants et leurs descendants à prendre la citoyenneté de leur pays de résidence ou de naissance non pour les inciter à se fondre dans les sociétés européennes, mais pour y soutenir les intérêts turcs. Les meetings d'Erdoğan en Europe provoquent souvent des remous comme en 2014 lorsque le journal allemand *Bild* titre : « Monsieur Erdoğan, vous n'êtes pas le bienvenu ici ! » Lors de son discours, il déclare : « Nous continuons à soutenir l'intégration de la communauté turque en Allemagne [...] mais si l'on parle d'assimilation, nous disons non. » En 2018, la une du magazine *Le Point,* intitulée « Le dictateur. Jusqu'où ira Erdoğan ? », suscite de vives polémiques en France, ainsi que les protestations diplomatiques d'Ankara.

Les Turcs d'Europe sont devenus un objet politique entre les capitales européennes et Ankara. À l'automne 2020, une vigoureuse passe d'armes oppose Recep Tayyip Erdoğan et Emmanuel Macron. Le président turc réagit violemment aux déclarations de son homologue sur les risques de « séparatisme islamiste » : « Qui es-tu pour parler de structurer l'Islam ? », lui lance-t-il en l'invitant à agir « comme un homme d'État responsable et non comme un gouverneur colonial ». Après avoir mis en doute sa « santé mentale », il appelle au boycott des marques françaises. Jugeant ces propos « inacceptables », l'Élysée note l'absence de message de condoléances et de soutien du président turc après l'assassinat du professeur de collège Samuel Paty (1973-2020).

La guerre d'Ukraine reflète le positionnement intermédiaire recherché par la Turquie de Recep Tayyip Erdoğan, qui se pose en médiateur entre Kiev et Moscou après avoir fermé les Détroits aux bâtiments militaires au titre de la convention de Montreux. Au lendemain de l'annexion de la Crimée, son soutien militaire à l'Ukraine s'explique par le fait qu'elle ne saurait accepter une mer Noire dominée par la Russie. Ses diplomates expliquent son rôle décisif après l'invasion du 24 février 2022 : « La Turquie a été le soutien le plus important de l'Ukraine dans les trois premiers jours. Sans ses équipements, les choses auraient pu tourner autrement[21]. » Ils répugnent à parler « d'alliance russo-turque » en dépit des ventes d'armes et de la coopération nucléaire civile, mais insistent sur l'importance de ces « relations économiques ». Si elle condamne l'annexion des territoires ukrainiens par Moscou, la Turquie ne la sanctionne pas, critiquant au passage la politique de l'UE : « Pourquoi la Turquie devrait-elle appliquer des sanctions alors qu'elle n'a pas été invitée aux discussions au cours desquelles elles ont été décidées ? », se demande ingénument un diplomate turc[22]. Fondamentalement, Recep Tayyip Erdoğan cherche à cultiver son ambivalence stratégique comme le montre son action au cours de l'été 2022. En juillet, les présidents turc, russe et iranien se rencontrent à Téhéran. En août, les présidents turc et ukrainien et le secrétaire général des Nations unies se retrouvent à Lviv pour mettre en œuvre un accord sur l'exportation de céréales ukrainiennes.

*

* *

Priorités stratégiques de la Turquie

Recep Tayyip Erdoğan compte utiliser la célébration du centenaire de la République en 2023 pour marquer de son empreinte l'histoire de la Turquie. L'exaltation du passé aide à masquer les difficultés du présent, et les incertitudes du futur. La guerre d'Ukraine lui a permis de revenir au centre de la scène diplomatique au moment où son pays traverse une crise économique aiguë. En bon équilibriste, il soutient Kiev à travers des livraisons d'armes, tout en parvenant à ne pas fâcher Moscou et à garder l'oreille de Vladimir Poutine. Ce dernier n'ignore probablement pas que la Crimée occupe une place à part dans l'imaginaire populaire turc, qui y voit un ancien protectorat ottoman, le berceau mythique des Tatares turcophones.

La première priorité de la République de Turquie est bien de confirmer l'orientation islamo-nationaliste de son pays. L'AKP est parvenue à renouveler le traitement de la question religieuse. Conservé mais mis à distance par Atatürk, l'islam est redevenu un facteur de mobilisation politique et sociale utilisé en continu par Recep Tayyip Erdoğan pour asseoir sa légitimité. Parallèlement, il ravive l'imaginaire impérial et cultive habilement les éléments de turcité. Cette approche lui permet de rassurer la majorité de l'électorat turc, tout en excluant de larges minorités, au premier rang desquelles figurent les Kurdes, de la négociation politique. Il faut évidemment distinguer la trajectoire de la Turquie et le destin de Recep Tayyip Erdoğan. En vingt ans, le président turc est plusieurs fois passé à l'acte, en Syrie ou en Libye notamment, faisant de son pays un acteur incontournable sur plusieurs théâtres. Sa politique erratique a rompu avec son positionnement traditionnel en multipliant les interventions et en fustigeant l'Occident.

Puissance eurasiatique, sa deuxième priorité est de renforcer son indépendance stratégique en exploitant le retrait américain et la perte d'influence de l'UE en Méditerranée. Cette quête d'indépendance l'encourage à maximiser sa position de carrefour régional, en cherchant à assumer un rôle de *leader* du monde sunnite et à exercer son influence dans les Balkans, au Caucase, en Asie centrale et en Afrique de l'Est. Cela devrait contribuer à raviver l'idée impériale, non sans risque d'hubris.

Pour ce faire, la Turquie poursuit une troisième priorité, celle qui vise à améliorer son autonomie énergétique. Pays clé pour le transit énergétique, elle cherche à posséder des ressources en propre. C'est pourquoi elle investit dans le nucléaire civil. C'est aussi pourquoi elle affirme sa présence navale en Méditerranée orientale en vue de l'exploitation de nouvelles réserves gazières que les pays littoraux se disputent. Sa rivalité avec la Grèce traduit une volonté fondamentale de modifier le rapport de force en mer Égée. La priorité n'est plus donnée à une adhésion à l'UE, mais à un rapport de force assumé et pragmatique. Sa participation à la première réunion de la Communauté politique européenne (CPE) rappelle qu'elle demeure indispensable à tout équilibre sur le continent européen. Membre de l'OTAN et « interlocuteur » de l'OCS, la Turquie cherchera à exploiter tout vacillement du système frontalier de l'ex-URSS provoqué par la guerre d'Ukraine, en Asie centrale comme au Caucase.

Enseignements pour la France

Comme le résume un diplomate français, la relation entre Paris et Ankara « restera tendue jusqu'à la fin d'Erdoğan[23] ». Il est vrai que l'incident naval au large de la Libye en juin 2020 et l'attitude d'Ankara après l'assassinat de Samuel Paty en octobre 2020 ont laissé des traces profondes. Les autorités turques taxent volontiers la France d'« islamophobe » qui s'inquiète ouvertement de leur prosélytisme. Lors de la conférence des ambassadeurs en septembre 2022, Emmanuel Macron se demandait : « Qui a envie que la Turquie soit la seule puissance du monde, et je le rappelle membre de l'OTAN, à continuer de parler avec la Russie ? », pour justifier ses efforts de maintenir un canal de communication avec Vladimir Poutine. Sur deux dossiers hautement sensibles, Paris doit se préparer au plus vite : celui du Caucase, dans la mesure où Ankara soutient directement Bakou dans sa guerre contre Erevan ; celui des réserves gazières de la Méditerranée orientale, car c'est bien contre la menace turque que la France a apporté des garanties de sécurité à la Grèce. En dernier lieu, elle doit trouver la manière de traiter avec une puissance alliée dans le cadre de l'OTAN, qui ne craint pas le rapport de force direct quand ses intérêts nationaux sont en jeu.

8

L'Arabie saoudite ou l'éternelle dépendance pétrolière

« Vous devriez être prudents. Nous, les musulmans, sommes très attachés à notre foi », prévient ce membre de la Maison royale saoudienne en visite à Paris. Coiffé de sa ghutrah rouge et blanc, enveloppé d'une cape noire ornée de liserés dorés, il ajoute : « Il n'y a pas de porte de sortie du Yémen pour nous [...] la chose la plus importante est que l'Iran n'ait pas l'arme nucléaire[1]. » Ces trois phrases résument les priorités de la diplomatie saoudienne : son rôle religieux mondial comme gardien des Lieux saints de l'islam, l'importance du Yémen pour garantir sa profondeur stratégique et son antagonisme fondamental avec Téhéran. Un quatrième élément explique sa présence dans le G20 : le pétrole.

État dans l'État, Aramco, la compagnie nationale, est une des premières capitalisations boursières mondiales et la principale productrice mondiale d'hydrocarbures. Elle les exporte principalement vers la Chine, l'Inde et le Japon. Avec 34 millions d'habitants, dont 35 % d'immigrés, l'Arabie saoudite représente aujourd'hui 0,8 % du PIB mondial. Elle importe principalement de Chine, des Émirats arabes unis (EAU*) et des États-Unis. La redistribution de la rente énergétique par les autorités publiques est le moteur essentiel de la croissance avec pour conséquence une marginalisation des initiatives privées. Dans la mesure où 70 % des Saoudiens actifs sont employés par l'État, les groupes sociaux s'organisent de manière concentrique autour de lui, ce qui empêche l'autonomisation d'une société civile encore fortement influencée par le clergé wahhabite.

En janvier 2015, le roi Salman accède au trône. La désignation de son fils Mohammed ben Salman (MBS) comme prince héritier marque un tournant, dans la mesure où celui-ci ne cache pas son ambition de moderniser son royaume à marche forcée. Sa *Vision 2030* devient la feuille de route pour transformer une économie rentière en économie connectée : il s'agit ni plus ni moins de « sevrer » le pays de son « addiction » au pétrole, pour reprendre ses termes. Cela se traduit immédiatement par un changement de posture internationale qui ouvre une interrogation stratégique fondamentale, car voilà un pays, essentiel au fonctionnement actuel des économies avancées, acteur religieux de premier plan, qui doit changer de modèle en quelques années dans un environnement hostile. Sa grande stratégie est-elle celle d'un seul homme ?

La matrice de MBS

Né en 1985, MBS est propulsé à 30 ans aux postes de vice-prince héritier, de président du Conseil économique et de ministre de la Défense. D'emblée, il dirige les opérations

* État fédéral créé en 1971, les EAU se composent de sept émirats : Abu Dhabi, la capitale, Ajman, Charjah, Dubai, Fujaïrah, Ras el Khaïmah et Oumm al Qaïwaïn.

militaires saoudiennes contre les Houthis au Yémen. Surnommé « la canne de son père », il s'est préparé dans l'ombre du roi Salman, né en 1935. Nommé prince héritier en juin 2017, il rompt la transmission du pouvoir de frère à frère qui prévalait jusqu'alors. Cette intronisation s'accompagne d'une révolution de palais, suivie par une purge des dignitaires les plus puissants. MBS prend alors le contrôle de l'appareil militaro-sécuritaire du royaume.

Islam et pétrole

« On a peine à se représenter l'Arabie autrement que comme une masse désertique de pierres et de sables, comme un brasier qui se consume lentement sous un soleil dévorant[2] », écrit en 1955 Jacques Benoist-Méchin (1901-1983) en ouverture de sa biographie d'Ibn Saoud (1876-1953), le fondateur de l'actuelle Arabie saoudite. Aujourd'hui, 84 % de la population saoudienne est urbaine ; 100 % a accès à l'eau ; 90 % des hommes possèdent une voiture (les femmes peuvent conduire depuis 2018). Ces quelques chiffres reflètent les profondes transformations de l'Arabie saoudite au cours des six dernières décennies, mais deux éléments restent au cœur de son identité : la religion et le pétrole. Seul pays au monde à porter le nom d'une famille, l'État saoudien repose sur un pacte politico-religieux entre la famille Al Saoud et la prédication wahhabite.

Avec La Mecque, l'Arabie est le berceau de l'islam puisque Mahomet y reçoit les premières révélations divines de l'ange Gabriel au début du VIIe siècle. En se propageant bien au-delà de la péninsule Arabique, cette nouvelle religion connaît un âge d'or du milieu du VIIIe siècle au milieu du XIIIe siècle. Au XVIIIe siècle, le prédicateur Muhammad ibn Abd al-Wahhab (1703-1792) noue une alliance avec l'émir Muhammad ibn Saoud. Ce courant veut retrouver la pureté originelle de la religion en s'attaquant aux pratiques de l'islam populaire et au culte des saints, et en prétendant au monopole de la vérité dans le monde islamique. Sous l'autorité politique des Al Saoud, le wahhabisme réunit les populations sédentaires et nomades.

En 1926, la prise de La Mecque et de Médine par Ibn Saoud marque une étape décisive dans la construction moderne du royaume. Il réunit à La Mecque la première « conférence islamique internationale ». Rapidement, il parachève l'unification de son territoire, impose un ordre politique sédentaire et installe un pouvoir absolu : « Représentant authentique d'une race qui n'a jamais voulu séparer le spirituel du temporel, l'action politique et l'action religieuse s'interpénétraient chez lui d'une façon si étroite qu'il eût été lui-même en peine de les distinguer[3]. » Parmi ses 43 fils, le roi Salman est le sixième à régner.

Au lendemain de la Seconde Guerre mondiale, le pétrole devient le moteur de l'économie saoudienne, affecte la construction de l'État et conditionne son positionnement international. En février 1945, à bord du croiseur *Quincy*, Franklin Roosevelt (1882-1945) reçoit Ibn Saoud, qui octroie des concessions pétrolières aux compagnies américaines. En contrepartie, les États-Unis s'engagent à assurer la sécurité du royaume. Cette rencontre constitue le mythe fondateur de la politique étrangère saoudienne. Ses effets sont encore visibles : en dépit de nombreuses vicissitudes, les États-Unis jouent toujours « un rôle significatif » sur l'orientation de l'Arabie saoudite comme nous l'explique un expert saoudien reconnu[4]. Grâce à la découverte de Ghawar, le plus grand gisement au monde, la production de l'Arabie saoudite décolle rapidement et alimente les besoins de l'industrie américaine.

Dans les années 1950, Riyad obtient des compagnies pétrolières un partage à 50/50 des profits, ce qui assure à la famille royale des revenus élevés pour ses dépenses somptuaires. Après avoir déposé son frère, le roi Fayçal, qui règne de 1964 à 1975, assainit les finances et modernise le pays en investissant dans les infrastructures, l'éducation et la santé, mais aussi dans les institutions islamiques. L'Arabie saoudite émerge alors comme une puissance régionale panislamiste – en opposition au panarabisme nassérien – alliée de l'Occident. Au cours des années 1970, elle accélère sa transformation : les deux chocs pétroliers – 1973 et 1979 – décuplent sa prospérité et lui donnent des moyens considérables d'influence extérieure.

Elle l'exerce à travers plusieurs leviers au premier rang desquels figure l'Organisation des pays exportateurs de pétrole (OPEP), fondée en 1960* pour coordonner les volumes de production de ses membres et ainsi peser directement sur les prix. Si le Venezuela dispose des plus vastes réserves prouvées, l'Arabie saoudite est de loin le principal producteur au sein de l'OPEP (environ un tiers de sa production), qui représente 79,9 % des réserves mondiales de pétrole et 35,7 % de celles de gaz en 2020. L'OPEP produit environ 30 millions de barils/jour, soit 37 % de la production mondiale en 2020. L'Arabie saoudite est le pays où la production de pétrole est la plus rentable : ses exportations lui rapportent 113 milliards de dollars en 2020 contre 72 milliards pour la Russie[5]. Cette dernière réunit une coalition informelle de pays producteurs, l'« OPEP+** ».

* Avec l'Iran, l'Irak, le Koweït et le Venezuela, rejoints par l'Algérie, l'Angola, le Gabon, la Libye, le Nigeria, la Guinée équatoriale, la République du Congo et les Émirats arabes unis.

** Russie, Mexique, Kazakhstan, Azerbaïdjan, Bahreïn, Brunei, Malaisie, Oman, Soudan et Soudan du Sud.

Grâce à ses revenus pétroliers, l'Arabie saoudite joue un rôle diplomatique en finançant directement des pays et des organisations internationales. En 1945, elle fonde la Ligue arabe avec cinq autres pays*. Depuis 1969, elle accueille à Djeddah le siège de l'Organisation de la coopération islamique (OCI), organisation intergouvernementale dont la mission est de promouvoir la coopération économique et culturelle, la sauvegarde des Lieux saints de l'islam et le soutien au peuple palestinien**. Sa création est la réponse saoudienne au Mouvement des non-alignés lancé en 1955 par Nasser, Nehru, Soekarno et Zhou Enlai. L'Arabie saoudite, la Turquie et l'Iran s'en disputent aujourd'hui le contrôle.

La dynastie des Saoud à l'épreuve du djihadisme

L'Arabie saoudite est un État récent, mais qui n'est pas né, à la différence de l'Irak, de la Syrie, du Liban et de la Libye, de la décolonisation. N'ayant jamais été soumise, elle revendique une pureté historique entretenue par une monarchie absolue seulement limitée par la charia. À part les religieux, le pays ne dispose pas d'institutions susceptibles d'exercer des contre-pouvoirs. En 1979, quelques mois après la révolution islamiste en Iran, la politique de modernisation du royaume provoque une vive réaction salafiste avec une prise d'otages à La Mecque pendant le mois du pèlerinage. Plus de 200 étudiants, issus pour la plupart de l'université islamique de Médine, alors influencée par les Frères musulmans égyptiens, défient ouvertement l'autorité de la famille Al Saoud. Après dix-huit jours de siège, la rébellion est réprimée avec l'appui du GIGN français.

* Fondée en 1945 par l'Arabie saoudite, l'Irak, la Jordanie, le Liban et la Syrie, la Ligue des États arabes compte aujourd'hui 22 États membres.

** Elle compte 57 membres. La Russie est un État observateur.

Cet épisode conduit le roi à adopter le titre de Serviteur des deux Lieux saints pour tenter de restaurer une légitimité religieuse durablement entachée. En 1990, l'invasion du Koweït par Saddam Hussein l'affaiblit encore en raison du déploiement de troupes américaines sur le territoire de l'Arabie saoudite, incapable de faire face seule à la menace.

Depuis la révolution islamique en Iran et l'invasion soviétique en Afghanistan, les Saoud se sentent aussi menacés de l'extérieur. C'est pourquoi ils tentent de prendre le contrôle de l'islam mondial par des financements massifs, favorisant ainsi une lecture wahhabite de l'islam, et donc une forme de radicalisation religieuse bien au-delà de leurs frontières. Parallèlement, ils encouragent le recrutement de volontaires avec l'Afghanistan comme premier théâtre de cette stratégie de « djihad défensif ». Un homme et une organisation s'inscrivent dans cette dynamique : Oussama Ben Laden (1957-2011) et le « Bureau des services », ancêtre d'al-Qaida, qui attirent des moudjahidine arabes pour combattre aux côtés de leurs frères afghans. Fort de son expérience en Afghanistan, Oussama Ben Laden propose aux autorités saoudiennes de mobiliser son réseau pour défendre le royaume wahhabite après l'invasion du Koweït par l'Irak. Son offre de service est rejetée[6]. Pour lui, la libération du Koweït par les Occidentaux correspond à une nouvelle croisade, mais al-Qaida n'est pas encore prêt à se lancer en guerre contre l'Amérique et ses alliés.

Au cours des années 1990, les anciens d'Afghanistan se retrouvent sur d'autres théâtres : Balkans, Levant, Caucase et Maghreb. Après l'annulation de la victoire des islamistes aux élections de 1991, l'Algérie connaît une décennie de violence. Chassé d'Arabie saoudite pour ses critiques de la monarchie, Oussama Ben Laden s'installe au Soudan et soutient, en 1993, le premier attentat contre le World

Trade Center à New York. Ciblé par les services saoudiens au Soudan, il rejoint l'Afghanistan trois ans plus tard et publie une « Déclaration de djihad contre les Américains qui occupent le pays des deux Lieux saints ». Bénéficiant de la protection des talibans, il fomente ses opérations en affichant certains objectifs. Dans sa « Déclaration du Front islamique mondial pour le djihad contre les juifs et les croisés » (1998), il écrit : « Tuer les Américains et leurs alliés, qu'ils soient civils ou militaires, est un devoir à tout musulman qui le pourra. » La mécanique qui conduit aux attentats du 11 septembre 2001 est enclenchée.

« Le 11 Septembre n'est qu'un petit bobo pour l'Occident. À moyen terme, il n'en restera qu'une série de tragédies personnelles. Ce que veulent ces terroristes, c'est détruire la Maison des Saoud et remodeler le Moyen-Orient », explique le chef des services secrets saoudiens au Premier ministre britannique Tony Blair au lendemain de l'attaque contre le World Trade Center et le Pentagone[7]. Souvent pointée du doigt en raison de la proximité théologique entre la doctrine wahhabite et celle d'al-Qaida, l'Arabie saoudite se retrouve frappée sur son sol à partir de 2003 par des attaques terroristes. Riyad investit des sommes considérables contre al-Qaida pour « éliminer ce qui fut dans une large mesure sa créature à l'époque du djihad afghan[8] ». Un homme clé coordonne la campagne contre al-Qaida en Arabie saoudite : Mohammed ben Nayef, un des nombreux petits-fils d'Ibn Seoud. Il est blessé lors d'un attentat dans son palais avant d'être nommé ministre de l'Intérieur, puis prince héritier et vice-Premier ministre en 2015. En juin 2017, le roi Salman le démet de toutes ses fonctions au profit de MBS.

Promesse de changement ?

MBS a 16 ans au moment du 11 Septembre. Il n'est pas formé à l'étranger comme la plupart des membres de la famille royale, mais étudie le droit à l'université du Roi-Saoud, avant d'épouser une de ses cousines. Commence alors sa formation politique, aussi discrète qu'intensive, auprès de son père, gouverneur de Riyad. En janvier 2015, il est nommé ministre de la Défense – la fonction consiste surtout à conclure les contrats d'armement. Il a 30 ans et va rapidement révéler quelques traits de personnalité. Trois mois plus tard, il ordonne les bombardements sur le Yémen. Nommé vice-prince héritier et président du conseil d'Aramco, il est reçu dans le bureau ovale par Barack Obama en compagnie de Mohammed ben Nayef en mai 2015 pour son baptême du feu diplomatique. Il part ensuite aux Maldives pour des vacances : Psy, Pitbull et Shakira participent aux réjouissances musicales. En septembre 2015, lors d'une nouvelle rencontre entre Barack Obama, le roi et MBS, ce dernier expose un plan de développement de l'Arabie saoudite qui deviendra la *Vision 2030* : « Il savait quels mots utiliser pour parler de la réforme du royaume, mais il ne semblait pas savoir ce qu'ils recouvraient », remarque Ben Rhodes, proche conseiller de Barack Obama. Reçu par le secrétaire d'État John Kerry, il déclare tout de go : « Si je veux que Sissi parte, il partira » à propos du président égyptien[9].

Deux personnalités extérieures jouent un rôle dans son ascension : le prince héritier d'Abu Dhabi Mohammed ben Zayed (MBZ), et Jared Kushner, le gendre de Donald Trump. Le 45e président des États-Unis réalise sa première visite à l'étranger à Riyad en mai 2017, qui précède la crise ouverte par MBS et MBZ contre le Qatar, accusé de soutenir les Frères musulmans. Sur le plan intérieur, MBS affirme son pouvoir en créant une Haute Commission de lutte contre la corruption et se livre à une purge sans précédent en détenant 208 hauts dignitaires au Ritz-Carlton. Sur le plan extérieur, il retient Saad Hariri, le Premier ministre libanais, pour le contraindre à démissionner. En octobre 2018, l'assassinat du journaliste Jamal Khashoggi (1958-2018) dans les murs du consulat saoudien d'Istanbul par un commando de 15 membres de la sécurité d'État illustre la violence à laquelle la monarchie saoudienne est prête pour faire taire une voix dissidente.

Volontaire et impétueux, et pour tout dire imprévisible, MBS mise sur sa capacité à moderniser l'économie du royaume, à réformer la société et à entraîner la jeunesse : 60 % des Saoudiens ont moins de 30 ans, ce qui signifie que 280 000 jeunes arrivent tous les ans sur le marché du travail et se heurtent à un secteur public obèse. Très inspiré par le modèle de MBZ aux EAU, MBS s'appuie sur des hommes liges et de nombreux consultants internationaux. La *Vision 2030*, présentée en 2016, élaborée par le cabinet McKinsey, ambitionne de sortir le royaume de son addiction au pétrole en diversifiant son économie. Pour les uns, elle reflète son dessein de grand modernisateur ; pour les autres, elle n'est qu'un leurre masquant « la gouvernance discrétionnaire instaurée par MBS[10] ».

En faisant de sa personne le pilier du système monarchique et en prenant le contrôle du monopole des circuits de redistribution de la rente, ce dernier cible la jeunesse pour asseoir sa légitimité de long terme, tout en consolidant son pouvoir personnel. Ayant l'âge de la majorité de la population, il mise sur une identité générationnelle pour dépasser les appartenances tribales et formater la jeunesse à sa vision, au risque d'apparaître, en dépit de la confiance sans faille de son père, seul comptable. Pour le meilleur et pour le pire.

Les fondamentaux du royaume

La *Vision 2030* traduit la nécessité de rompre avec la rente pétrolière pour redéfinir le contrat social entre gouvernants et gouvernés. C'est une opération à haut risque pour la monarchie saoudienne, qui doit mener une transformation sociétale en diminuant sa dépendance aux faciles revenus du pétrole. Or, ceux-ci restent plus que jamais nécessaires pour financer ses guerres. Dès 2015, un rapport du BND, les services secrets allemands, notait que « l'attitude diplomatique prudente des membres de la famille royale est remplacée par une politique d'intervention impulsive[11] », susceptible de déstabiliser le Moyen-Orient. Huit ans plus tard, l'Arabie saoudite peine à convaincre sur son orientation à terme, d'autant plus « qu'il y aura forcément des réactions contre MBS[12] » au sein du système saoudien.

Quatre priorités et le Yémen

À la question de savoir si l'Arabie saoudite conduit une « grande stratégie », ce chercheur saoudien expérimenté répond : « Honnêtement, non », avant d'ajouter qu'à la différence de la Turquie et de l'Iran, ce n'est pas possible dans la mesure où « les différents monarques poursuivent différentes approches ». Selon lui, envisager une « grande stratégie » impliquerait pour Riyad de commencer par « unifier complètement le Conseil de coopération du Golfe (CCG)[13] ». Or, celui-ci est profondément divisé. En 1979, la révolution islamique en Iran marque une profonde rupture pour Riyad, qui se sent menacée aussi bien physiquement qu'idéologiquement. En 1981, elle prend l'initiative, sous pression américaine, de réunir les monarchies sunnites du Golfe – Oman, Koweït, Bahreïn, EAU et Qatar – pour assurer la stabilité politique et économique d'une région ébranlée par la guerre entre l'Iran et l'Irak. Parallèlement, l'Arabie saoudite accorde son soutien politique et financier à la cause palestinienne.

En toile de fond, les relations entre Riyad et Washington alternent phases de défiance et de coopération : tensions avec Barack Obama, rapprochement avec Donald Trump influencé par Jared Kushner, prise de distance sous Joe Biden. Riyad cherche fondamentalement à sécuriser ses positions régionales en poursuivant quatre objectifs[14]. Premièrement, contenir par tous les moyens l'Iran et ses soutiens, ce qui implique de disposer d'armes sophistiquées, en particulier dans le domaine antiaérien. Deuxièmement, exercer son influence religieuse pour contester la légitimité du chiisme et des Frères musulmans. Troisièmement, maximiser la rente énergétique pour alimenter le train de vie somptuaire de la Maison royale et la surconsommation frénétique de la société, tout en maintenant un haut niveau de dépense militaire. Quatrièmement, entretenir des relations stratégiques avec les États-Unis et l'Europe à travers l'achat régulier d'armes, tout en les diversifiant par des partenariats avec la Chine et la Russie, qui devraient rester une relation « client-fournisseur » selon un spécialiste saoudien.

« Le Yémen est en réalité le dossier n° 1[15]. » L'opération « Tempête décisive », lancée en mars 2015, a produit des désastres humanitaires en s'enlisant. Malgré les moyens militaires engagés, la coalition arabo-sunnite* dirigée par l'Arabie saoudite n'est pas parvenue à défaire les Houthis, qui contrôlent la capitale et le Nord du pays. Même s'ils bénéficient du soutien de l'Iran *via* le Hezbollah, les Houthis ne sauraient être réduits à de simples supplétifs de Téhéran en raison des logiques tribales qui conditionnent les équilibres politiques yéménites. Ils sont en mesure de frapper directement le territoire saoudien.

En janvier 2022, ils annoncent mener une « opération militaire d'envergure aux Émirats arabes unis » après des explosions près de réservoirs de pétrole comme cela a été le cas, à plusieurs reprises, en Arabie saoudite. Les autorités émiraties ne confirment pas ces attaques. Point à relever : les Houthis sont organisés de manière pyramidale, avec au sommet une famille se réclamant du prophète Mahomet, et qui invoque à ce titre un « droit à gouverner[16] ». Le déclenchement de l'opération militaire intervient au moment où l'Iran négocie un accord sur son programme nucléaire, accord signé en juillet 2015. En ciblant les Houthis, il s'agit pour l'Arabie saoudite de se livrer à une démonstration de force à l'égard de l'Iran, tout en rappelant au monde qu'elle considère le Yémen comme sa chasse gardée.

Possibilités et limites de l'interventionnisme

Extrémité méridionale de la péninsule Arabique, le Yémen donne à l'Arabie saoudite de la profondeur stratégique. En outre, il occupe une position géographique clé sur le golfe d'Aden et la mer Rouge en surplomb du détroit de Bab-el-Mandeb par lequel transitent environ 35 % du commerce

* Au départ, cette coalition comprenait les pays du CCG (hormis Oman), l'Égypte, la Jordanie, le Soudan et le Maroc.

mondial. À ce titre, la sûreté maritime de la région concerne évidemment les pays riverains mais aussi indirectement les pays dépendants de ces flux maritimes pour leurs approvisionnements. Ils sont nombreux, en particulier en Europe et en Asie, comme le montrent les présences militaires américaine, française, allemande, italienne, espagnole, japonaise et chinoise à Djibouti.

Avec résolution, les EAU s'érigent en acteur principal de la sécurité de la zone en combinant capacités de projection militaire et prises de participation dans les infrastructures portuaires. DP World (DPW), filiale de Dubai World*, est le troisième exploitant portuaire mondial. Parallèlement, les EAU investissent massivement dans trois bases militaires aéroportuaires en Érythrée (Assab), au Somaliland (Berbera) et au Puntland (Bossasso). Grâce à ce dispositif, et en s'impliquant lourdement dans les opérations pour le contrôle de la côte sud du Yémen, ils exercent *de facto* une influence décisive sur l'ensemble du golfe d'Aden.

On le comprend, l'axe stratégique entre Riyad et Abu Dhabi produit ses effets bien au-delà du CCG, non seulement à l'articulation entre la mer Rouge et le golfe d'Aden, inévitable trait d'union entre la Méditerranée et l'océan Indien, mais aussi en Afrique du Nord et au Levant. Avec plus de 2 600 km, l'Arabie saoudite bénéficie d'une longue façade littorale sur la mer Rouge qu'elle ambitionne de transformer en un « lac saoudien[17] » en raison notamment de son potentiel en hydrocarbures. Elle négocierait une base navale à Djibouti pour sécuriser le verrou du détroit de Bab-el-Mandeb. Elle dispose à Djeddah d'un vaste port littoral, qui se situe presque à équidistance entre Bab-el-Mandeb et

* Société d'investissement du gouvernement de Dubai qui détient notamment la compagnie aérienne Emirates.

Suez ; il a longtemps été la principale entrée du royaume et des villes saintes de La Mecque et de Médine. Au nord, à Yanbu, se trouve l'un des principaux terminaux pétroliers du pays, qui est le débouché du pipeline construit au début de la guerre entre l'Iran et l'Irak en traversant la péninsule d'est en ouest, depuis Jubail, centre pétrochimique sur le golfe Persique, pour éviter le détroit d'Ormuz et les risques de rupture d'approvisionnements.

Dans le cadre de la *Vision 2030*, plusieurs projets visent à maximiser la valeur géoéconomique du littoral : connexion des pipelines arrivant à Yanbu au pipeline égyptien Sumed, qui relie Suez à Alexandrie sur la Méditerranée en évitant le canal ; projet touristique *The Red Sea*, qui prévoit 50 hôtels du luxe sur 28 000 km^2 uniquement alimentés par de l'énergie solaire et éolienne ; ville futuriste Neom à proximité des frontières de la Jordanie, de l'Égypte et d'Israël ; pont la reliant à l'Égypte. MBS aurait balayé toutes les difficultés rencontrées d'un revers de main en déclarant : « Je veux construire mes pyramides[18]. »

L'Égypte a toujours représenté un facteur clé de l'équation stratégique saoudienne avec pour enjeu la nature du leadership sunnite. Entre 1962 et 1970, les deux pays se sont livré une guerre par procuration au Yémen, souvent présentée comme la « guerre du Vietnam de l'Égypte », qui contribua à affaiblir le régime de Gamal Abdel Nasser (1918-1970). Aujourd'hui, le royaume saoudien soutient à grands frais la République arabe d'Égypte. En 2011, le « printemps arabe » entraîne la chute d'Hosni Moubarak (1928-2020), provoque une onde de choc et entraîne une recomposition régionale dans laquelle Riyad et Abu Dhabi jouent un rôle particulièrement actif. Portée par la mouvance des Frères musulmans, avec le soutien notamment du Qatar et d'Al Jazeera, la vague de contestation qui submerge la Tunisie, la Libye, le Yémen, la Syrie, Bahreïn et l'Égypte inquiète au plus haut point les EAU et l'Arabie, qui intervient militairement à Bahreïn et orchestre la contre-révolution. En Égypte, elle porte au pouvoir le maréchal Sissi. Riyad, Abu Dhabi, Le Caire et Bahreïn constituent un « quartet antiterroriste » qui rompt en juin 2017 les relations diplomatiques avec le Qatar, accusé de terrorisme, et se rapproche d'Israël.

En août 2020, les accords d'Abraham scellent deux traités de paix entre, d'une part, Israël et les EAU et, de l'autre, entre Israël et Bahreïn, sous les auspices de Donald Trump. Cette entente d'Abraham qui combine la puissance technologique israélienne à la puissance financière des EAU implique indirectement l'Arabie saoudite, qui entend aussi profiter de cette dynamique visant à agréger le maximum d'États de la région. Elle s'oppose à « l'axe tripartite fréro-chiite » entre l'Iran, la Turquie et le Qatar[19]. À la faveur du retour au pouvoir des talibans en Afghanistan en août 2021, ce dernier joue un rôle diplomatique central pour maintenir des contacts entre Kaboul et de nombreuses capitales.

Vers un modèle pétro-technologique ?

L'Arabie saoudite de MBS se rêve en puissance technologique et futuriste en étant confrontée au problème suivant : utiliser les revenus pétroliers pour ne plus être dépendante du pétrole. Il est d'autant plus difficile de le résoudre que son coût moyen d'extraction d'un baril de brut est de 2,80 dollars, soit le plus bas du monde. Le royaume conserve une capacité unique d'intervenir unilatéralement et à tout moment sur les marchés pétroliers. Son modèle est touché de plein fouet par la crise sanitaire, qui provoque presque deux ans de récession. Cependant, en mars 2022, quelques heures après des bombardements contre ses installations par les Houthis, Aramco annonce un bénéfice de 110 milliards de dollars pour 2022, ainsi qu'une augmentation de sa production d'ici à 2027 de 12 à 13 millions de barils par jour.

Aramco présente « une stratégie de croissance à long terme » qui passe par des investissements massifs dans les énergies fossiles (de 40 à 50 milliards de dollars en 2022) à rebours du choix des majors européennes, qui allouent leur capital à la transition verte[20]. Pour son P.-D.G., Amin Nasser, « cela ne veut pas dire renoncer aux hydrocarbures. Au contraire, nous allons nous renforcer dans les hydrocarbures[21] ». Il ne faut pas oublier que l'Arabie saoudite se classe parmi les plus grands pays consommateurs d'eau au monde, ce qui la conduit à investir massivement dans le dessalement. Elle est devenue le premier producteur d'eau dessalée dans le monde grâce à des infrastructures très énergivores en pétrole.

L'orientation stratégique d'Aramco signifie que l'après-pétrole n'est pas, vu de Riyad, pour demain. Elle fait de l'Arabie saoudite un sujet et un objet de l'écologie de guerre de tout premier plan en raison à la fois de ses capacités de production et de ses capacités de financement, qui peuvent avoir, les unes comme les autres, des impacts globaux. De ce point de vue, ses relations avec la Russie doivent être suivies de près, car les deux pays représentent environ 20 % de la production mondiale de pétrole. Depuis 2016, ils animent de concert l'OPEP+, qui réunit les 13 pays membres de l'OPEP et 10 autres pays producteurs emmenés par Moscou. L'OPEP+ compte pour 51 % de la production mondiale de pétrole en 2020 ; les concertations régulières permettent d'ajuster les volumes de production en fonction des cours. Parmi ces 23 pays, la Russie, l'Arabie saoudite et le Mexique participent au G20.

À l'échelle globale, l'Arabie saoudite représentait un enjeu de toute guerre économique entre Moscou et Washington pendant la guerre froide. Désormais, son positionnement vis-à-vis de Pékin joue sur les équilibres mondiaux. En 1982, Ronald Reagan signe une directive de sécurité nationale pour « réduire les recettes de l'URSS en devises fortes » et contraint Riyad à augmenter sa production pour provoquer un « contre-choc pétrolier » en 1986, qui accélère la dégénérescence de l'économie soviétique. Dernier secrétaire général du comité central du PCUS, Mikhaïl Gorbatchev témoigne des effets de cette politique : « Reagan a convaincu le roi d'Arabie saoudite de mettre plus de pétrole sur le marché pour faire baisser les prix. Notre principale source de devises a ainsi chuté des deux tiers[22]. »

Quarante ans après la décision de Ronald Reagan, l'Arabie saoudite et les EAU s'abstiennent de condamner la Russie après son invasion de l'Ukraine en février 2022 et d'exercer des sanctions à son encontre. Pour les deux pays, il y a plus à perdre en s'opposant à Vladimir Poutine qu'en s'abstenant. Au début de la guerre, MBZ et ce dernier s'accordent sur la nécessité de « préserver la stabilité » du marché énergétique mondial[23]. En juillet 2022, MBZ et MBS sont courtisés par les Occidentaux pour augmenter leur production et « atténuer » la hausse des prix. Joe Biden, qui voulait faire de MBS un « paria » sur la scène internationale, est accueilli par celui-ci à Djeddah dans un climat glacial. Emmanuel Macron reçoit le prince à l'Élysée quelques jours plus tard. En octobre 2022, l'OPEP+ indique vouloir réduire sa production pour maintenir le niveau de prix. C'est un camouflet pour la Maison-Blanche, qui menace Riyad de « conséquences ». L'accord du *Quincy* appartient à l'histoire.

En ratifiant les accords de Paris, l'Arabie saoudite inscrit en principe sa politique énergétique dans le cadre de la lutte contre le réchauffement climatique. Or, cette préoccupation n'apparaît guère dans la *Vision 2030*, même si Amin Nasser déclare nécessaire de « diversifier notre économie pour la rendre moins dépendante[24] ». En réalité, l'orientation vers le tout technologique du pays s'accompagne d'une intensification des investissements dans l'exploitation des hydrocarbures afin de développer un mode de vie reposant sur la surconsommation individuelle, comparable à celui des Américains. MBS explique qu'industrie pétrochimique et transition écologique sont compatibles et verdit son discours avec la *Saudi Green Initiative*, qui prévoit par exemple de planter 10 milliards d'arbres.

Parallèlement, l'Arabie saoudite avance dans la mise en place de son programme nucléaire avec une organisation industrielle calquée sur celle des EAU, qui en avril 2021 ont mis en service la centrale de Barakah construite par la Korea Electric Power Corporation (KEPCO) et présentée comme le premier réacteur du monde arabe. Ce contrat avait été remporté en 2009 par le consortium coréen au détriment de la filière nucléaire française. En janvier 2022, les autorités saoudiennes lancent un appel à projet auprès des États-Unis, de la Russie, de la Chine, de la France et de la Corée du Sud. Ce contrat suscite toutes les convoitises en raison de ses répercussions stratégiques et de ses retombées économiques. Il va sans dire que les positions respectives des concurrents à l'égard du programme nucléaire iranien est scruté par les autorités saoudiennes.

*

*   *

Priorités stratégiques de l'Arabie saoudite

Avec la flambée des prix de l'énergie, l'Arabie saoudite retrouve des moyens financiers considérables. Sur le plan international, elle profite de la polarisation entre la Chine et les États-Unis pour maximiser ses propres intérêts. Elle se sait indispensable aux deux grands et à la stabilité économique mondiale, ce qui lui permet d'inventer une nouvelle forme de non-alignement. Son entente énergétique avec la Russie rehausse aussi son importance auprès d'Européens en quête d'approvisionnements alternatifs. Parallèlement, elle marque des signes d'intérêt à l'égard des BRICS. En décembre 2022, Xi Jinping est reçu en majesté par MBS. Sur le plan régional, elle doit rester attentive à l'évolution de la situation en Iran, qui pourrait trouver un écho auprès de sa population.

À Riyad, la première priorité est d'assurer la succession entre le roi Salman et MBS. Dans le cas de l'Arabie saoudite, la trajectoire personnelle du roi est indissociable de celle du pays. La personnalité de MBS reflète les contradictions profondes du royaume. D'un côté, il incarne la modernisation, encourage des formes d'ouverture en direction des femmes et porte les espoirs de réforme de la jeunesse. De l'autre, l'assassinat de Jamal Khashoggi le marque de manière indélébile. Sans doute pense-t-il qu'il faut être craint pour réformer. Lors du sommet du G20 à Buenos Aires en novembre 2018, les retrouvailles entre MBS et Vladimir Poutine ont été interprétées par les médias occidentaux comme un adoubement du premier par le second. Leur entente dans le cadre de l'OPEP+ marque une inflexion fondamentale pour l'Arabie saoudite. On l'a dit, MBS utilise la guerre d'Ukraine pour accentuer sa prise de distance à l'égard de Washington.

La deuxième priorité consiste à exploiter la nouvelle configuration née de la guerre d'Ukraine. Grâce à leurs excédents financiers, les pays du Conseil de coopération du Golfe (CCG), Arabie saoudite en tête, estiment pouvoir recomposer par eux-mêmes la région, notamment en soutenant l'Égypte et en améliorant les relations avec Israël. En juin 2022, MBS a restauré les liens avec Recep Tayyip Erdoğan pour sceller « une nouvelle ère de coopération ». En dépit de cette situation favorable, l'Arabie saoudite ne parvient pas à sortir de son enlisement militaire au Yémen. Reste, en outre, l'inconnue principale, l'Iran, dont les ambitions nucléaires la concernent directement.

L'Arabie saoudite de MBS est ce pays qui accueille pour la troisième fois le rallye Dakar en janvier 2022, et qui exécute 81 condamnés deux mois plus tard. Une fois roi, quelles seront ses garde-fous ? Du côté d'Abu Dhabi ? Le tandem formé par MBZ et MBS, entre le mentor diplômé de l'académie royale militaire de Sandhurst en Grande-Bretagne et le jeune prince prêt à en découdre, n'hésite pas à projeter de la puissance pour modeler leur environnement régional. Cela conduit naturellement à se demander si les EAU ne seraient pas parvenus à orienter la stratégie de l'Arabie saoudite à leur avantage, et si les deux pays resteront toujours alignés.

La troisième priorité réside dans la volonté de diversification économique pour préparer l'après-pétrole et moderniser l'appareil productif. L'Arabie saoudite dispose de ressources financières lui permettant, en principe, de franchir des étapes de développement en investissant notamment sur son capital humain. Cependant, la mise en œuvre de *Vision 2030* suscite autant d'espoir que de scepticisme dans la mesure où la liquidité achète toute initiative entrepreneuriale sans la laisser se développer : « Cela ne conduit pas à une diversification de l'économie[25] », comme le constate à regret un expert saoudien.

En dépit de ses ambitions technologiques, l'Arabie saoudite reste au cœur de la géopolitique du pétrole. Elle est aussi un des théâtres principaux de l'écologie de guerre : ses installations pétrolières sont régulièrement ciblées, son modèle de développement est tributaire des hydrocarbures et son engagement climatique demeure superficiel. C'est enfin dans le rapport à l'islam que se jouera la capacité de l'Arabie saoudite à se moderniser réellement.

Enseignements pour la France

Au-delà de la relation bilatérale, Paris doit suivre attentivement la trajectoire de Riyad sur le plan énergétique en raison à la fois de son influence sur les prix du pétrole et de son intérêt grandissant pour le nucléaire. L'antagonisme fondamental entre Téhéran et Riyad constitue une ligne de fracture qui est susceptible de rejouer à tout moment sans qu'il soit possible d'en apprécier les effets. Paris entretient une coopération militaire approfondie et exporte des équipements militaires, mais sa relation avec Riyad ne peut se comprendre sans celle qu'elle entretient avec Abu Dhabi. En effet, la France a noué un partenariat stratégique avec les Émirats arabes unis (EAU), qui accueillent une base française depuis 2009. Les EAU sont le premier client de la France au Proche et au Moyen-Orient (35 % des exportations françaises dans la région en 2021) et son deuxième fournisseur (17 % des importations françaises de la région) derrière l'Arabie saoudite. Depuis 2012, Abu Dhabi et Paris entretiennent un dialogue stratégique de haut niveau. Les EAU sont devenus membres de l'Organisation internationale de la francophonie en 2018, et accueillent le musée du Louvre-Abu Dhabi depuis 2017. Ce partenariat stratégique fixe la France au Moyen-Orient face à l'Iran, tout en s'inscrivant dans sa stratégie indopacifique. Cela conduit à revisiter la politique arabe en distinguant bien les enjeux (Arabie saoudite, EAU, Qatar, Égypte, Irak...).

Si l'on compare cette politique aujourd'hui par rapport à ce qu'elle était lors du premier choc pétrolier (1973), on constate la permanence de la dialectique entre approvisionnements énergétiques et ventes d'armes. Ce qui a changé en cinquante ans, c'est l'influence exercée par ces pays sur la société française à travers leur prosélytisme religieux et leurs investissements économiques.

9

L'Iran ou la révolution permanente

« Je veux informer tous les musulmans que l'auteur du livre intitulé *Les Versets sataniques*, qui a été écrit, imprimé et publié en opposition à l'Islam, au prophète et au Coran, aussi bien que tous ceux qui, impliqués dans sa publication, ont connaissance de son contenu, ont été condamnés à mort », déclare l'ayatollah Khomeini quelques mois avant son décès. En août 2022, Salman Rushdie est poignardé aux États-Unis. Lancée en 1989, cette fatwa rappelle au monde ce qu'il en coûte de blasphémer. Les Iraniens et Iraniennes le savent depuis la création de la République islamique d'Iran par Rouhollah Khomeini (1902-1989). Guide suprême, il fusionna dans sa personne l'autorité spirituelle et l'autorité temporelle, faisant de l'Iran à la fois une cause révolutionnaire avec son prosélytisme et un État-nation avec ses intérêts de sécurité.

La religion, c'est « l'opium du peuple » pour les marxistes. Les 85 millions d'Iraniens connaissent une situation économique très décalée par rapport au potentiel de leur pays. À titre individuel, ils sont en moyenne neuf fois plus pauvres que les Saoudiens. Acteur clé des marchés pétrolier et gazier, l'Iran pèse 0,2 % du PIB mondial : ses échanges économiques, fortement contraints par les sanctions occidentales, l'orientent vers l'Asie. La Chine représente presque 50 % de ses exportations, devant l'Inde et la Corée du Sud. Pour ses importations, la Chine devance les Émirats arabes unis et l'Inde. Très dépendante des hydrocarbures, l'économie iranienne est en réalité celle d'un pays en guerre depuis plus de quarante ans.

La prise d'otage de l'ambassade américaine entre novembre 1979 et janvier 1981 est la « deuxième révolution iranienne, plus importante que la première », selon l'ayatollah Khomeini. La République islamique d'Iran s'est construite sur un antagonisme fondamental aux États-Unis. Depuis 1979, sa trajectoire a quitté l'orbite américaine pour rejoindre celle de la Chine, tout en pesant directement sur les équilibres régionaux. Pour ce faire, elle utilise ses ressources militaires et paramilitaires dans une stratégie expansionniste jusqu'aux confins méditerranéens et développe un programme nucléaire afin d'acquérir un statut de puissance et sanctuariser son territoire. Cette orientation se fait au prix d'un coût économique, social et diplomatique très élevé. Jusqu'à quel point est-elle tenable ? Cette question se pose au moment où l'assassinat de Mahsa Amini, jeune femme kurde et sunnite âgée de 22 ans, provoque des contestations sans équivalent depuis 1979. Elles sont violemment réprimées, mais en décidant de tomber le voile, les femmes iraniennes font vaciller le régime des mollahs. Une nouvelle révolution est-elle en marche, portée par des jeunes femmes au courage exceptionnel, virtuoses des réseaux sociaux, près de quarante ans après celle qu'ont vécue leurs grands-mères ?

Où va le Guide ?

Après la mort du fondateur, deux hommes jouent un rôle clé dans l'orientation de l'Iran : Ali Hashemi Rafsandjani (1934-2017) et Ali Khamenei (1939-). Commandant en chef des armées iraniennes, le premier est élu à deux reprises président de la République (1989-1997) et exerce pendant des années une forte influence sur l'ensemble du système. Le second est, depuis 1989, le Guide de la Révolution après avoir été président de la République islamique d'Iran (1981-1989). Il a toujours le dernier mot sur les dossiers cruciaux. Qui peut se targuer de le connaître et de saisir ses intentions profondes ? En 2015, il renouvelle la fatwa prononcée contre Salman Rushdie par son prédécesseur. Au lendemain des attentats de Paris, il exprime sa « compassion » pour les victimes avant de souligner les déviations occidentales et de demander : « Au lieu d'inviter à ignorer ou à oublier ces catastrophes, ne serait-il pas mieux de présenter franchement des excuses[1] ? »

De la Perse à l'Iran

Jusqu'en 1935, l'Iran d'aujourd'hui était appelé la Perse. C'est Reza Shah (1878-1944), le fondateur de la dynastie Pahlavi, qui décida d'appeler son pays « Iran » dans toutes les communications internationales. Cependant, son fils Mohammad Reza Shah (1919-1980) célébra la filiation perse en déclarant « Oh ! Cyrus, tu peux dormir en paix, car nous veillons » lors des festivités organisées à Persépolis huit ans avant sa chute. Se proclamant « Roi des Rois », il revendiqua à son profit une continuité dynastique n'ayant jamais existé. Cette histoire mythique qui remonte au ve siècle avant J.-C. fait la grande fierté des Iraniens. Au XIe siècle, le poète persan Ferdowsi (940-1020) écrit le *Livre des Rois*, composé de 60 000 vers retraçant la succession des dynasties : « J'ai semé partout le poème persan », clame-t-il. Il relate la vie de Fereydoun, roi mythique qui partagea son royaume en trois entités données à ses trois fils : l'Iran au premier, les steppes d'Asie centrale au deuxième et le Levant au troisième. La légende veut que les deux derniers s'allièrent pour tuer le premier. Cette géopolitique, qui n'est pas sans rappeler le partage de l'Empire carolingien en Occident au IXe siècle, se retrouve dans la situation actuelle de l'Iran entre l'Asie centrale turcophone et le monde arabo-méditerranéen. Les Iraniens lisent leur histoire comme celle d'une nation exceptionnelle, héritière d'une brillante civilisation, mais aussi sans cesse martyrisée par les invasions et les ingérences étrangères : Alexandre, les Arabes, les Turcs, les Mongols, puis les impérialismes ottoman, russe, britannique et américain. Aujourd'hui, chinois ? Dans le discours, « l'Iran est hypernationaliste mais continue de se rêver en empire[2] ».

À l'instar du Pakistan et de la Mauritanie, l'Iran devient une république islamique après la révolution orchestrée par l'ayatollah Khomeini. Lequel des deux mots est le plus important : république ou islamique ? « République » renvoie à la souveraineté populaire, alors que « islamique » fait référence à la volonté divine, ce qui crée une tension inhérente au régime, qui s'est enraciné en réprimant toute opposition interne et en rejetant toute influence externe. Au VIIe siècle, tout le plateau iranien passa sous le contrôle arabe : dès lors, la Perse occupa une place de choix au cœur de l'islam en contribuant puissamment à la pensée islamique et à son rayonnement. Au XVIe siècle, le chiisme duodécimain fut imposé par un souverain safavide et devint la religion officielle. Le clergé chiite, qui ne s'est structuré qu'au

XIXe siècle, fait partie intégrante de la société traditionnelle. Comme le curé des villages européens, le mollah* exerce un rôle à la fois religieux et social qui dépend du nombre d'étudiants qu'il accueille et guide. L'« islam iranien » repose sur une vie associative active, qui échappe en grande partie au pouvoir politique et alimente de puissants réseaux d'entraide. Différence notable avec d'autres pays musulmans, l'Iran reconnaît dans sa Constitution la cohabitation avec d'autres religions dont les fidèles se voient reconnaître un statut de « protégé » mais pas de citoyen à part entière**. Dans la pratique, l'Iran est une théocratie constitutionnelle.

Comme le pouvoir émane de Dieu, il ne peut être exercé que par ceux qui sont investis de l'autorité religieuse, mais dans le cadre d'une Constitution, fruit d'une tradition politique dont les révolutionnaires de 1979 ont dû tenir compte. Cependant, la composante théocratique du pouvoir l'emporte sur la composante politique, car le Guide suprême est la clé de voûte du système. L'élection présidentielle se tient tous les quatre ans (mandat renouvelable une seule fois) au suffrage universel. Les candidats sont adoubés par le Conseil des gardiens, composé de 12 membres choisis par le Guide suprême. À la différence de la plupart des régimes républicains, le président iranien n'est pas chef de l'État. Depuis 1979, six personnalités ont exercé cette fonction***.

Né en 1960, soupçonné d'exécutions massives d'opposants, Ebrahim Raïssi est élu en août 2021 avec le soutien d'Ali Khamenei après une carrière au sein du système judiciaire. Il est considéré comme son possible successeur en raison de

* Littéralement, celui qui sait lire et écrire.

** Les minorités chrétienne, juive et zoroastrienne sont reconnues.

*** Ali Khamenei (1981-1989), Hachemi Rafsandjani (1989-1997), Mohammad Khatami (1997-2005), Mahmoud Ahmadinejad (2005-2013) et Hassan Rohani (2013-2021).

son influence sur les groupes économiques conservateurs et sur les Gardiens de la Révolution, les *Pasdaran*. À la différence de ses prédécesseurs, Ebrahim Raïssi ne considère pas nécessaire d'inscrire l'Iran dans l'économie mondialisée, mais préfère l'imposer dans son environnement régional en exerçant une forte influence en Irak, en Syrie, au Liban et au Yémen, ce qui est le plus sûr moyen de renforcer les *Pasdaran*.

« Liberté, Indépendance, République islamique »

À l'instar de la Turquie et de la Russie, la République islamique établit un lien organique entre nation et confession afin de dresser une frontière étanche avec un Occident assimilé non pas au christianisme, mais à l'athéisme, à la dépravation et à l'homosexualité[3]. En outre, elle lit l'histoire de l'humanité comme une guerre permanente destinée à se poursuivre jusqu'à la fin des temps. Dernier conflit majeur de la guerre froide, la guerre Iran-Irak (1980-1988) permet au régime iranien de survivre et de se renforcer au prix de lourdes pertes : 500 000 morts et disparus. En marchant dans les rues de Téhéran, j'ai été frappé par ces portraits de martyrs peints sur les murs dont les visages semblent vous surveiller. Mohsen Rezaï, commandant en chef des Gardiens de la Révolution jusqu'en 1997, explique leur sacrifice en ces termes : « Un point essentiel de la guerre fut l'identité. Cela faisait longtemps que les Iraniens avaient perdu leur identité [...]. La guerre permit donc une réappropriation de l'identité nationale. » Il ajoute que cette guerre « représenta un phénomène révolutionnaire plutôt qu'un conflit classique[4] », dans la mesure où les combattants étaient des volontaires. En dépit de cette flamme révolutionnaire, le régime des mollahs n'est pas parvenu, en huit ans de guerre, à défaire un pays trois fois plus petit que l'Iran, mais il a atteint son objectif principal, « sa pérennisation à l'intérieur même de l'Iran[5] ». Reste un enseignement à tirer de ce conflit pour aujourd'hui et demain : « Malgré les rodomontades dont il est coutumier, le pouvoir iranien est parfaitement rationnel, pragmatique et comprend très bien les notions de rapports de force et de dissuasion[6]. »

État dans l'État, le corps des Gardiens de la Révolution islamique vise à maintenir l'élan révolutionnaire et le sens du sacrifice dans une société travaillée par des aspirations contradictoires. En Iran comme ailleurs, tout commence en mystique et finit en politique. Si les *Pasdaran* entretiennent le culte des martyrs et de la guerre, ils savent aussi compter. Fondé immédiatement après la révolution de 1979, avec notamment l'ambition d'éliminer les communistes ayant participé aux manifestations, ils regroupent aujourd'hui environ 200 000 membres, qui bénéficient d'un statut spécial au sein de la société iranienne dans la mesure où ils ne répondent qu'au bureau du Guide suprême. La présidence n'a aucun droit de regard sur leurs activités, qui sont inscrites dans la Constitution comme relevant de la « protection de la révolution et de ses aboutissements ». Signe de leur toute-puissance, cette déclaration faite par leur chef (1997-2007), Yahya Rahim Safavi : « Tout acte entrepris par les *Pasdaran* est légal. » Passer par le corps est une voie d'accès vers les postes à haute responsabilité. Le réseau tentaculaire formé par les anciens exerce une influence économique directe dans plusieurs secteurs d'activités. À titre d'exemple, la compagnie Khatam al-Anbiya, créée en 1990, après avoir acquis un savoir-faire dans la reconstruction des zones détruites par la guerre, est devenue une entreprise du BTP de premier plan, avec plus de 135 000 salariés. Les *Pasdaran* ont bénéficié des privatisations réalisées par Mahmoud Ahmadinejad grâce à leurs banques. Autre exemple, ils ont obtenu la gestion de l'aéroport international de Téhéran, qui devait être confiée à un consortium austro-turc. Ils sont parvenus à prendre le contrôle de la plupart des infrastructures de transport, ainsi que des points de passage terrestres aux frontières, ce qui leur garantit un quasi-monopole sur la contrebande sans laquelle le pays n'aurait pas d'échanges avec l'étranger en raison des sanctions. En outre, les *Pasdaran* offrent au Guide suprême ses propres moyens d'action militaire et d'influence extérieure avec la force Al-Qods.

Qassem Soleimani (1957-2020) a été le chef emblématique de cette unité spéciale pendant vingt-deux ans. Légende de son vivant, il est tué par un tir de drone américain à l'aéroport de Bagdad en janvier 2020. Cette opération n'est pas sans rappeler l'élimination de l'amiral Yamamoto (1884-1943), l'homme de l'attaque de Pearl Harbor : pour la première fois depuis 1943, les États-Unis tuent au grand jour un officier général en activité. Venant d'un petit village de l'Est du pays, Qassem Soleimani trouve un premier emploi à Kerman en 1975. Parallèlement à son travail au service des eaux, il pratique assidument le karaté et fréquente la mosquée. Son profil sociologique correspond parfaitement à cette classe moyenne urbaine issue de l'exode rural qui participe à une révolution sociale au nom de Dieu. Volontaire pour le front, il s'illustre rapidement au combat. Il finit la guerre général de division, et prend la tête de la force Al-Qods. Commence alors une période d'opérations aux frontières de l'Afghanistan et du Pakistan, mais aussi en Irak et au Levant, qui va construire le mythe du « commandant de l'ombre » dont l'intervention emporte la décision.

Il est chargé par le Guide suprême de toutes les opérations extérieures des *Pasdaran*, devenant ainsi un des rouages essentiels de la diplomatie iranienne en bénéficiant d'une large autonomie d'action militaire. Pendant des années, on dit qu'il petit-déjeune à Beyrouth, déjeune à Damas et dîne à Bagdad. Lors de la bataille de Bassorah (2008), il envoie un message direct au commandant américain : « Général Petraeus, vous devez savoir que moi, Qassem Soleimani, contrôle la politique de l'Iran en Irak, en Syrie, au Liban, à Gaza et en Afghanistan[7]. » Pour lui, l'Iran a vocation à prendre la tête d'un croissant chiite : « 70 % des réserves mondiales de pétrole se situent dans trois pays, l'Iran, l'Irak et l'Arabie saoudite. Le tout dans des régions chiites[8] », déclare-t-il en 2014. Ses obsèques, en présence du Guide suprême et du président Rohani, provoquent une vive émotion populaire en Iran. Sa fille Zeynab demande à Hassan Nasrallah, le chef du Hezbollah, de le venger. Avec son trépas se pose la question de la poursuite d'une stratégie expansionniste jusqu'aux confins méditerranéens.

La tentation nucléaire

« Absurde », c'est le mot utilisé par le Guide suprême pour qualifier, en février 2022, les accusations selon lesquelles son pays conduirait un programme nucléaire à finalité militaire, « car tôt ou tard, nous aurons un besoin urgent d'énergie nucléaire pacifique[9] ». En réalité, le nucléaire, comme le pétrole, est au cœur de la puissance iranienne. La quête d'indépendance à laquelle succède rapidement l'ambition de suprématie passe par la double maîtrise fossile et fissile. Dès 1957, les États-Unis et l'Iran signent un accord pour un programme civil avec la construction en 1960 d'un réacteur de recherche à l'université de Téhéran. Sous la direction d'Akbar Etemad, l'Organisation de l'énergie atomique d'Iran forme de nombreux ingénieurs atomistes en coopération avec l'Allemagne, les États-Unis et surtout la France avec une finalité civile qui n'a cependant jamais fermé l'option militaire. L'Iran devient notamment actionnaire de l'usine d'enrichissement d'uranium Eurodif à Tricastin. Pour le shah, le nucléaire devait permettre à terme de remplacer le pétrole ; il s'agissait pour lui d'utiliser les revenus pétroliers générés par le premier choc pétrolier pour financer un parc de centrales, discours qui n'est pas sans rappeler celui tenu aujourd'hui par l'Arabie saoudite de MBS. Point très important pour la suite, Téhéran signe et ratifie le traité sur la non-prolifération des armes nucléaires (TNP) dont l'application est garantie par l'Agence internationale de l'énergie atomique (AIEA)*.

L'arrivée au pouvoir des mollahs gèle le programme nucléaire alors que l'Irak de Saddam Hussein accélère le sien. Construite avec l'aide de la France, la centrale Osirak doit devenir opérationnelle fin 1981 et, ce faisant, dissuader l'Iran de poursuivre la guerre. En septembre 1980, l'aviation iranienne mène un raid qui n'atteint pas ses cibles contre la centrale. En juin 1981, l'aviation israélienne s'y risque à son tour et parvient à détruire complètement le complexe sans aucune perte. Pour Saddam Hussein, c'est l'assurance d'une guerre longue et la certitude de ne pouvoir s'imposer comme le chef de file du monde arabe. Craignant l'existence d'un programme clandestin irakien, la République islamique d'Iran relance l'industrie nucléaire héritée du shah avec une finalité militaire. Dans les années 1990, après la défaite de Saddam Hussein au Koweït, elle développe son programme nucléaire civil avec l'aide de la Russie et de la Chine, en lieu et place des Occidentaux, tout en poursuivant un programme nucléaire clandestin. Souvent divisés, les dirigeants

* Signé en 1968, entré en vigueur en 1970, le TNP n'a pas été signé par l'Inde, Israël, le Pakistan et le Soudan du Sud. La Corée du Nord s'en est retirée en 2003. La France et la Chine n'y ont adhéré qu'en 1992.

iraniens se retrouvent sur ce projet de puissance, mais nient son existence en raison des engagements internationaux de leur pays et des risques de sanctions. Pour eux, tout doit être mis en œuvre pour qu'une tragédie telle que la guerre avec l'Irak ne se reproduise pas.

En août 2002, l'existence de deux sites clandestins est révélée par un groupe d'opposants iraniens. Point chronologique important à rappeler, cette découverte est antérieure à l'intervention anglo-américaine en Irak au printemps 2003. Commence alors un processus diplomatique extrêmement complexe, qui se prolonge jusqu'à aujourd'hui. En lien avec l'AIEA, ce sont les Européens – France, Allemagne et Royaume-Uni – qui prennent l'initiative et engagent des négociations avec Hassan Rohani, futur président, à la tête du Conseil suprême de sécurité nationale. La partie iranienne accepte de suspendre l'enrichissement d'uranium et d'appliquer le protocole additionnel au TNP prévoyant des inspections inopinées de l'AIEA. Élu président en 2005, Mahmoud Ahmadinejad relance le programme d'enrichissement et multiplie les déclarations hostiles à Israël, qualifié de « tumeur cancéreuse ». Le manque de transparence de Téhéran conduit le Conseil de sécurité des Nations unies à voter quatre résolutions de sanctions à son encontre entre 2006 et 2010, provoquant son isolement progressif. À ces résolutions s'ajoutent des sanctions unilatérales prises par les États-Unis et l'UE allant jusqu'à l'embargo sur le pétrole iranien en juillet 2012. Ces sanctions pèsent sur l'activité de nombreuses entreprises européennes dont certaines sont lourdement pénalisées par les autorités américaines pour avoir contourné l'embargo. Parallèlement, la guerre de l'ombre entre services de renseignement vise à entraver le programme nucléaire par des attaques cyber et l'assassinat de scientifiques iraniens.

Élu en 2013, Hassan Rohani ouvre un nouveau cycle diplomatique, avec l'assentiment du Guide suprême, qui aboutit à la signature du *Joint Comprehensive Plan of Action* (JCPoA) en juillet 2015*. Il prévoit un contrôle du programme nucléaire par l'AIEA contre une levée progressive des sanctions. Donald Trump le dénonce en mai 2018 et demande le « niveau le plus élevé de sanctions économiques possible ». De nouvelles négociations reprennent à partir d'avril 2021, plaçant les Européens en position de médiateurs entre les administrations Biden et Raïssi. Entre 2018 et 2021, Téhéran accélère évidemment son programme et continue à développer ses capacités balistiques et spatiales. Au printemps 2022, un nouvel accord est trouvé : « tout est prêt » selon un des négociateurs français[10]. Reste à obtenir l'improbable signature des États-Unis. Dans ce jeu sur plusieurs décennies, la vraie discussion se situe entre les États-Unis et la République islamique d'Iran, incapables à ce jour de dépasser leur antagonisme fondamental. Pour Washington, un Iran nucléaire serait une menace directe pour Israël et l'Arabie saoudite ; pour Téhéran, un accord serait lu par une partie de la classe politique comme une compromission avec le « Grand Satan ». Pour les deux parties, il semble important « de ne jamais manquer une opportunité de manquer une opportunité[11] ».

---

* Signé par l'Iran, les cinq membres permanents du Conseil de sécurité des Nations unies, l'Allemagne et l'UE.

LE PIVOT IRANIEN

L'Iran compte 8 731 km de frontières dont 2 700 maritimes, et 15 voisins*. Avec la Russie, c'est le pays ayant le plus grand nombre de pays frontaliers, ce qui sous-tend un réseau de relations bilatérales complexes à gérer. Il occupe une position de pivot, sur un axe nord-sud, entre la région caspienne et le golfe Persique et, sur un axe ouest-est, entre le Moyen-Orient et l'Asie centrale. Si les frontières au nord avec les pays de l'ex-URSS sont très surveillées, les régions kurdes et du golfe Persique connaissent une contrebande continue, et celle du Baloutchistan un trafic de drogue massif en provenance du Pakistan et d'Afghanistan. Vaste pays de 1 648 195 km^2, l'Iran présente une rare diversité géographique – avec un relief montagneux, des plateaux désertiques et des piémonts irrigués – qui laisse l'impression d'un pays capable de se protéger de l'extérieur. Ses élites regardaient vers l'Ouest à l'époque du shah. Après sa chute, les étudiants scandaient : « Ni Ouest, ni Est : Révolution islamique ! » Après plus de quatre décennies de théocratie, il faut se demander si l'Iran n'est pas en passe de se soumettre « aux capitulations d'un despote asiatique plus rapace que le Grand Satan américain[12] ». Son obsession des États-Unis se mue en omniprésence de la Chine.

* L'Iran a des frontières terrestres avec sept pays : l'Irak, la Turquie, l'Arménie, l'Azerbaïdjan, le Turkménistan, l'Afghanistan et le Pakistan ; des frontières maritimes avec la Russie et le Kazakhstan par la mer Caspienne ; des frontières avec les pays arabes du golfe Persique : le Koweït, l'Arabie saoudite, le Qatar, les EAU, Bahreïn et Oman.

Ambitions régionales

La République islamique d'Iran se vit comme une citadelle assiégée, car la double question de son intégration régionale et internationale n'est toujours pas réglée. La préservation de l'héritage révolutionnaire ne l'empêche pas de faire prévaloir, quand il le faut, les questions territoriales. Depuis 2012, elle recourt à quatre types d'outils : les *proxies*, c'est-à-dire les milices ou les groupes qu'elle soutient à l'étranger, les drones et les missiles balistiques qui lui permettent de frapper à distance sans forcément le revendiquer, la guérilla navale et, pour finir, les cyber-attaques[13].

Vis-à-vis de ses voisins, elle adopte une stratégie de dissuasion pour les décourager de se lancer dans un conflit sur son territoire, qui serait trop coûteux au regard de son poids démographique et de sa profondeur stratégique. C'est pourquoi l'Iran entretient une armée de terre basée sur la conscription, qui dispose de moyens d'artillerie mobile beaucoup plus puissants que ceux de ses voisins. Limitées, ses capacités navales lui permettent néanmoins de mener des opérations de « guérilla maritime » destinées à empêcher l'accès à certaines zones. Disposant de nombreux sous-marins de poche, de patrouilleurs légers et de pneumatiques armés, il peut facilement perturber le trafic pétrolier dans le Golfe. Sur le plan aérien, il s'appuie sur des missiles antiaériens destinés à protéger les sites sensibles. Les capacités opérationnelles de ses avions de combat sont contraintes par les sanctions, qui empêchent de se procurer des pièces détachées. Aux forces conventionnelles s'ajoutent les *Pasdaran*, ainsi que les milices et partis tenus à distance comme le Hezbollah. Ces moyens rendent possibles des opérations sur quatre théâtres principaux : Syrie, Liban, Irak et Yémen.

Avec le soutien iranien, les houthistes frappent régulièrement des infrastructures saoudiennes.

Au face-à-face géographique de l'Iran et de l'Arabie saoudite se surimposent, depuis 1979, un antagonisme politique entre une République islamique et une monarchie absolue, ainsi qu'une surenchère religieuse pour apparaître plus fidèle à l'islam que l'autre. Revendiquant leur exceptionnalisme, les deux pays se livrent ainsi une guerre froide sur différents théâtres. L'Iran occupe le 18e rang mondial pour ses dépenses militaires estimées à plus de 20 milliards de dollars, quand l'Arabie saoudite pointe à la 6e place avec un budget approchant les 60 milliards de dollars. Ce rapport de 1 à 3 est compensé par l'aguerrissement des forces armées iraniennes, leur agilité et leur capacité supérieure de passage à l'acte. À titre d'exemple, en mars 2022, les Houthis revendiquent une série d'attaques sur des installations pétrolières à Djeddah au moment du Grand Prix de Formule 1 pour obtenir un retentissement international. Les autorités saoudiennes accusent directement l'Iran de « continuer à fournir des drones et des missiles » aux Houthis et appellent la communauté internationale « à prendre ses responsabilités ». MBS ne cherche nullement l'apaisement, allant jusqu'à qualifier le Guide suprême de « nouvel Hitler[14] », mais bien la confrontation. Celle-ci pourrait s'intensifier dans les années à venir.

La nature des relations entre l'Iran et Israël se ressent à travers tout le Moyen-Orient. L'Iran, où vit une communauté juive, a été le deuxième pays musulman, après la Turquie, à reconnaître Israël. Les trois pays ont longtemps coopéré dans le domaine énergétique et du renseignement, mais la révolution iranienne a entraîné un revirement complet avec la rupture des relations diplomatiques. Président de l'Organisation de libération de la Palestine (OLP), Yasser

Arafat (1929-2004) est le premier dirigeant étranger à être reçu par les mollahs, qui lui remettent les clés de la mission israélienne : à Téhéran, l'ambassade d'Israël devient l'ambassade de Palestine. L'invasion de l'Iran par l'Irak change la donne, dans la mesure où une éventuelle victoire de ce dernier en aurait fait la principale puissance arabe menaçant l'existence même d'Israël après les accords de Camp David signés par Israël et l'Égypte (1978). C'est pourquoi, point toujours important à rappeler, Israël apporte un soutien militaire à l'Iran, évidemment soulagé par la destruction de la centrale irakienne d'Osirak. En 1991, la défaite irakienne à la suite de l'intervention de la coalition internationale conduite par les États-Unis supprime l'ennemi commun. Rapidement, les autorités israéliennes s'inquiètent d'une relance du programme nucléaire et dénoncent le soutien apporté au Hezbollah et à certains groupes palestiniens. En janvier 2002, George Bush utilise l'expression d'« axe du mal » pour désigner l'Iran, l'Irak et la Corée du Nord, accusés de soutenir le terrorisme et de posséder des armes de destruction massive en violation de leurs engagements internationaux. Dès lors, Israël participe aux côtés des États-Unis à des opérations clandestines destinées à entraver les programmes nucléaire et balistique. En mai 2021, Yossi Cohen, directeur du Mossad (2016-2021), déclare « combattre l'Iran et ses actions jusqu'au bout, jusqu'à ce qu'il comprenne que chaque fois qu'il franchira une ligne, cela lui coûtera d'énormes dommages[15] ».

Dans ce contexte régional sous-tendu par la rivalité avec l'Arabie saoudite et l'hostilité avec Israël, que recherche fondamentalement l'Iran en intervenant, directement ou indirectement, sur quatre théâtres ? Au Yémen, il s'agit de priver Riyad de sa profondeur stratégique, tout en exerçant une influence en mer Rouge et dans le golfe d'Aden. Avec l'Irak, la Syrie et le Liban, il s'agit, au contraire, d'acquérir de la profondeur stratégique jusqu'à la Méditerranée orientale, et d'exercer une pression directe sur Israël. Avec la mémoire de la première guerre du Golfe et l'existence de la question kurde, l'Irak est presque perçu comme un problème de sécurité intérieure à Téhéran, qui ne peut pas négliger le poids pétrolier de Bagdad. En Syrie, la guerre civile a renversé le rapport de force entre le régime syrien et le Hezbollah au profit de ce dernier, qui contrôle en outre des pans entiers du Liban. Au regard de sa situation économique, l'Iran consacre des ressources financières significatives à la poursuite de sa stratégie régionale. Au cours de la dernière décennie, il aurait alloué 16 milliards de dollars à l'Irak, au Liban et au Yémen, et 10 milliards à la Syrie, qui a contracté une dette à son égard estimée à 20 milliards de dollars. À cela s'ajoutent les 700 millions de dollars que lui coûterait par an le Hezbollah[16]. Son implication sur ces théâtres lui permet d'externaliser son opposition fondamentale aux États-Unis en préservant son sanctuaire national et en s'imposant comme puissance régionale, mais cela lui impose de nourrir un réseau de relations informelles bien compliquées à démêler pour contourner les sanctions occidentales. Les *Pasdaran* utilisent beaucoup Dubai, ce « Hong Kong iranien[17] », dans leur circuit de financement.

Dans le bain mondial

Après la chute du shah, le deuxième acte fondateur de la République islamique d'Iran fut la prise d'otage de l'ambassade des États-Unis à Téhéran pendant 444 jours (1979-1981). Dès lors, l'Iran est qualifié d'État terroriste, et ce, d'autant plus qu'il téléguide des opérations d'envergure « non attribuables » comme les attentats contre les contingents américain et français à Beyrouth en octobre 1983[18]. En Europe, les services iraniens conduisent de nombreuses opérations. À l'été 2018, Assadollah Assadi, un diplomate iranien en poste à Vienne, est arrêté en Allemagne avant d'être remis aux autorités belges. En février 2021, il est condamné à vingt ans de réclusion pour avoir fomenté un attentat contre le Conseil national de la résistance iranien (CNRI) le 30 juin 2018 à Villepinte, déjoué *in extremis**. Quelques semaines plus tôt, au cours d'un séjour à Téhéran, un ancien ambassadeur iranien en Europe m'avait demandé pourquoi la France accueillait des « camps terroristes » sur son territoire en faisant directement allusion au siège du CNRI à Auvers-sur-Oise. Trois ans plus tard, alors qu'un diplomate iranien condamnait la politique française à l'égard de son pays, je l'interrogeai sur la signification de cette tentative d'attentat. Il me répondit qu'il s'agissait d'une initiative « d'une partie des services de renseignements iraniens », qui traversaient une période « très compliquée[19] ».

Cette réponse sans embarras reflète le recours assumé aux opérations clandestines sur différents théâtres. Or, en projetant de la violence par des actions terroristes, la République islamique d'Iran entrave le développement de relations avec des pays qui pourraient atténuer son isolement diplomatique. C'est par exemple le cas avec l'Argentine depuis deux attentats perpétrés à Buenos Aires en 1992 et en 1994. En parallèle, Téhéran soutient des mouvements islamistes palestiniens comme le Hamas, très proche du Hezbollah libanais. Sur son flanc oriental, ses rapports avec l'Afghanistan, qui compte une minorité chiite, et le Pakistan, puissance nucléaire, dépendent en partie de ses liens ambivalents avec

* Présidée par Maryam Radjavi, le CNRI fédère des opposants à Téhéran basés à l'étranger.

les talibans, anti-chiites soutenus par le Pakistan. En 1998, la République islamique était proche de déclarer la guerre aux talibans après l'assassinat de 11 de ses diplomates au consulat de Mazar-e Sharif, mais l'intervention américaine l'a conduite à nouer des liens avec eux, tout en intensifiant ses échanges commerciaux avec l'Afghanistan. Leur retour au pouvoir en 2021 écarte la menace américaine, mais renforce l'influence pakistanaise. Compte tenu du partenariat stratégique entre l'Arabie saoudite et le Pakistan, Téhéran entretient une relation de défiance avec Karachi.

Mal contrôlée, la frontière avec l'Afghanistan et le Pakistan est une zone de trafics et de contrebande. L'Iran est un pays de transit pour les réfugiés afghans qui veulent rejoindre l'Europe. C'est aussi une plaque tournante des opiacés : le nombre de toxicomanes y est estimé à plus de 6 millions dont la moitié serait des consommateurs quotidiens[20]. *La Loi de Téhéran* (2019), le remarquable film de Saeed Roustaee, montre les ravages du crack à tous les niveaux de la société iranienne, et s'achève par une pendaison collective. La population subit aussi lourdement la propagation de la Covid-19 en raison d'une gestion reflétant les obsessions du régime : d'une part, les autorités tardent à interdire les pèlerinages ; de l'autre, le Guide suprême n'autorise la vaccination qu'en février 2021, un an après le début de la pandémie. Sur son compte Twitter, il indique qu'il « est interdit d'importer des vaccins faits aux États-Unis ou en Grande-Bretagne » ; « on ne peut absolument pas leur faire confiance. Il n'est pas impossible qu'ils veuillent contaminer d'autres nations[21] ». Seuls les vaccins russes, chinois et cubains sont autorisés.

À l'échelle globale, l'antagonisme constitutif avec les États-Unis explique pourquoi des intervenants iraniens fustigent sans cesse « l'arrogance normative occidentale » dans les conférences auxquelles ils peuvent encore participer, notamment en Russie[22]. Fortement contrainte par les sanctions occidentales, la République islamique cherche des appuis auprès de trois pays clés : l'Inde, la Russie et, bien sûr, la Chine. Avec la première, il existait des projets visant à développer un corridor de transport entre l'Inde et l'Afghanistan *via* le port iranien de Chabahar, projets gelés par le retour des talibans au pouvoir. Cependant, au cours de la dernière décennie, l'Inde est devenue le deuxième importateur de pétrole iranien derrière la Chine. Avec la Russie, Téhéran entretient une relation historique marquée par la défiance, qui s'est néanmoins traduite par des coopérations approfondies dans le domaine nucléaire civil au cours des années 1990. Depuis 2015, les deux pays se coordonnent pour sécuriser le régime de Bachar el-Assad en Syrie, mais ce partenariat militaire trouve ses limites dans les bonnes relations entretenues par Moscou avec Tel-Aviv et Riyad. En avril 2019, Washington désigne les *Pasdaran* comme « entité terroriste », ce qui n'est nullement le cas de Moscou, qui souligne au contraire leur importance dans le maintien de la stabilité en Iran. Il est vrai qu'ils jouent un rôle moteur dans le rapprochement irano-russe, en raison des coopérations nucléaire, militaire et spatiale qui devraient être poursuivies par Ebrahim Raïssi[23].

Quant à la Chine, elle occupe désormais une position centrale dans la politique étrangère de Téhéran. C'est, depuis 2007, son premier partenaire économique, qui a fait de l'Iran une des priorités de son grand projet des « routes de la soie ». En mars 2021, les deux pays signent un accord de coopération stratégique d'une durée de vingt-cinq ans qui prévoit jusqu'à 400 milliards d'investissements directs chinois dans différents secteurs, comme ceux de l'énergie et des infrastructures. Selon un diplomate iranien interrogé en marge d'une conférence, il s'agit de « la plus grande étape » franchie par Téhéran depuis 1979, d'autant plus que l'accord importe « non seulement pour sa durée mais surtout pour ses parties confidentielles[24] ». L'Iran rejoint l'orbite de la Chine en suivant le nouveau slogan du Guide : « Plus Est que Ouest. »

Rompre l'isolement

De l'économie de guerre aux sanctions, l'Iran se trouve en situation de crise économique de manière presque ininterrompue depuis 1979. Celle-ci s'est fortement aggravée depuis le retrait américain du JCPoA en 2018 et la crise sanitaire, entraînant une paupérisation des classes moyennes et un mécontentement populaire à l'égard d'autorités publiques souvent corrompues : un Iranien sur trois souhaiterait émigrer[25]. Dans ce contexte, il est vital pour Téhéran de pouvoir toucher les « dividendes économiques » d'une levée des sanctions, d'autant plus que son marché intérieur continue à attirer fortement les investisseurs étrangers. On l'a vu en 2015, avec l'engouement des entreprises occidentales, contraintes de quitter le pays contre leur gré après la décision de Donald Trump. Le gouvernement iranien demeure arc-bouté sur son concept d'économie de résistance, qui le conduit à une forme de déni des conséquences sociales provoquées par les sanctions occidentales. Il s'efforce de rompre son isolement en nouant des partenariats à portée régionale.

De manière symbolique, Ebrahim Raïssi a consacré son premier voyage à l'étranger au sommet des chefs d'État de l'Organisation de coopération de Shanghai (OCS) au Tadjikistan (septembre 2021) afin de célébrer le début du processus d'adhésion de son pays comme neuvième membre de plein exercice, treize ans après sa candidature. Pour aboutir, Téhéran doit sortir de la liste noire du Groupe d'action financière et poursuivre le processus de négociations sur son programme nucléaire. Parallèlement, l'Iran a signé un accord avec le Turkménistan et l'Azerbaïdjan pour assurer la sécurité énergétique des provinces septentrionales et encouragé le développement des échanges ferroviaires entre le Pakistan et la Turquie *via* son territoire, tout en cherchant à apaiser les relations avec les EAU. Principal hub pour le commerce avec l'Iran, Dubai sert de plate-forme de réexportation vers l'Iran et de centre financier. À l'instar d'Ankara, Téhéran pratique aussi la diplomatie du drone en fournissant Moscou en *Shahed*-136 utilisés sur le théâtre ukrainien.

Pour anticiper la trajectoire de l'Iran, il faut suivre l'évolution de son secteur énergétique, qui représente la principale source de ses revenus, mais amplifie aussi sa profonde crise écologique. Détenue à 100 % par l'État, symbole de sa souveraineté, la National Iranian Oil Company (NIOC) emploie plus de 87 000 personnes pour exploiter de larges réserves de pétrole, notamment le gigantesque gisement de South Pars partagé avec le Qatar. Considéré « comme le sang de la nation », le gaz est bradé pour la consommation intérieure, provoquant des gaspillages considérables à cause du torchage*. L'Iran est le 7e émetteur de GES au monde et n'a pas ratifié les accords de Paris. Il conditionne sa politique climatique à l'aide internationale et à la normalisation de sa position diplomatique, mais les sanctions rendent difficiles les investissements dans des infrastructures modernisées permettant de limiter le torchage. En revanche, l'Iran dispose d'un fort potentiel de développement des ENR dans le

* Procédé consistant à brûler les gaz d'extraction des puits de pétrole et de gaz.

solaire aujourd'hui largement sous-utilisé, tout comme dans l'éolien. Il souhaite agrandir le site de Busherh, construit par Rosatom, pour augmenter son parc nucléaire civil.

Bien souvent, les déclarations des dirigeants iraniens sont émaillées de phrases comme « Nous sommes parfaitement capables de réaliser les projets de grande envergure par nos propres moyens[26] ». En décembre 2003, l'Agence spatiale iranienne est créée ; le premier satellite est mis en orbite six ans plus tard. Il n'en demeure pas moins que la vision autarcique iranienne du développement se traduit par un désastre écologique dans plusieurs régions très touchées par le réchauffement climatique. La construction à grande vitesse de barrages et de digues dans le Sud du pays a eu des conséquences catastrophiques en provoquant une surexploitation des ressources hydriques. À l'été 2021, des manifestants se rallient au cri de « J'ai soif » au Khuzestân, province pétrolifère, industrielle et agricole dans le Sud-Ouest du pays. Les sanctions internationales servent de prétexte aux autorités publiques pour justifier leur inaction face à cette crise écologique aiguë qui obscurcit les perspectives de développement.

*

*   *

Priorités stratégiques de l'Iran

Le pouvoir militaro-religieux iranien tente d'opposer les uns aux autres les mouvements de protestations provoqués par la mort de Masha Amini, mais il se heurte à la lassitude d'une partie des forces armées conventionnelles et des forces de police « face au choix du tout-répressif » fait par Ali Khamenei et Ebrahim Raïssi[27]. La question fondamentale est de savoir si ces événements peuvent emporter le régime. Si oui, quelle pourrait être la forme du nouveau pouvoir, et ses orientations extérieures ? Il est évidemment impossible de répondre à ces questions à ce stade, mais le simple fait de les formuler reflète la rapidité des transformations actuelles en Iran et, par conséquent, dans la région. Lors d'entretiens au Département d'État en octobre 2022, j'ai constaté que les diplomates américains estimaient que les jours du régime étaient comptés car il était incapable de produire la moindre impression de réforme : « Il n'y a pas de Gorbatchev disponible[28] », constatait mon interlocuteur.

Dans les circonstances actuelles, la première priorité du Guide suprême et du président est d'assurer la survie du régime théocratique, qui impose un discours révolutionnaire, une mainmise sur les esprits et un contrôle du corps social depuis plus de quarante ans. Les mollahs ont préféré le rigorisme religieux au développement économique. Pour se maintenir au pouvoir, ils s'appuient sur un appareil répressif particulièrement violent. Quelle que soit l'issue à court terme des protestations déclenchées en septembre 2022, les femmes iraniennes en refusant de porter le voile qui leur est imposé par le pouvoir théocratique depuis 1979 ont provoqué une onde de choc qui ne peut que modifier ou précipiter les conditions de succession d'Ali Khamenei.

La deuxième priorité concerne les intérêts de sécurité de l'Iran, qui passent par l'acquisition de l'arme nucléaire. Cet objectif serait-il poursuivi par un autre régime ? À l'heure actuelle, on voit mal ce qui conduirait Téhéran à y renoncer après plusieurs décennies d'efforts qui l'ont coupé du monde occidental auquel il était historiquement très lié. Sa patience stratégique devrait finir par payer. Si un accord nucléaire était trouvé, il pourrait se traduire par une levée des sanctions économiques qui soulagerait un pays exsangue, mais ne modifierait sans doute pas son objectif de long terme : la sanctuarisation de son territoire. Regardant l'Irak, la Libye ou l'Ukraine, les dirigeants iraniens, quels qu'ils soient, resteront convaincus que l'arme nucléaire demeure la garantie de sécurité la plus sûre. Dans le contexte actuel, on peut se demander si le recours à la guerre ne serait pas un moyen d'éteindre les protestations. Ce serait une option particulièrement dangereuse pour le régime, qui n'hésite pas à soutenir ouvertement la Russie contre l'Ukraine en livrant des armes. Autrement dit, le régime actuel ne se sent plus seul dans son combat contre « l'Occident collectif » pour reprendre la formule de Vladimir Poutine. Comme pour Moscou, cette ligne conduit Téhéran dans l'orbite de Pékin.

À la veille de la révolution de 1979, Jimmy Carter évoquait l'Iran comme « un pôle de stabilité dans un océan de troubles ». En janvier 2020, les États-Unis assassinaient Qassem Soleimani en territoire irakien. John Bolton, 27e conseiller à la sécurité nationale (2018-2019), prenait alors ses désirs pour la réalité en tweetant : « Le régime de Khamenei n'a jamais été autant sous pression. Un changement de régime flotte dans l'air[29]. » C'est bien son antagonisme viscéral avec Washington qui empêche la République islamique d'Iran d'exploiter son exceptionnelle position géographique et de développer son potentiel économique. En ce sens, elle se trompe d'échelle depuis plus de quatre décennies en cherchant à s'imposer envers et contre tout contre les États-Unis.

La troisième priorité devrait être le développement économique du pays, qui dispose d'un potentiel considérable et occupe une position clé en Eurasie. Cela implique de se reconnecter aux flux de la mondialisation, ce qui apparaît comme un objectif impossible à atteindre dans la configuration actuelle du pouvoir.

Enseignements pour la France

Notre pays entretient des relations conflictuelles avec Téhéran qui lui a infligé, dans les années 1980, ce qui est « encore, à ce jour, [sa] plus grande défaite après la fin de la guerre d'Algérie[30] ». Comme à Washington, on a longtemps cru à Paris que le régime des mollahs ne tiendrait pas, mais il a démontré à plusieurs reprises sa capacité de résistance et de nuisance. La République islamique d'Iran n'a jamais hésité à recourir au terrorisme d'État sur le territoire national ou contre des intérêts français, comme en témoigne, par exemple, l'attentat déjoué à Villepinte en juin 2018. En novembre 2022, le jour où Emmanuel Macron reçoit quatre femmes iraniennes à l'Élysée, Catherine Colonna, ministre de l'Europe et des Affaires étrangères, annonce que sept ressortissants français sont désormais détenus en Iran, qui n'a jamais renoncé à pratiquer une diplomatie d'otages. Au nom de la lutte contre la prolifération, la France s'est constamment impliquée pour empêcher l'acquisition de l'arme nucléaire par Téhéran. Quelle que soit l'issue des événements en cours, cela restera un objectif prioritaire. Mais ces événements nous concernent directement et immédiatement : en ôtant leur voile, les femmes iraniennes adressent au monde un message de liberté et de dignité qui ne peut qu'inspirer le plus profond respect. Je finis ce livre en écoutant *Baraye*, la poignante chanson de Shervin Hajipour, devenue leur hymne planétaire : « Femme, vie, liberté », clament-elles en tendant leurs mains vers le ciel.

ÉPILOGUE

La France à l'heure des choix

Kiev, cathédrale Sainte-Sophie, novembre 2021 : en visitant la nécropole de Iaroslav le Sage (978-1054), j'admire la beauté des mosaïques avant d'être saisi par les portraits des Ukrainiens et Ukrainiennes tombés depuis 2014 accrochés au mur d'enceinte. L'alignement de ces milliers de visages forme celui d'une Ukraine meurtrie, qui interroge les Européens non seulement sur son destin, mais aussi sur le leur. En quelques semaines, le conflit russo-ukrainien s'est transformé en guerre de haute intensité qui nous concerne tous. Combien de morts depuis février 2022 ?

En voulant prendre Kiev, Vladimir Poutine a forgé la nation ukrainienne. S'il est encore impossible, à cette heure, de prédire l'issue de la confrontation militaire, il est d'ores et déjà possible de dire que Kiev y gagnera un nouveau statut international et que Moscou verra le sien durablement altéré. Les Ukrainiens se battent pour recouvrer l'intégralité de leur souveraineté territoriale, y compris la Crimée, alors que les Russes livrent un combat anachronique qui ne peut que les déclasser. Vladimir Poutine se trouve désormais à la tête du pays le plus sanctionné au monde devant l'Iran, la Syrie, la Corée du Nord et le Venezuela. Obligé de recourir à la mobilisation militaire pour stabiliser le front, il agite la menace nucléaire pour fragiliser le soutien des Occidentaux à l'Ukraine, menace régulièrement relayée par ses experts affidés : « S'ils cherchent à punir une superpuissance comme la Russie, ils doivent s'attendre à une réponse nucléaire ; s'ils cherchent une solution politique, la réponse sera différente[1]. » Les Européens, qui ont désappris les principes de la dissuasion conventionnelle et nucléaire, replongent dans la peur des destructions massives, et redécouvrent à leurs dépens le prix de l'énergie. Quelle que soit l'issue, la Russie sera toujours au cœur de l'Eurasie, qu'elle se maintienne comme puissance autonome ou qu'elle soit profondément affaiblie. En ce sens, la double question – ukrainienne et russe – déterminera le cours de la géopolitique mondiale pour la prochaine décennie.

Enseignements à tirer pour la France

Cette guerre touche directement notre pays en détruisant bien des certitudes concernant ses relations avec la Russie. Elle a pris par surprise ceux qui pensaient, en dépit de nombreux signes avant-coureurs, que Vladimir Poutine n'avait pas intérêt à attaquer. Or, il est passé à l'acte. Cette erreur d'analyse s'explique par quatre raisons principales sur lesquelles il convient de revenir, car notre capacité de peser sur la sécurité européenne à l'issue de la guerre d'Ukraine dépendra, en grande partie, de la nature et du degré de participation à celle-ci.

La première erreur tient à l'analyse faite du régime de Vladimir Poutine, qui s'est construit, au fil du temps, par opposition idéologique à l'Union européenne. Sa dérive était parfaitement connue, mais tenue pour accessoire au regard de la recherche de stabilité stratégique. Depuis 2005, date du rejet du Traité constitutionnel européen par la France et par les Pays-Bas, une partie du système Poutine anticipe un effondrement de l'UE sur ses bases, et mène une guerre invisible à son encontre.

La deuxième raison touche à la chronologie de la guerre d'Ukraine, qui n'a pas commencé en février 2022, mais en février 2014 avec l'annexion de la Crimée, agression maquillée en accident entre « deux pays frères ». Signés par Kiev, Moscou, Berlin et Paris, les accords de Minsk devaient les conduire à trouver les voies d'un *modus vivendi*. Alors que les affrontements n'ont jamais cessé, la France et l'Allemagne se sont convaincues de leur capacité à contenir la violence sans reconnaître les ambitions impériales de Moscou, et la détermination de Kiev.

La troisième raison se loge dans ce que j'appellerais « le problème russe de la France », c'est-à-dire une propension à masquer les différends politiques par la culture, à lire l'histoire de l'Europe centrale et orientale à travers le point de vue russe et, enfin, à invoquer la politique étrangère du général de Gaulle, en particulier ses voyages de 1944 et 1966, pour justifier une relation privilégiée avec Moscou, en méconnaissant les ressorts profonds de l'une et de l'autre. En outre, le parti de Moscou en France réunit des représentants de tous bords, qui se retrouvent dans la dénonciation de l'UE et surtout de l'OTAN comme matrices de tous nos maux. L'anti-américanisme lui tient lieu de doctrine.

La dernière raison concerne la conception de l'architecture de sécurité européenne : pour Paris, la relation spécifique avec Moscou et Berlin, nouée dans l'opposition commune à l'intervention anglo-américaine en Irak, s'inscrivait dans son projet de bâtir une « Europe puissance », capable de s'émanciper de Washington. Cela remonte à 2003, mais résonne encore comme le dernier moment gaullien de la diplomatie française. Moment indépassable pour une génération de diplomates et d'experts. Ces dernières années, si la thématique de la « souveraineté européenne » encouragée par Paris a rencontré un certain écho, elle ne lui a pas permis de convaincre les pays qui ont rejoint l'UE et l'OTAN pour échapper enfin à l'influence historique de Moscou. Ils reprochent à la France et à l'Allemagne une forme de naïveté, voire de complaisance, à l'égard de la Russie. Si Paris et Berlin ont eu raison avec Moscou en 2003, ces pays étaient lucides sur la dangerosité de cette dernière. Paris a négligé leurs mises en garde et en paye le prix politique.

Au regard des recompositions géopolitiques à l'œuvre, il est indispensable pour Paris de reconfigurer son logiciel stratégique car il serait parfaitement vain de croire à l'assurance d'une sécurité extérieure garantie. Souvent éloignées des réalités géopolitiques et géoéconomiques, nos élites politiques entretiennent l'illusion de disposer de la « première armée d'Europe », un peu comme elles se croyaient, en 1939, protégées par « la première armée du monde ». S'ils peuvent être trompeurs, les parallèles historiques permettent des rappels utiles en période de trouble politique comme celle que nous connaissons depuis les élections de 2022 : entre 1935 et 1940, « la faillite des élites précéda assurément la faillite de la France[2] ».

Il est temps pour elle de rompre avec son nombrilisme stratégique, observé de longue date, plus marqué qu'ailleurs, qui s'avère très préjudiciable à la compréhension des chocs que nous allons subir. Il est indispensable de connaître les ambitions affichées et cachées des puissances dont les actions délimitent en grande partie le champ de celles de notre pays. Présentée en novembre 2022 par Emmanuel Macron, la *Revue nationale stratégique* constate « la fracturation de l'ordre mondial », qui se traduit par le « phénomène de guerre hybride mondialisée ». Face à ce contexte, « le temps est venu d'une mobilisation plus intégrale pour mieux nous armer à tous égards face aux défis historiques d'un monde où la compétition et la confrontation se confondent[3] ». Cela commence par un effort de lucidité.

En ce qui concerne la guerre d'Ukraine, force est de constater que nous tardons à tirer les enseignements sur les effectifs et les équipements nécessaires en cas de conflit de haute intensité, ainsi que sur les « forces morales ». Cette guerre nous ramène à une logique de défense collective après plusieurs décennies au cours desquelles l'outil militaire a été façonné et entraîné en vue des opérations extérieures. Nous devons être beaucoup plus sérieux sur nos capacités de mobilisation, ce qui implique à la fois de repenser complètement notre politique de réserve et d'envisager un modèle d'armée beaucoup plus en prise avec le corps social. Par ailleurs, cette guerre a mis en évidence des défaillances en matière de renseignement politique, qui renvoient au cadre d'analyse déjà évoqué qui ne permettait tout simplement pas de reconnaître l'agressivité fondamentale de la politique russe.

L'échec politico-militaire au Sahel conduit à s'interroger là aussi sur les défaillances du renseignement politique, dans la mesure où les deux coups d'État au Mali n'ont pas été anticipés alors que nous disposions de nombreux capteurs sur le terrain. Plus profondément, ce sont désormais les modalités de la présence militaire française en Afrique, ainsi que les formats de coopération qui doivent être revisités. Quelle est la finalité de ce dispositif de présence ? Sans doute faut-il l'orienter vers de nouvelles logiques partenariales « faisant la part belle à la mission de prévention des crises par le biais d'une meilleure connaissance mutuelle et à l'accompagnement des armées partenaires[4] ». De même, les vecteurs d'interactions avec les sociétés civiles méritent d'être modernisés. Comment se fait-il, par exemple, que les campagnes de désinformation menées par la Russie aient pu rencontrer un tel écho ?

Les trajectoires simultanées de l'Allemagne et de la Grande-Bretagne, nos deux principaux voisins, méritent un examen attentif car nous avons découplé nos politiques énergétiques avec Berlin et renoncé à toute ambition stratégique conjointe avec Londres. Comment est-ce possible alors même que ce sont les deux pays dont nous sommes les plus proches en termes de niveau de vie et de valeurs partagées ? Cette situation est hautement préjudiciable pour les trois États et contribue à l'affaissement stratégique de l'Europe, car, pour revenir à l'Ukraine, il ne fait aucun doute que les Européens n'ont jamais été en mesure de construire, par eux-mêmes, une dissuasion conventionnelle crédible face à la Russie. Dès lors, pourquoi s'étonner de la reprise en main par les États-Unis de la sécurité européenne ?

La guerre d'Ukraine crée une nouvelle configuration énergétique, qui redéfinit les termes de l'échange entre consommateurs et producteurs au profit de ces derniers. La rupture de la relation énergétique russo-européenne provoque des effets systémiques qui ne sont pas encore suffisamment pris en compte. Or, la stratégie de la France doit commencer par définir son positionnement souhaitable dans la géopolitique du fossile et dans celle du renouvelable en 2023, en 2030 et en 2050. La France représente aujourd'hui 3,1 % du PIB mondial. Elle exporte principalement vers l'Allemagne, les États-Unis et l'Italie et importe d'Allemagne, de Belgique et d'Italie. Avec l'envolée des prix de l'énergie, son déficit commercial s'élève à 156 milliards d'euros en 2022, date à laquelle son niveau d'endettement public atteint 113 % de son PIB. Toute ambition extérieure implique d'être assise sur une économie solide et de bénéficier d'une cohésion sociale pour produire des effets durables. Cette évidence mérite d'être expliquée par les responsables politiques et par les experts à une opinion qui perçoit bien les dangers du monde. Toute stratégie a un coût. Or, le croisement des dynamiques stratégique, politique, énergétique et économique annonce des ajustements brutaux auxquels il faut se préparer.

De la prévoyance à la « grande stratégie »

Devant la multiplication des défis, il importe d'identifier au plus vite les principaux ajustements à l'œuvre et de les relier aux questions de long terme. L'horizon 2049-2050 correspond à la fois aux ambitions affichées de Pékin pour la célébration du centenaire de la création de la République populaire de Chine, ainsi qu'à celles de l'UE en termes de neutralité carbone[5]. L'enchevêtrement de la géopolitique classique et des enjeux globaux invite à prendre en compte les dimensions extérieures à la sphère politico-stratégique, tout en insistant sur la singularité de cette dernière qui est de toujours agir « à l'ombre de la guerre ». « Alignement d'aspirations potentiellement illimitées avec des moyens nécessairement limités[6] », la notion de « grande stratégie » encadre cet effort intellectuel qui consiste à combiner les différents moyens sur la durée. « Les ambitions inavouées » des neuf puissances, ainsi que celles de la France, résident, en grande partie, dans leur capacité d'intégration de la dialectique énergie/climat à leurs projets de puissance respectifs.

Notre pays serait passé d'une « grande stratégie » fondée sur la « grandeur » entre la fin de la Seconde Guerre mondiale et les années 1990 à une « grande stratégie » construite sur « l'engagement libéral », qui constituerait une « rupture radicale » et continuerait jusqu'à aujourd'hui[7]. La première reposait sur quatre principes : la quête du rang ; la préservation de l'autonomie de décision grâce à la force de frappe ; la centralité de l'État-nation ; une critique de l'hégémonie américaine. La seconde privilégiait l'interdépendance à l'indépendance, le remplacement de l'hégémonie américaine par un leadership occidental multilatéral, le recours aux normes et valeurs à travers la construction européenne[8].

En réalité, la montée en puissance de la Chine, le durcissement de la Russie, le Brexit et l'élection de Donald Trump ont bouleversé cet ordonnancement. Février 2022 marque le point de bascule dans une nouvelle ère que je serais tenté de définir comme celle de « la solidarité stratégique et environnementale ». Il s'agit désormais de combiner une logique défensive, qui suppose des alliés fiables face aux menaces militaires étatiques, et une logique offensive, qui implique une intense pratique coopérative, face aux enjeux environnementaux. Cette simultanéité oblige à nourrir des relations politiques permanentes avec l'ensemble des acteurs stratégiques et à prendre en compte l'ensemble des parties prenantes. Cela implique de modifier en profondeur la manière de conduire la politique étrangère et de sécurité.

On l'a dit, la guerre d'Ukraine a déjà provoqué une reprise en main de l'Europe par les États-Unis en raison du soutien militaire apporté à Kiev et des sanctions prises à l'encontre de Moscou, reprise en main qui s'observe à travers la transformation, à marche forcée, du modèle énergétique européen. La question est de savoir dans quelle mesure la guerre resserre les liens au sein de l'UE et de l'OTAN. Parallèlement, l'accélération du réchauffement climatique oblige à des réponses collectives étroitement coordonnées. La logique multi-acteurs des accords de Paris est appelée à s'approfondir et à s'accélérer. C'est à travers la question environnementale, comprise au sens large, que se joue la solidarité internationale, en particulier entre les pays du Nord, qui restent les plus émetteurs et disposent de ressources financières, et ceux du Sud, qui aspirent au développement. Sur ce plan, tout reste à faire.

Compte tenu de ses ambitions globales et de sa position diplomatique, la France doit endosser davantage de responsabilités et jouer un rôle d'aiguillon en matière de transition énergétique. Rappelons que son mix énergétique repose principalement sur le nucléaire (42 %), le pétrole (28 %) et le gaz naturel (16 %). Le nucléaire représente 67 % de sa production d'électricité, ce qui lui permet d'émettre peu de GES en comparaison des autres pays industriels. Elle accuse un retard significatif en matière de renouvelables par rapport au Royaume-Uni ou à l'Allemagne. L'état dégradé de son parc nucléaire est apparu au grand jour, puisqu'en septembre 2022, 27 réacteurs sur 56 étaient à l'arrêt. Son adaptation techno-politique reste au cœur de sa « grande stratégie », tant le programme nucléaire est devenu un marqueur de son identité nationale[9]. C'est bien sa politique énergétique et climatique qui devrait être le point de départ d'une véritable « grande stratégie ».

FAIRE DE L'HISTOIRE

La guerre d'Ukraine oblige à repenser les conditions de la sécurité énergétique en urgence. Pour un pays comme la France, l'ampleur du choc subi n'est pas sans rappeler celui du premier choc pétrolier au début des années 1970 avec des degrés de complexité supplémentaires liés aux interdépendances multiples et aux contraintes environnementales. Un bref regard rétrospectif permet de rappeler le rôle clé de cinq pays dans la carte énergétique de la France :

les États-Unis, l'Iran, l'Arabie saoudite, le Royaume-Uni et la Russie soviétique. Les questions d'alors resurgissent aujourd'hui. En février 1974, les États-Unis organisèrent la conférence énergétique de Washington, qui réunit 13 pays occidentaux consommateurs de pétrole*, conférence qui aboutit à la création de l'Agence internationale de l'énergie (AIE) en novembre de la même année.

Paris s'efforça de ne pas lier la coopération énergétique à d'autres sujets transatlantiques, en pensant pouvoir sécuriser ses approvisionnements énergétiques auprès de pays arabes. Cependant, le groupe américain Westinghouse céda sa licence à la France pour la construction des réacteurs nucléaires de son parc. Parallèlement, la France noua des relations étroites avec l'Iran, l'Arabie saoudite et l'Irak pour envisager les termes d'un échange « pétrole contre atome[10] », qui provoqua de vives réactions de la part des autorités américaines, inquiètes des risques de prolifération nucléaire. Si Washington dissuada Riyad d'acquérir des réacteurs nucléaires, ce ne fut pas le cas pour Bagdad. En ce qui concerne le Royaume-Uni et la Norvège, l'exploitation des ressources de la mer du Nord a profondément amélioré l'équation énergétique européenne, tout comme la décision prise par Paris, Bonn, Rome et Londres d'importer du gaz soviétique lors du second choc pétrolier. À ce titre, notons que la substitution au gaz russe entre février et août 2022 s'est faite principalement, à l'échelle de l'Europe continentale, par des importations de GNL des États-Unis et des importations de gaz naturel de Norvège et du Royaume-Uni.

Aujourd'hui, Paris est confronté à un choix d'anticipation sur le cours de la géopolitique du fossile et de la géopolitique

* La Belgique, le Canada, le Danemark, la France, la République fédérale d'Allemagne, l'Irlande, l'Italie, le Japon, le Luxembourg, les Pays-Bas, la Norvège, le Royaume-Uni et les États-Unis.

du renouvelable, et de leur importance réciproque à l'horizon 2050. Pour la première, il s'agit de prendre acte de la « dé-globalisation » actuellement à l'œuvre du marché pétrolier[11], qui pourrait aboutir à une nouvelle division énergétique : d'un côté, un bloc eurasiatique avec la Chine, la Russie et l'Iran ; de l'autre, un bloc transatlantique dirigé par les États-Unis. Pour la géopolitique du renouvelable, il s'agit de prendre acte des nouvelles dépendances créées pour l'accès aux minerais et aux capitaux nécessaires. Dans ce registre, les trajectoires de la Chine et de l'Inde, côté consommateurs, et de l'Arabie saoudite, côté producteurs, sont au cœur des interrogations.

Paris n'échappe pas au constat suivant : sur le plan énergétique et climatique, les États-Unis disposent d'avantages majeurs sur toutes les autres puissances, dans la mesure où ils sont exportateurs net d'énergie fossile et disposent de capacités de mobilisation du système financier international sans équivalent. Promulgué en août 2022, l'*Inflation Reduction Act* mobilise des sommes considérables pour financer leur transition énergétique et améliorer leur compétitivité industrielle au détriment de l'Europe. Autrement dit, ils ont la capacité, si elle est bien utilisée, de combiner la géopolitique du fossile et celle du renouvelable pour renforcer leur prééminence. Pour leurs partenaires européens, la principale incertitude réside dans leur polarisation politique intérieure, et ses conséquences en matière de politique énergétique et étrangère.

La Chine, quant à elle, investit massivement dans la décarbonation, mais son appareil productif dépend à la fois de son charbon et des importations d'énergie fossile. Elle ne dispose donc pas des mêmes atouts que les États-Unis. Si elle veut rivaliser avec eux dans le domaine fossile, il lui faut resserrer ses liens avec la Russie, l'Iran et l'Arabie saoudite, tout en entretenant des rapports étroits avec d'autres pays producteurs. C'est également le cas de l'Inde, de l'Allemagne, de la Turquie. Quant à la Russie, l'Arabie saoudite et l'Iran, ils doivent une large part de leur influence internationale à leurs capacités d'exportation fossile. À cet égard, il faut noter le double rapprochement russo-saoudien et russo-iranien, ainsi que la persistance de l'antagonisme irano-saoudien. En se rapprochant de Moscou dans le cadre de l'OPEP+, MBS cherche à s'émanciper de la tutelle américaine à ses risques et périls et se rapproche de la Chine. Pour la France, il est indispensable d'instaurer un suivi aussi précis que possible des stratégies énergétiques de tous ces pays et, en particulier, des équilibres qu'ils établissent entre fossile et renouvelable, pour anticiper les termes de l'échange entre producteurs et consommateurs.

En élaborant une « grande stratégie » qui commencerait par une réflexion approfondie sur notre modèle énergétique et climatique, en lien avec ceux de nos alliés européens, il serait possible de sortir du vain débat français de politique étrangère, lequel est encore biaisé par l'opposition factice entre « gaullo-mitterrandistes » et « néoconservateurs à la française », qui explique la focalisation persistante sur l'opposition à l'intervention anglo-américaine de 2003 en Irak. Ce débat vise principalement à qualifier les uns, à disqualifier les autres, en fonction de leurs interprétations de l'héritage du général de Gaulle. Tout se passe comme si ce débat se résumait à justifier des positions par rapport à tel ou tel pays et comme si la politique étrangère était comprise comme un instrument à finalité diplomatique plutôt que comme un instrument à finalité géopolitique et géoéconomique[12]. Raisonner en « grandes stratégies » doit permettre de comprendre le sens de l'histoire et de quitter « la perspective historique occidentale, traditionnelle et antédiluvienne ».

En 1947, Arnold Toynbee invitait les Européens à anticiper la « réorientation » de la géopolitique mondiale en ces termes : « Mais pourquoi devrions nous attendre que l'histoire, comme un quelconque sergent-instructeur prussien du XVIIIe siècle, nous prenne au collet, et nous tourne la tête, de force, droit devant nous[13] ? » C'est bien la convergence entre la dégradation environnementale et la propagation technologique qui force « la classe moyenne d'Occident » à enfin tourner la tête vers le reste du monde.

Faire de la stratégie

Si l'historien Arnold Toynbee s'est pleinement consacré à son œuvre, le général Beaufre constatait que « l'on ne devient pas un bon historien après quarante années de vie très active ». À la différence de l'histoire, le défi de la stratégie consiste en effet à « agir constamment avant d'avoir eu le temps de comprendre[14] ». Sans doute faut-il tenter de comprendre comment les autres nous perçoivent pour apprécier les possibles marges de manœuvre.

Sur le plan économique, beaucoup d'investisseurs considèrent que la France ne sera plus parmi les dix premières économies mondiales à l'horizon 2030. Son modèle politico-économique apparaît « à bout de souffle » aux yeux d'un diplomate allemand, qui ne cache pas sa « grande inquiétude » pour l'avenir de l'UE au regard du climat politique actuel dans notre pays[15]. La France est déficitaire sur 6 449 des 9 304 postes de son commerce extérieur : « Nombre de ces faiblesses s'apparentent aux déséquilibres économiques imposés aux pays en voie de développement[16] », s'alarme même le Haut-Commissariat au Plan, qui pointe les défaillances chroniques de l'appareil productif.

Sur le plan diplomatique, des voix contestent régulièrement la légitimité du siège français de membre permanent du Conseil de sécurité des Nations unies, et invite la France à le partager avec l'UE[17]. Sur le plan militaire, le maintien de la dissuasion nucléaire et de capacités de projection a été privilégié depuis la professionnalisation des armées décidée en 1996, mais les questions sont régulières sur leur préparation au combat conventionnel de haute intensité. Sur le plan stratégique, des voix américaines pointent les contradictions françaises en feignant de s'interroger : « La France a perdu le contrôle de la Méditerranée, se retire du Mali et elle propose de nous aider à gérer l'Indopacifique[18] ? », pour souligner à quel point la stratégie indopacifique de Paris peine à convaincre Washington car elle ne cesse de se présenter comme « une puissance d'équilibres[19] ». Encore faudrait-il avoir les moyens de ses ambitions et ne pas croire que les discours suffisent à modifier les comportements, surtout s'ils sont agressifs, des autres. En réalité, la priorité devrait être l'accélération de la préparation aux chocs que nous n'allons pas manquer de subir plutôt que la recherche hypothétique d'une position de surplomb. La France doit être une puissance de confiance, c'est-à-dire l'inspirer et savoir la « prendre ».

On se souvient qu'André Beaufre plaçait la stratégie sur le terrain de la psychologie de l'adversaire en se demandant « qui veut-on convaincre ? ». En dépit d'une prétention universelle, il n'est pas possible de convaincre tout le monde en même temps. C'est pourquoi cet essai s'est concentré sur les neuf pays qui, à mes yeux, conditionnent le plus l'exercice de la puissance par notre pays. Toute ambition sérieuse implique un suivi précis de leurs activités et une interprétation régulièrement remise à jour de leurs objectifs respectifs. Vient alors une autre question, toute aussi délicate : « De quoi veut-on les convaincre ? »

Avant de répondre, la France doit faire deux choix. Le premier est de savoir si elle veut entretenir sa singularité sur la scène internationale en pensant le monde par elle-même. De mon point de vue, la réponse doit être positive, et conduire à réfléchir aux moyens nécessaires pour y parvenir, et aux conséquences d'une ambition ainsi affichée. Cela commence par un effort intellectuel d'intégration des dimensions Terre, Mer et Ciel. Pays d'ambition maritime mais de tradition continentale, la France se retrouve confrontée au dilemme historique entre sa puissance, essentiellement ultramarine, et sa sécurité, avant tout territoriale. À cela s'ajoute l'enjeu de la religion, qui reste « l'affaire sérieuse » du genre humain selon Arnold Toynbee. La pensée stratégique française peine à intégrer cette dimension, alors même qu'une compréhension minimale de l'islamisme, de l'évangélisme ou de l'hindouisme s'avère indispensable à celle de la géopolitique de la Turquie, de l'Iran, de l'Arabie saoudite, des États-Unis ou de l'Inde. Il est vrai qu'avec « la dislocation terminale de la matrice catholique[20] », notre pays est entré dans une phase avancée de déculturation religieuse qui ne l'aide pas à saisir la ferveur des autres, en particulier celle des musulmans. En outre, le principe de laïcité, de plus en plus contesté à l'intérieur, est toujours délicat à expliquer à l'extérieur.

En dépit de cette incapacité chronique à penser le « Ciel », notre pays se caractérise, me semble-t-il, par son aptitude à intégrer différentes géopolitiques pour construire la sienne. Cela le conduit à un second choix qui porte d'une part sur le cadre à privilégier – bilatéral ou UE – et, de l'autre, sur les priorités géographiques. Faut-il privilégier tel ou tel pays ? Les États-Unis ou l'Allemagne ? La Russie ou la Chine ? De mon point de vue, la réponse est négative. L'enjeu intellectuel consiste à concevoir un dispositif politique permettant de coordonner ces neuf relations bilatérales, dispositif qui ne résumerait évidemment pas à lui seul la stratégie française mais qui permettrait de produire des effets durables. Il implique de toujours réfléchir aux articulations avec l'action extérieure de l'UE. Les relations bilatérales doivent sous-tendre des approches géographiques distinguant les régions suivantes : l'Europe et l'espace euro-atlantique, la Méditerranée, l'Afrique subsaharienne et l'Indopacifique. Elles doivent contribuer à rétablir un niveau minimal de confiance stratégique entre grandes puissances. Percer leurs intentions implique aussi de rester très attentif à leurs évolutions sociales.

Cela me semble indispensable au regard des périls qui s'annoncent. Je conclurai ce parcours en reprenant les enseignements, entre histoire et stratégie, d'André Beaufre. Relire son livre sur la défaite de 1940 aide à se préparer, car « le vent de l'histoire, quand il s'élève, domine la volonté des hommes, mais il dépend des hommes de prévoir ces tempêtes, de les réduire et même, à la limite, de savoir les utiliser[21] ». À défaut de les réduire ou de les utiliser, mon ambition avouée aura été d'essayer de les prévoir.

Notes

PROLOGUE

1. Körber-Stiftung, *Russia and the West. Opportunities for a New Partnership*, 131st Bergedorf Round Table, Hambourg, 2005, p. 104.
2. Tania Sollogoub, « Le temps des choix, l'heure des choix », *Perspectives*, Crédit agricole, n° 22/284, septembre 2022.
3. Entretien de Vladimir Poutine in *La Vengeance de Poutine*, documentaire d'Antoine Vitkine, cité *in* Michel Duclos, « La guerre en Ukraine : comment la Russie a perdu l'Occident », *Commentaire*, n° 3, 2022, p. 489.
4. European Union Chamber of Commerce in China, *European Business in China Position Paper 2022/2023*, September 2022, p. 4.
5. Oleg Barabanov, Timofei Bordatchev, Yaroslav Lissovolik, Fyodor Lukyanov, Andrey Sushentsov, Ivan Timofeev, « Year Two of the Pandemic Era : The Return of the Future », *Annual Report of the Valdai Discussion Club*, 2021.
6. Arnold Toynbee, *La Civilisation à l'épreuve*, Paris, Gallimard, 1951, p. 39-51.
7. *Ibid.*, p. 30.
8. André Beaufre, *Introduction à la stratégie*, Paris, Armand Colin, 1963, p. 37.
9. *Revue nationale stratégique*, novembre 2022.
10. Pierre Teilhard de Chardin, *Écrits du temps de la guerre (1916-1919)*, Paris, Grasset, 1965, p. 5.
11. Pierre Charbonnier, « La naissance de l'écologie de guerre », *Le Grand Continent*, 18/03/2022.
12. Sur les interdépendances, voir Thomas Gomart, *Guerres invisibles*, Paris, Tallandier, 2021.
13. Nina Silove, « Beyond the Buzzword : The Three Meanings of "Grand Strategy" », *Security Studies*, 2017.

1
La Russie ou le choix de la guerre

1. Mark Galeotti, *Brève Histoire de la Russie*, Paris, Flammarion, 2020, p. 296.

2. Catherine Belton, *Putin's People*, Londres, William Collins, 2021, chap. 3.
3. Thomas Gomart, « Vladimir Poutine, mâle dominant de toutes les Russies ? », *Revue des Deux Mondes*, janvier 2012.
4. Vladislav Sourkov, « Cent ans de solitude géopolitique », *Le Grand Continent*, mars 2022, texte initialement publié in *Rossija v global'noj politike* (2018).
5. Vladislav Sourkov, « L'État long de Poutine », *Le Grand Continent*, octobre 2019, texte initialement publié in *Nezavisimaya Gazeta* (2019).
6. Nicolas Werth, *Poutine historien en chef*, Paris, Gallimard, « Tracts », n° 40, 2022.
7. Discours de Vladimir Poutine, 21 février 2022.
8. Tatiana Kastouéva-Jean (dir.), « Mémoire de la Seconde Guerre mondiale dans la Russie actuelle », *Russie. Nei. Reports*, n° 31, Ifri, juin 2020.
9. Thomas Rid, *Actives Measures*, Londres, Profile Books, 2021.
10. Michel Foucher, *Ukraine-Russie, La carte mentale du duel*, Paris, Gallimard, « Tracts », n° 39, 2022.
11. Timothy Snyder, *Terres de sang*, Paris, Gallimard, 2012, p. 18.
12. Anna Colin Lebedev, *Jamais frères ?*, Paris, Seuil, 2022, p. 40.
13. *Ibid.*, p. 79.
14. Oleg Barabanov, Timofei Bordatchev, Yaroslav Lissovolik, Fyodor Lukyanov, Andrey Sushentsov, Ivan Timofeev, « Year Two of the Pandemic Era : The Return of the Future », *Annual Report of the Valdai Discussion Club*, 2021.
15. Notes de l'auteur.
16. Richard Connolly, « Looking to the global economy : Russia's role as a supplier of strategically important goods », *in* Andrew Monaghan (éd.), *Russian Grand Strategy in the Era of Global Power Competition*, Manchester, Manchester University Press, 2022.
17. Vladimir Poutine, « Rossiya i menyayushchiysya mir » [La Russie et le monde en transformation], *Rossiiskaya Gazeta*, 27 février 2012.
18. Discours, 20 septembre 2022.
19. Thane Gustafson, *Klimat*, Cambridge, Harvard University Press, 2021, chap. 7.
20. Florian Vidal, « Russia's Space Policy : The Path of Decline ? », *Études de l'Ifri*, Ifri, janvier 2021.
21. Helen Thompson, « Le front de la guerre verte », *Green*, 2022.
22. Cité *in* Michael Petersen, « Russia's global maritime strategy », *in* Andrew Monaghan (éd.), *op. cit.*, p. 52.
23. Nazrin Mehdiyeva, « Polar power : Russia's twenty-first century power base », in *ibid.*, p. 129.
24. « Testament de Pierre le Grand », *in* Gérard Chaliand, *Anthologie mondiale de la stratégie*, Paris, Robert Laffont, p. 681.
25. Martin Motte, « Les enjeux stratégiques de la mer d'Azov », *Notes sur la guerre en Ukraine*, Institut de stratégie comparée, 29 mars 2022.
26. Pierre Rialland, « La Russie développe un concept de "puissance navale continentale" », *Défense nationale*, n° 5, 2016, p. 35-40.

27. Svetlana Alexievitch, *La Fin de l'homme rouge*, Arles, Actes Sud, 2013, p. 18-19.
28. Entretien avec l'auteur, novembre 2022.
29. Entretien avec l'auteur, mars 2022.
30. Discours de Vladimir Poutine, 30 septembre 2022.
31. Entretien avec l'auteur, mars 2022.

2
La Chine ou le communisme environnemental et numérique

1. *Mao, stratège révolutionnaire*, textes choisis et présentés par Gérard Chaliand, Paris, Pocket, 2019, p. 159.
2. Notes de l'auteur, mars 2021.
3. Xi Jinping (janvier 2013), cité *in* Alice Ekman, *Rouge vif*, Paris, Éditions de L'Observatoire, 2020, p. 178.
4. « Notre nouvelle marche », comprendre le discours de Xi Jinping, *Le Grand Continent*, 2 juillet 2021.
5. Xi Jinping (mai 2018), cité *in* Alice Ekman, *Rouge vif*, *op. cit.*, p. 155.
6. Chercheur chinois (2018) cité in *ibid.*, p. 146.
7. Antoine Frémont, « La Chine et les infrastructures portuaires en Europe : risque de dépendance ou non ? », *Futuribles*, 23 décembre 2021.
8. PwC, *Global Top 100 companies – by market capitalisation*, May 2022, p. 4.
9. Meg Rithmire et Hao Chen, « The Emergence of Mafia-like Business Systems in China », Harvard Business School, Working Paper 21-098, 2021.
10. Dai Shuangxing in *Qiushi* (mai 2020), cité *in* Nathalie Guibert, « Le contrôle des données numériques, ambition totale pour la Chine », *Le Monde*, 26 avril 2022.
11. Richard Liu (2017), cité *in* Jinghan Zeng, « Artificial intelligence and China's authoritarian governance », *International Affairs*, n° 6, 2020, p. 1457.
12. Su Wei, secrétaire général adjoint de la Commission pour le développement national et la réforme, cité *in* Evelyn Cheng, « China has "no other choice" but to rely on coal power for now », CNBC, 29 avril 2021.
13. « Le canal de Kra : risques et enjeux d'un projet ambitieux », *Brèves Marine*, ministère des Armées, Centre d'études stratégiques de la Marine, non daté.
14. Helen Thompson, *Disorder. Hard Times in the 21st Century*, Oxford, Oxford University Press, 2022, p. 263.
15. Pierre Charbonnier, « Le tournant réaliste de l'écologie politique. Pourquoi les écologistes doivent apprendre à parler le langage de la géopolitique », *Le Grand Continent*, 30 septembre 2020.
16. Yifei Li et Judith Shapiro, « La transition écologique en Chine : à quel coût ? », *Le Grand Continent*, 11 mars 2022.
17. Yifei Li et Judith Shapiro, *China Goes Green*, Cambridge, Polity, 2020, p. 24-29.

18. Doug Irving, « Too Hot. The Challenge of Building International Consensus on the Use of Geoengineering to Combat Climate Change », *Rand Review*, January-February 2022, p. 12-15.

19. Gwenolé Moal, « La géo-ingénierie à la rescousse du climat ? Enjeux, acteurs et perspectives d'un symbole de l'Anthropocène », *Briefings de l'Ifri*, Ifri, février 2022.

20. General Wei Fenghe, 19th IISS Shangri-La Dialogue, 12 juin 2022.

21. Notes de l'auteur, octobre 2021.

22. Graham Allison, Nathalie Kiersznowski, Charlotte Fitzek, « The Great Economic Rivalry : China vs the U.S. », Harvard Kennedy School, Belfer Center for Science and International Affairs, March 2022, p. 13.

23. Aaron Friedberg, « The Growing Rivalry Between America and China and the Future of Globalization », *Texas National Security Review*, vol. 5, n° 1, Winter 2021/2022.

24. Geoffrey Gertz et Miles Evers, « Geoeconomic Competition : Will State Capitalism Win ? », *The Washington Quarterly*, n° 2, 2020, p. 117-136.

25. Graham Allison, *Destinated for War. Can America and China Escape Thucydides's Trap ?*, New York, Houghton Mifflin Harcourt, 2017.

26. Cité *in* Rush Doshi, *The Long Game*, Oxford, Oxford University Press, 2021, p. 183.

27. *Ibid.*, p. 207.

28. Notes de l'auteur, février 2022.

29. *Ibid.*

30. Ce paragraphe reprend des informations analysées *in* Andrew Small, *The China-Pakistan Axis*, Londres, Hurst & Company, 2020, p. 35.

31. Entretien avec l'auteur, juin 2022.

32. Sulmaan Wasif Khan, *Haunted by Chaos*, Londres, Harvard University Press, 2018, p. 4.

33. Avery Goldstein, « China's Grand Strategy under Xi Jinping », *International Security*, n° 1, 2020, p. 165.

34. Marc Julienne, « Le rêve quantique chinois : les aspirations d'un géant dans l'infiniment petit », *Études de l'Ifri*, février 2022.

35. Patrick Allard, « La Chine, championne technologique ou géant empêtré », *Politique étrangère*, n° 1, 2020.

36. Note de l'auteur, septembre 2022.

37. François Gipouloux, *La Méditerranée asiatique*, Paris, CNRS Éditions, « Biblis », 2018, chap. 20.

38. *Ibid.*, p. 11.

39. Andrew Scobell, Edmund Burke, Cortez Cooper, Sale Lilly, Chad Ohlandt, Eric Warner, J. D. Williams, *China's Grand Strategy*, Santa Monica, Rand Corporation, 2020.

40. Cité par Emmanuel Grynszpan et Frédéric Lemaître, « Poutine en quête du soutien de Xi Jinping », *Le Monde*, 16 septembre 2022.

3
L'Allemagne ou le « changement d'époque »

1. Olaf Scholz, « Changement d'époque, deuxième étape », *Le Grand Continent*, 19 juillet 2022.
2. Adam Tooze, *Le Salaire de la destruction*, Paris, Perrin, 2016, p. 27.
3. Olaf Scholz, « Changement d'époque, deuxième étape », art. cité.
4. Bismarck, *Mémoires*, Paris, Perrin, 2021, p. 588.
5. *Ibid.*, p. 589.
6. *Ibid.*, p. 388.
7. Carl Schmitt, *Terre et Mer*, Paris, Pierre-Guillaume de Roux, 2017, p. 169.
8. Yves Lacoste, « Préface », *in* Michel Korinman, *Quand l'Allemagne pensait le monde*, Paris, Fayard, 1990, p. VIII.
9. Cité in *ibid.*, p. 43.
10. *Ibid.*, p. 157.
11. Cité in *ibid.*, p. 80.
12. Matthew Specter, *The Atlantic Realists*, Stanford, Stanford University Press, 2022, p. 18-19.
13. Brendan Simms, *Hitler. Le monde sinon rien*, Paris, Flammarion, 2021.
14. Cité *in* François-Emmanuel Brézet, *Hitler et la mer*, Paris, Perrin, 2019, p. 14.
15. Cité *in* Adam Tooze, *Le Salaire de la destruction*, *op. cit.*, p. 30.
16. Éric-André Martin, « Le choc de la réalité : la coalition feu tricolore dans la crise russo-ukrainienne », *Notes du Cerfa*, n° 167, Ifri, février 2022, p. 17.
17. Entretien avec l'auteur, juillet 2022.
18. Hans Kundnani, *The Paradox of the German Power*, Londres, Hurst & Company, 2014, p. 113.
19. Dominic Lieven, *La Fin de l'empire des Tsars. Vers la Première Guerre mondiale et la révolution*, Genève, Éditions des Syrtes, 2015, p. 422-426.
20. Heinrich August Winkler, « L'idée d'une "relation particulière" entre l'Allemagne et la Russie circule depuis plus d'un siècle », propos recueillis par Thomas Wieder, *Le Monde*, 15 février 2022.
21. BDI, « Partner and Systemic Competitor – How Do We Deal with China's State-Controlled Economy ? », janvier 2019.
22. Entretien avec l'auteur, juillet 2022.
23. Notes de l'auteur, août 2022.
24. Notes de l'auteur, juillet 2022.
25. Olaf Scholz, « Changement d'époque, deuxième étape », art. cité.
26. Cité in *Le Monde*, 18 mars 2022.
27. Paul Maurice, « Un pacifisme à géométrie variable. Les partis allemands et la participation de la Bundeswehr à des opérations extérieures », *Notes du Cerfa*, n° 160, Ifri, avril 2021.
28. Éric-André Martin, « Le choc de la réalité : la coalition feu tricolore dans la crise russo-ukrainienne », art. cité, p. 11.
29. Cité *in* Paul Maurice, « Un pacifisme à géométrie variable. Les partis allemands et la participation de la Bundeswehr à des opérations extérieures », art. cité, p. 21-23.

30. Notes de l'auteur, avril 2021.
31. Cité in *Le Monde*, 26 février 2022.
32. Cité in *Le Figaro*, 28 juin 2022.
33. Notes de l'auteur, août 2022.
34. SIPRI, mars 2021.
35. Helen Thompson, *Disorder…*, *op. cit.*, p. 32.
36. Cité in *Le Figaro*, 8 août 2022.
37. Marie Krpata, « L'automobile, talon d'Achille de l'industrie allemande ? », Ifri, *Études de l'Ifri*, mars 2021, p. 7-8.
38. Hamish McRae, *The World in 2050*, Londres, Bloomsbury Publishing, 2022, p. 223.
39. Nele Katharina Wissmann, « Cinq thèses sur la "crise des réfugiés" en Allemagne », *Notes du Cerfa*, n° 142, Ifri, mai 2018, p. 22-25.
40. Cité in *Le Figaro*, 30 juin 2022.
41. Cité in *Handelsblatt*, 31 mai 2022.
42. Körber-Stiftung, *Russia and the West. Opportunities for a New Partnership*, *op. cit.*, p. 80.
43. *Ibid.*, p. 97.
44. Notes de l'auteur, août 2022.
45. *Ibid.*

MER

1. Andrew Lambert, *Seapower States*, New Haven, Yale University Press, 2019, p. 6.
2. Carl Schmitt, *Terre et Mer*, *op. cit.*, p. 142-143.

4
Les États-Unis ou le contrôle global

1. Entretien avec l'auteur, juin 2022.
2. Cité *in* Bruce Jones, *To Rule the Waves*, New York, Scribner, 2021, p. 74.
3. Cité *in* Ronald Findlay et Kevin O'Rourke, *Power and Plenty*, Princeton, Princeton University Press, 2007, p. 394.
4. Cité *in* Bernard de Montferrand, *Vergennes. La gloire de Louis XVI*, Paris, Tallandier, 2017, p. 253.
5. Adam Tooze, *Le Déluge 1916-1931*, Paris, Les Belles Lettres, 2015, p. 8.
6. Cité in *ibid.*, p. 9.
7. Carl Schmitt, *Terre et Mer*, *op. cit.*, p. 186.
8. Matthew Specter, *The Atlantic Realists*, Stanford, Stanford University Press, 2022, p. 2.
9. *Ibid.*, p. 16.
10. Quinn Slobodian, *Les Globalistes*, Paris, Seuil, 2022, p. 20-21.

11. Craig Symonds, *Histoire navale de la Seconde Guerre mondiale*, Paris, Perrin, 2018, p. 697.

12. Bruce Jones, *To Rule the Waves*, *op. cit.*, p. 81.

13. Michael Neiberg, *When France Fell*, Cambridge, Harvard University Press, 2021, p. 12-13.

14. Cité *in* Nicolas Bernard, *La Guerre du Pacifique, 1941-1945*, Paris, Tallandier, 2016, p. 559.

15. *Ibid.*, p. 555.

16. Entretien avec l'auteur, juin 2022.

17. Julien Freund, « La thalassopolitique », *in* Carl Schmitt, *Terre et Mer*, *op. cit.*, p. 198-200.

18. Notes de l'auteur, juillet 2022.

19. Jerry Hendrix, « Sea Power Makes Great Powers », *Foreign Policy*, October 2021.

20. Entretien avec l'auteur, juin 2022.

21. Benn Steil, *Le Plan Marshall*, Paris, Les Belles Lettres, 2020, p. 40.

22. *Ibid.*, p. 62.

23. Cité *in* Piotr Smolar, « Les 20 ans du 11-Septembre : les raisons de l'affaissement du modèle américain », *Le Monde*, 9 septembre 2021.

24. Philippe Gros, « La Third Offset Strategy américaine », *Défense & Industries*, n° 7, juin 2016.

25. Entretien avec l'auteur, juin 2022.

26. Elbridge Colby, *The Strategy of Denial*, New Haven, Yale University Press, 2021, p. 15.

27. Helen Thompson, *Disorder…*, *op. cit.*, p. 268.

28. BBC News, « Keystone XL pipeline halted after Biden blocks permeit », 9 juin 2021.

29. *NATO 2022 Strategic Concept*, juin 2022, p. 5.

30. Amélie Férey, « Vers une guerre des normes ? Du lawfare aux opérations juridiques », *Focus stratégique*, n° 108, Ifri, avril 2022.

31. Mathilde Velliet, « Convaincre et contraindre : les interférences américaines dans les échanges technologiques entre leurs alliés et la Chine », *Étude de l'Ifri*, Ifri, février 2022.

32. Ethan Kapstein, *Exporting Capitalism*, Cambridge, Harvard University Press, 2022, p. 207.

33. Entretien avec l'auteur, juin 2022.

34. Robert Zoellick, *America in the World*, New York, Twelve, 2021, chap. 18.

35. The White House, *National Security Strategy*, October 2022, p. 6.

36. Cité *in* Corine Lesnes, « Un texte qui suscite espoirs et réticences aux États-Unis », *Le Monde*, 11 août 2022.

37. *Revue nationale stratégique 2022*, p. 39.

38. *Ibid.*, p. 13.

39. Entretien avec l'auteur, novembre 2022.

5
Le Royaume-Uni ou l'illusion globale

1. Discours de Boris Johnson, « Unleashing Britain's Potential », 2 février 2020.

2. Friedrich List, *Système national d'économie politique* [1857], Paris, Gallimard, 1998, p. 105.

3. Voir, par exemple, le scientifique Henry Tizard (1885-1959), qui déclara en 1949 : « *We are not a great power and never will be again. We are a great nation, but if we continue to behave like a great power we shall soon cease to be a great nation* », cité in Philip Stephens, *Britain Alone*, Londres, Faber, 2021, p. 1-2.

4. *Ibid.*, p. 417.

5. David Edgerton, *The Rise and Fall of the British Nation*, Londres, Penguin Books, 2019, p. XXXI.

6. Friedrich List, *Système national d'économie politique*, *op. cit.*, p. 499-500.

7. *Ibid.*, p. 153.

8. Timothy Mitchell, *Carbon Democracy*, Paris, La Découverte, 2017, p. 26.

9. Paul Magnette, « Le croissant fossile. Aux origines de l'anthropocène », *Le Grand Contient*, 8 février 2022.

10. *Ibid.*

11. Timothy Mitchell, *Carbon Democracy*, *op. cit.*, p. 56-57.

12. Mémorandum « Petroleum Position of the British Empire » (décembre 1918) cité *in* James Barr, *Une ligne dans le sable*, Paris, Perrin/ministère de la Défense, 2017, p. 182.

13. Cité *in* Matthieu Auzanneau, *Or noir. La grande histoire du pétrole*, Paris, La Découverte, 2016, p. 171.

14. *Ibid.*, p. 298.

15. Cité *in* Robert Gildea, *L'Esprit impérial. Passé colonial et politiques du présent*, Paris, Passés/Composés, 2020, p. 9.

16. William Dalrymple, *Anarchie. L'implacable ascension de l'East India Company*, Lausanne, Les Éditions Noir sur Blanc, 2021, p. 474.

17. Cité in *ibid.*, p. 43.

18. *Ibid.*, p. 51.

19. Bernard Cottret, *Histoire de l'Angleterre*, Paris, Tallandier, « Texto », 2019, p. 237.

20. Julia Lovell, *La Guerre de l'opium. 1839-1842*, Paris, Buchet-Chastel, 2017, p. 20.

21. Cité in *ibid.*, p. 14.

22. Bernard Cottret, *Histoire de l'Angleterre*, *op. cit.*, p. 361.

23. David Edgerton, *The Rise and Fall of the British Nation. A Twentieth-century History*, Londres, Penguin Books, 2019. Voir aussi l'entretien in *Le Grand Continent*, 8 septembre 2021.

24. Cité *in* Bruce Jones, *To Rule the Waves*, *op. cit.*, 2021, p. 71-72.

25. Craig Symonds, *Histoire navale de la Seconde Guerre mondiale*, *op. cit.*, p. 45.

26. Carl Schmitt, *Terre et Mer*, *op. cit.*, p. 144.

27. Entretien avec l'auteur, juin 2022.

28. *Ibid.*

29. John Bew, *Realpolitik. A History*, Oxford, Oxford University Press, 2016, p. 304.

30. Notes de l'auteur, novembre 2022.

31. Entretien avec l'auteur, juin 2022.

32. Robin Niblett, *Global Britain in a divided world. Testing the ambitions of the Integrated Review*, Chatham House, Research Paper, Director's Office, March 2022.

33. Christopher Hill, « L'incohérence de la diplomatie britannique en Afghanistan illustre la confusion qui règne dans l'esprit des responsables politiques », *Le Monde*, 30 août 2021.

34. Anatol Lieven, « Brexit Britain, the high seas and low farce », *Prospect*, 3 février 2021.

35. Philippe Sands, *La Dernière Colonie*, Paris, Albin Michel, 2022.

36. Cité *in* Philip Stephens, *Britain Alone*, *op. cit.*, p. 12.

37. Robert Johnson, « United Kingdom », *in* Thierry Balzacq, Peter Dombrowski et Simon Reich (éd.), *Comparative Grand Strategy*, Oxford, Oxford University Press, 2019, p. 124.

38. Robin Niblett, *Global Britain in a divided world*, *op. cit.*, p. 42.

39. Entretien avec l'auteur, juillet 2021.

40. Robin Niblett, *Global Britain in a divided world*, *op. cit.*, p. 54-55.

41. Entretien avec David Edgerton in *Le Grand Continent*, 8 septembre 2021.

42. Caroline de Gruyter, « Britain and Russia are enemies in Ukraine – but both want to disrupt Europe », *The Guardian*, 21 juin 2022.

43. Notes de l'auteur, novembre 2022.

6
L'Inde ou l'art du double jeu

1. Entretien avec l'auteur, octobre 2021.

2. Christophe Jaffrelot, *L'Inde de Modi : national-populisme et démocratie ethnique*, Paris, Fayard/Ceri, 2019, p. 11-13.

3. Ronald Findlay et Kevin O'Rourke, *Power and Plenty*, *op. cit.*, p. 44-45.

4. Shivshankar Menon, *India and Asian Geopolitics*, Washington, Brookings Institution Press, 2021, p. 20.

5. *Ibid.*, p. 373-374.

6. Kautilya, *Traité du politique, Artha-Sastra*, Paris, Pocket, 2016, p. 29.

7. Cité *in* Christine Fair, « India » *in* Thierry Balzacq, Peter Dombrowski, Simon Reich (éd.), *Comparative Grand Strategy*, *op. cit.*, p. 171.

8. Shivshankar Menon, *India and Asian Geopolitics*, *op. cit.*, p. 24.

9. Shivshankar Menon, « India's Foreign Affairs Strategy », Brookings India Impact Series, May 2020, Brookings Institution India Center.
10. Entretien avec l'auteur, octobre 2021.
11. Cité *in* Shivshankar Menon, *India and Asian Geopolitics*, *op. cit.*, p. 38.
12. Shivshankar Menon, *India and Asian Geopolitics*, *op. cit.*, p. 99.
13. Andrew Small, *The China-Pakistan Axis*, Londres, Hurst & Company, 2020.
14. Entretien avec l'auteur, octobre 2021.
15. Entretien avec l'auteur, juillet 2022.
16. Sammy Smooha cité *in* Christophe Jaffrelot, *L'Inde de Modi*, *op. cit.*, p. 159.
17. Cité in *ibid.*, p. 73-74.
18. Entretien avec l'auteur, juillet 2022.
19. Subrahmanyam Jaishankar, *The India Way : Strategies for an Uncertain World*, HarperCollins Publishers India, 2020, p. 8.
20. Arvind Subramanian et Josh Felman, « India's Stalled Rise. How the State Has Stifled Growth », *Foreign Affairs*, January/February 2022.
21. Entretien avec l'auteur, juin 2022.
22. Entretiens avec l'auteur, juin 2022.
23. Krishnaswamy Subrahmanyam, « India's Grand Strategy », *The Indian Express*, 3 février 2012.
24. Entretien avec l'auteur, juin 2022.
25. Entretien avec l'auteur, février 2022.
26. Entretien avec l'auteur, juillet 2022.
27. Elliot Ackerman et James Stavridis, *2034*, Paris, Gallmeister, 2022, p. 352.
28. Entretien avec l'auteur, juin 2022.
29. Shivshankar Menon, *India and Asian Geopolitics*, *op. cit.*, p. 342.
30. Entretien avec l'auteur, octobre 2021.

CIEL

1. Jean-Robert Pitte, *La Planète catholique*, Paris, Tallandier, 2020.

7
La Turquie ou l'islamo-nationalisme en action

1. Notes de l'auteur, novembre 2021.
2. Cité *in* Jean-Yves Le Naour, *Djihad 1914-1918. La France face au panislamisme*, Paris, Perrin, 2017, p. 13.
3. Notes de l'auteur, mai 2022.
4. Dorothée Schmid, « Turquie : le syndrome de Sèvres, ou la guerre qui n'en finit pas », *Politique étrangère*, n° 1, 2014.

5. Cité *in* Fabrice Monnier, *Atatürk. Naissance de la Turquie moderne*, Paris, CNRS Éditions, 2017, p. 307.

6. Entretien avec l'auteur, janvier 2022.

7. Dorothée Schmid, « L'État profond en Turquie », *Questions internationales*, n° 94, novembre-décembre 2018.

8. Cité *in* Guillaume Perrier, *Dans la tête de Recep Tayyip Erdoğan*, Arles, Actes Sud, 2018, p. 5.

9. Hamit Bozarslan, *L'Anti-démocratie au XXIe siècle. Iran, Russie, Turquie*, Paris, CNRS Éditions, 2021, p. 13.

10. Notes de l'auteur, mai 2022.

11. Entretien avec l'auteur, janvier 2022.

12. Entretien avec l'auteur, janvier 2022.

13. Aurélien Denizeau, « Mavi Vatan, la "Patrie bleue" : Origines, influence et limites d'une doctrine ambitieuse pour la Turquie », *Études de l'Ifri*, Ifri, avril 2021.

14. Matthieu Caillaud, « Qu'est-ce que la "patrie bleue" ? Une conversation avec l'idéologue de la doctrine géopolitique turque », *Le Grand Continent*, 26 octobre 2020.

15. Sener Aktürk, « Turkey's Grand Strategy as the Third Power : A Realist Proposal », *Perceptions*, autumn-winter 2020, n° 2, p. 157-158.

16. Entretien avec l'auteur, janvier 2022.

17. Aurélien Denizeau, « Les éminences grises de la politique étrangère de Recep Tayyip Erdoğan », *Éditoriaux de l'Ifri*, Ifri, février 2021.

18. Julien Lebel, « Turkish Airlines : un outil stratégique turc à l'international », *Études de l'Ifri*, Ifri, avril 2020.

19. Kouevi Nyidiiku, « Erdoğan au Togo : la Turquie creuse son sillon africain », *Le Point*, 24 octobre 2021.

20. Samim Akgönül, « La diaspora turque en Europe et son rôle politique », *Questions internationales*, n° 94, novembre-décembre 2018, p. 77.

21. Notes de l'auteur, mai 2022.

22. *Ibid.*

23. Entretien avec l'auteur, janvier 2022.

8
L'Arabie saoudite ou l'éternelle dépendance pétrolière

1. Notes de l'auteur, mai 2021.

2. Jacques Benoist-Méchin, *Ibn-Séoud ou la naissance d'un royaume*, Paris, Albin Michel, 1955, p. 9.

3. *Ibid.*, p. 250.

4. Entretien avec l'auteur, février 2022.

5. Statista.

6. Marc Hecker et Élie Tenenbaum, *La Guerre de vingt ans. Djihadisme et contre-terrorisme au XXIe siècle*, Paris, Robert Laffont, 2021, p. 20-26.

7. Cité *in* Malise Ruthven, *L'Arabie des Saoud. Wahhabisme, violence et corruption*, Paris, La Fabrique éditions, 2019, p. 226-227.

8. *Ibid.*, p. 75.

9. Ben Hubbard, *MBS. The Rise to Power of Mohammed Bin Salman*, New York, Crown, 2021, p. 44.

10. Fatiha Dazi-Héni, *Arabie saoudite. Le pari sur la jeunesse de Mohammed Bin Salman*, ministère des Armées, Irsem, étude n° 80, mai 2021, p. 102.

11. Cité *in* Ben Hubbard, *MBS. The Rise to Power of Mohammed Bin Salman*, *op. cit.*, p. 45.

12. Entretien avec l'auteur, février 2022.

13. Entretien avec l'auteur, février 2022.

14. Ghaidaa Hetou, « Saudi Arabia », *in* Thierry Balzacq, Peter Dombrowski, Simon Reich (ed.), *Comparative Grand Strategy*, *op. cit.*

15. Entretien avec l'auteur, février 2022.

16. François Frison-Roche, « Guerre au Yémen : an V », *Politique étrangère*, n° 2, 2019, p. 101.

17. Frank Tétart, « Mer rouge : un accès de plus en plus stratégique pour l'Arabie saoudite », *Questions internationales*, n° 89, janvier-février 2018, p. 94-96.

18. Cité *in* « Pourquoi Neom, la futuriste cité-État saoudienne, prend du retard », article de *The Wall Street Journal*, traduit par *L'Opinion*, 3 mai 2021.

19. Gilles Kepel, *Le Prophète et la pandémie. Du Moyen-Orient au djihadisme d'atmosphère*, Paris, Gallimard, 2021, p. 65-68.

20. Jean-Michel Bezat, « En plein crise énergétique, l'Arabie saoudite et son bras armé l'Aramco restent au centre du grand jeu pétrolier mondial », *Le Monde*, 21 mars 2022.

21. Interview d'Amin H. Nasser, P.-D.G. de Saudi Aramco, site TotalEnergies, mars 2022.

22. Cité *in* Matthieu Auzanneau, *Or noir…*, *op. cit.*, p. 563.

23. Julien Connan, « Ukraine : l'ambivalence stratégique des Émirats vis-à-vis de la Russie », *La Croix*, 3 mars 2022.

24. *Ibid.*

25. Entretien avec l'auteur, février 2022.

9
L'Iran ou la révolution permanente

1. « La seconde lettre du Guide suprême aux jeunes d'Occident », 29 novembre 2015 (site : french.khamenei.ir).

2. Bernard Hourcade, *Géopolitique de l'Iran. Les défis d'une renaissance*, Paris, Armand Colin, 2016, p. 15-17.

3. Hamit Bozarslan, *L'Anti-démocratie au XXIe siècle. Iran, Russie, Turquie*, *op. cit.*, p. 150.

4. Cité *in* Jean-François Colosimo, *Le Paradoxe persan*, Paris, Les éditions du Cerf, 2020, p. 199-200.

5. Pierre Razoux, *La Guerre Iran-Irak 1980-1988*, Paris, Perrin, 2013, p. 491.

6. *Ibid.*, p. 497-498.

7. Cité *in* Arash Azizi, *The Shadow Commander. Soleimani, the U.S., and Iran's Global Ambitions*, Londres, Oneworld Publications, 2020, p. 179.

8. Cité in *ibid.*, p. 238.

9. Dépêche AFP, 17 février 2022.

10. Entretien avec l'auteur, mars 2022.

11. Carnegie Middle East Center, « Foreign Policy and the Ayatollahs », interview avec Alex Vatanka, 8 avril 2022.

12. Gilles Kepel, *Le Prophète et la pandémie…*, *op. cit.*, p. 94.

13. Clément Therme, « La stratégie régionale de l'Iran : entre Realpolitik et révolution », *Politique étrangère*, n° 1, 2020, p. 34.

14. Dilip Hiro, *Cold War in the Islamic World. Saudi Arabia, Iran and the Struggle for Supremacy*, Londres, Hurst & Company, 2020, p. 362.

15. Cité in *Le Monde*, 3 juin 2021.

16. Clément Therme, art. cité, p. 35.

17. Formule de K. Sadjadpour citée par Matthieu Étourneau, « Le modèle de Dubaï face au centralisme d'Abou Dhabi », *Politique étrangère*, n° 2, 2021, p. 152.

18. Michel Goya, *Le Temps des Guépards. La guerre mondiale de la France de 1961 à nos jours*, Paris, Tallandier, 2022, p. 74-75.

19. Entretien avec l'auteur, octobre 2021.

20. Amin Saikal, *Iran Rising. The Survival and Future of the Islamic Republic*, Princeton University Press, 2019, p. 182.

21. Cité *in* Mohammad-Reza Djalili et Thierry Kellner, *L'Iran en 100 questions*, Paris, Tallandier, « Texto », 2022, p. 117-118.

22. Notes de l'auteur, octobre 2021.

23. Clément Therme, « Le partenariat russo-iranien. Une entente conjoncturelle aux accents sécuritaires », *Russie. Nei. Reports*, n° 37, Ifri, mars 2022.

24. Entretien avec l'auteur, octobre 2021.

25. Matthieu Étourneau et Clément Therme, « La stratégie économique de l'Iran : entre risque d'effondrement et ouverture incontrôlée », *Politique étrangère*, n° 1, 2022, p. 150-152.

26. Cité *in* Mohammad-Reza Djalili et Thierry Kellner, *L'Iran en 100 questions*, *op. cit.*, p. 389.

27. Stéphane Dudoignon, « Iran : soulèvement unifié, répression dispersée ? », *Le Grand Continent*, 27/10/2022.

28. Entretien avec l'auteur, octobre 2022.

29. Cité *in* Dilip Hiro, *Cold War in the Islamic World*, *op. cit.*, p. 397.

30. Michel Goya, *Le Temps des Guépards…*, *op. cit.*, p. 78.

Épilogue

1. Notes de l'auteur, octobre 2022.
2. Robert Frank, *La Hantise du déclin*, Paris, Belin, 2014, p. 76.
3. *Revue stratégique nationale 2022*, p. 1.
4. Élie Tenenbaum (dir.), « Confettis d'empire ou points d'appui ? L'avenir de la stratégie française de présence et de souveraineté », *Focus stratégique*, n° 94, Ifri, février 2020, p. 14.
5. Martin Briens et Thomas Gomart, « Comment préparer 2050 ? De la "prévoyance" à la "grande stratégie" », *Politique étrangère*, n° 4, 2021.
6. John Lewis Gaddis, *On Grand Strategy*, New York, Penguin Press, 2018, p. 21.
7. Thierry Balzacq, « Une grande stratégie française ? », *in* Frédéric Charillon (dir.), *La France dans le monde*, Paris, CNRS Éditions, 2021, p. 195-211.
8. Ce paragraphe reprend : Martin Briens et Thomas Gomart, art. cité.
9. Gabrielle Hecht, *Le Rayonnement de la France*, Paris, éditions Amsterdam, 2014.
10. Marino Auffant, « Oil for Atoms : The 1970s Energy Crisis and Nuclear Proliferation in the Persian Gulf », *Texas National Security Review*, Summer 2022.
11. Rafael Ramirez, « The De-Globalisation of Oil : Risks and Implications from the Politicisation of Energy Markets », *IAI Commentaries*, n° 33, 2022.
12. Thomas Gomart et Clément Tonon, « Le futur d'une ellipse. Le vain débat français de politique étrangère », *Hérodote*, n° 170, 2018.
13. Arnold Toynbee, *La Civilisation à l'épreuve*, *op. cit.*, p. 74.
14. André Beaufre, *Le Drame de 1940*, Paris, Perrin, 2020, p. 39.
15. Entretien avec l'auteur, juillet 2022.
16. Haut-Commissariat au Plan, « Reconquête de l'appareil productif : la bataille du commerce extérieur », *Ouverture*, n° 10, décembre 2021.
17. Kishore Mahbubani, *L'Occident (s')est-il perdu ?*, Paris, Fayard, 2019, p. 114-115.
18. Walter Russell Mead, « Le postulat des Américains est que ce sont les Allemands qui gèrent l'Europe », *Le Figaro*, 28 octobre 2021.
19. *Revue nationale stratégique*, novembre 2022.
20. Jérôme Fourquet et Jean-Laurent Cassely, *La France sous nos yeux*, Paris, Seuil, 2021, p. 349.
21. André Beaufre, *Le Drame de 1940*, *op. cit.*, p. 35.

Glossaire des acronymes

ABM : *Anti-Ballistic Missile,* traité signé par Moscou et Washington en 1972 relatif à la limitation des systèmes contre les missiles balistiques, il prévoit une limitation et un contrôle des armes stratégiques.
AIEA : Agence internationale de l'énergie atomique.
AKP : *Adalet ve Kalkinma Partisi* (Parti de la justice et du développement, Turquie).
APL : Armée populaire de libération (Chine).
ASEAN : Association des nations de l'Asie du Sud-Est.
AUKUS : alliance militaire entre Australie, États-Unis et Royaume-Uni.
BAII : Banque asiatique d'investissements pour les infrastructures.
BJP : *Bharatiya Janata Party.*
BND : *Bundesnachrichtendienst.*
BRI : *Belt and Road Initiative.*
BRICS : Brésil, Russie, Inde, Chine et Afrique du Sud.
BTP : bâtiment et travaux publics.
CCG : Conseil de coopération du Golfe.
CEE : Communauté économique européenne.
CEI : Communauté des États indépendants.
CEIP : *Carnegie Endowment for International Peace.*
CIA : *Central Intelligence Agency.*
CNRI : Conseil national de la résistance iranien.
CPE : Communauté politique européenne.
CPEC : *China-Pakistan Economic Corridor.*
CPTPP : *Comprehensive and Progressive Agreement for Trans-Pacific Partnership.*
DROM-COM : Départements-régions d'outre-mer (Martinique, Guadeloupe, Guyane, Réunion et Mayotte) et collectivités d'outre-mer (Wallis-et-Futuna, Polynésie française, Saint-Martin, Saint-Barthélemy et Saint-Pierre-et-Miquelon).
EAU : Émirats arabes unis.
ENR : énergies renouvelables.

FBI : *Federal Bureau of Investigation.*
FMI : Fonds monétaire international.
FSB : Service fédéral de sécurité de la Fédération de Russie, principal service de renseignement de la Russie post-soviétique.
G20 : Afrique du Sud, Allemagne, Arabie saoudite, Argentine, Australie, Brésil, Canada, Chine, Corée du Sud, États-Unis, France, Inde, Indonésie, Italie, Japon, Mexique, Royaume-Uni, Russie, Turquie et Union européenne.
G7 : États-Unis, Japon, Allemagne, France, Royaume-Uni, Canada et Italie.
GAFAMI : Google, Amazon, Facebook, Apple, Microsoft et IBM.
GES : gaz à effet de serre.
GIEC : Groupe d'experts intergouvernemental sur l'évolution du climat.
GIGN : Groupe d'intervention de la gendarmerie nationale.
Ifri : Institut français des relations internationales.
JCPoA : *Joint Comprehensive Plan of Action.*
KGB : Comité pour la sécurité de l'État, services de renseignement de l'URSS post-stalinienne.
MBS : Mohammed ben Salman.
MBZ : Mohammed ben Zayed.
MIT : Massachusetts Institute of Technology.
NIOC : National Iranian Oil Company.
OCI : Organisation de coopération islamique.
OCS : Organisation de coopération de Shanghai.
OFAC : Office of Foreign Assets Control.
OLP : Organisation de libération de la Palestine.
OMC : Organisation mondiale du commerce.
ONG : organisation non gouvernementale.
ONU : Organisation des Nations unies.
OPEP : Organisation des pays exportateurs de pétrole.
OPEP+ : Russie, Mexique, Kazakhstan, Azerbaïdjan, Bahreïn, Brunei, Malaisie, Oman, Soudan et Soudan du Sud.
OTAN : Organisation du traité de l'Atlantique Nord.
OTASE : Organisation du traité de l'Asie du Sud-Est.
PCC : Parti communiste chinois.
PCUS : Parti communiste d'Union soviétique.
PIB : produit intérieur brut.
RCEP : *Regional Comprehensive Economic Patnership.*
R&D : recherche et développement.
RFA : République fédérale d'Allemagne.
RPC : République populaire de Chine.
SACEUR : *Supreme Allied Commander Europe.*
SMP : sociétés militaires privées.
SNLE : sous-marin nucléaire lanceur d'engins.

TNP : Traité de non-prolifération.
UE : Union européenne.
UPA : Armée insurrectionnelle ukrainienne.
URSS : Union des républiques socialistes soviétiques.
ZEE : zone économique exclusive.

Bibliographie indicative

Grande stratégie, diplomatie et renseignement

Baldwin, David, *Economic Statecraft*, Princeton, Princeton University Press, 2020.

Balzacq, Thierry, Dombrowski, Peter, Reich, Simon, *Comparative Grand Strategy*, Oxford, Oxford University Press, 2019.

Bew, John, *Realpolitik. A History*, Oxford, Oxford University Press, 2016.

Biscop, Sven, *Grand Strategy in 10 Words. A Guide to Great Power Politics in the 21st Century*, Bristol, Bristol University Press, 2021.

Black, Jeremy, *Great Powers and the Quest for Hegemony. The world order since 1500*, Londres, Routledge, 2008.

Boulanger, Philippe, *La Géographie, reine des batailles*, Paris, Perrin/ministère des Armées, 2020.

Burbank, Jane, Cooper, Frederick, *Empires. De la Chine ancienne à nos jours*, Paris, Payot, 2011.

Chaliand, Gérard, *Des guérillas au reflux de l'Occident*, Paris, Passés/Composés, 2020.

Cooper, Robert, *The Ambassadors. Thinking about Diplomacy from Machiavelli to Modern Times*, Londres, Weidenfeld & Nicolson, 2021.

Coutau-Bégarie, Hervé, Motte, Martin, *Approches de la géopolitique. De l'antiquité au XXIe siècle*, Paris, Economica, 2015.

Dardot, Pierre, Laval, Christian, *Dominer. Enquête sur la souveraineté de l'État en Occident*, Paris, La Découverte, 2020.

Darwin, John, *Une histoire globale des empires. Après Tamerlan, de 1400 à nos jours*, Paris, Nouveau Monde éditions, 2020.

David, Charles-Philippe, Schmitt, Olivier, *La Guerre et la paix. Approches et enjeux de la sécurité et de la stratégie*, Paris, Presses de Sciences Po, 2020.

Gaddis, John Lewis, *On Grand Strategy*, New York, Penguin Press, 2018.

Guéhenno, Jean-Marie, *Le Premier XXIe siècle. De la globalisation à l'émiettement du monde*, Paris, Flammarion, 2021.

Hecker, Marc, Tenenbaum, Élie, *La Guerre de vingt ans. Djihadisme et contre-terrorisme au XXIe siècle*, Paris, Robert Laffont, 2021.

Heisbourg, François, *Retour de la guerre*, Paris, Odile Jacob, 2021.

Luttwak, Edward, *La Grande Stratégie de l'Empire byzantin*, Paris, Odile Jacob, 2010.
–, *La Grande Stratégie de l'Empire romain*, Paris, Economica/ISC, 2009.
Malis, Christian, *Guerre et stratégie au XXIe siècle*, Paris, Fayard, 2014.
Motte, Martin, Soutou, Georges-Henri, Lespinois, Jérôme de, Zajec, Olivier, *La Mesure de la force. Traité de stratégie de l'École de guerre*, Paris, Tallandier, 2021.
Rid, Thomas, *Active Measures. The Secret History of Disinformation and Political Warfare*, Londres, Profile Books, 2021.
Wess Mitchell, *The Grand Strategy of the Habsburg Empire*, Princeton, Princeton University Press, 2018.

Questions environnementales et sanitaires

Bonneuil, Christophe, Fressoz, Jean-Baptiste, *L'Événement Anthropocène. La Terre, l'histoire et nous*, Paris, Seuil, 2016.
Buéno, Antoine, *L'effondrement (du monde) n'aura (probablement) pas lieu*, Paris, Flammarion, 2022.
Charentenay, Pierre de, *Face à la crise climatique*, Marseille, Publications Chemins de dialogue, 2020.
Cormier, Cyrille, *Climat, la démission permanente*, Paris, Les éditions Utopia, 2020.
Coutansais, Cyrille, *La (re)localisation du monde*, Paris, CNRS Éditions, 2021.
Durieux, Bruno, *Contre l'écologisme. Pour une croissance au service de l'environnement*, Paris, Éditions de Fallois, 2019.
Fressoz, Jean-Baptiste, *L'Apocalypse joyeuse. Une histoire du risque technologique*, Paris, Seuil, 2020.
Gates, Bill, *Climat : comment éviter un désastre*, Paris, Flammarion, 2021.
Gemenne, François, *Géopolitique du climat. Les relations internationales dans un monde en surchauffe*, Paris, Armand Colin, 2021.
Jarrige, François, Le Roux, Thomas, *La Contamination du monde. Une histoire des pollutions à l'âge industriel*, Paris, Seuil, 2017.
Regaud, Nicolas, Alex, Bastien, Gemenne, François, *La Guerre chaude. Enjeux stratégiques du changement climatique*, Paris, Presses de Sciences Po, 2022.
Ricard Lanata, Xavier, *Demain la planète. Quatre scénarios de déglobalisation*, Paris, PUF, 2021.
–, *La Tropicalisation du monde*, Paris, PUF, 2019.
Rich, Nathaniel, *Perdre la terre. Une histoire de notre temps*, Paris, Seuil, 2019.
Testot, Laurent, *Cataclysmes. Une histoire environnementale de l'humanité*, Paris, Payot, 2017.
Testot, Laurent, Aillet, Laurent (dir.), *Collapsus. Changer ou disparaître ? Le vrai bilan sur notre planète*, Paris, Albin Michel, 2020.
Tooze, Adam, *L'Arrêt. Comment le Covid a ébranlé l'économie mondiale*, Paris, Les Belles Lettres, 2022.
Valantin, Jean-Michel, *Géopolitique d'une planète déréglée. Le choc de l'Anthropocène*, Paris, Seuil, 2017.

–, *L'Aigle, le dragon et la crise planétaire*, Paris, Seuil, 2020.
Veltz, Pierre, *L'Économie désirable. Sortir du monde thermo-fossile*, Paris, Seuil, 2021.

Questions économiques et technologiques

Bernier, Aurélien, *L'Urgence de relocaliser. Pour sortir du libre-échange et du nationalisme économique*, Paris, Les éditions Utopia, 2021.
Dumoulin, Sébastien, *La Guerre mondiale des ondes. Le roman d'espionnage de la 5G*, Paris, Tallandier, 2021.
Durand, Cédric, *Techno-féodalisme. Critique de l'économie numérique*, Paris, La Découverte, 2020.
Galeotti, Mark, *The Weaponisation of Everything. A Field Guide to the New Way of War*, New Haven, Yale University Press, 2022.
Giovachini, Laurent, *Les Nouveaux Chemins de la croissance. Comment l'industrie de la connaissance va façonner le monde*, Paris, Dunod, 2021.
Goldstein, Guy-Philippe, *Cyberdéfense et cyberpuissance au XXI*e *siècle*, Paris, Balland, 2020.
Kurlantzick, Joshua, *State Capitalism. How the Return of Statism Is Transforming the World*, Oxford, Oxford University Press, 2016.
Leonard, Mark, *The Age of Unpeace. How Connectivity Causes Conflict*, Londres, Penguin, 2022.
Lévêque, François, *Les Entreprises hyper-puissantes. Géants et Titans, la fin du modèle global ?*, Paris, Odile Jacob, 2021.
Miller, Chris, *ChipWar. The Fight for the World's most critical Technology*, New York, Scribner, 2022.
Mulder, Nicholas, *The Economic Weapon. The Rise of Sanctions as a Tool of Modern War*, New Haven, Yale University Press, 2022.
Red Team, *Ces guerres qui nous attendent. 2030-2060*, Paris, Équateurs/PSL, 2022.
Reich, Robert, *The Work of Nations. Preparing Ourselves for 21st Century Capitalism*, New York, Alfred A. Knopf, 1991.
West, Darrell, Allen, John, *Turning Point. Policymaking in the Era of Artificial Intelligence*, Washington, Brookings Institution Press, 2020.
Wu, Tim, *The Curse of Bigness. How Corporate Giants Came to Rule the World*, Londres, Atlantic Books, 2022.
Zarate, Juan, *Treasury's War. The Unleashing of a New Era of Financial Warfare*, New York, Public Affairs, 2013.

Questions énergétiques

Lewandowski, Cédric, *Le Nucléaire*, Paris, PUF, 2021.
Mathis, Charles-François, *La Civilisation du charbon*, Paris, Éditions Vendémiaire, 2021.
Pétriat, Philippe, *Aux pays de l'or noir. Une histoire arabe du pétrole*, Paris, Gallimard, 2021.

Tellenne, Cédric, *Géopolitique des énergies*, Paris, La Découverte, 2021.
Thompson, Helen, *Disorder. Hard Times in the 21st Century*, Oxford, Oxford University Press, 2022.
Yergin, Daniel, *The New Map. Energy, Climate, and the Clash of Nations*, Londres, Allen Lane, 2020.

Questions maritimes et navales

Ackerman, Elliot, Stavridis, James, *2034*, Paris, Gallmeister, 2022.
Calafat, Guillaume, *Une mer jalousée. Contribution à l'histoire de la souveraineté (Méditerranée, XVIIe siècle)*, Paris, Seuil, 2019.
Campling, Liam, Colas, Alejandro, *Capitalism and the Sea. The Maritime Factor in the Making of the Modern World*, Londres, Verso, 2021.
Guillerm, Alain, *Fortifications et marine en Occident. La pierre et le vent*, Paris, L'Harmattan, 1994.
Jones, Bruce, *To Rule the Waves. How control of the world's oceans shapes the fate of the superpowers*, New York, Scribner, 2021.
Lambert, Andrew, *Seapower States. Maritime Culture, Continental Empires and the Conflict that Made the Modern World*, New Haven, Yale University Press, 2019.
Masson, Philippe, *La Puissance maritime et navale au XXe siècle*, Paris, Perrin, 2002.
–, *De la mer et de sa stratégie*, Paris, Tallandier, 1986.
Monaque, Rémi, *Une histoire de la marine de guerre française*, Paris, Perrin, 2016.
Motte, Martin, *Une éducation géostratégique. La pensée navale française de la jeune école à 1914*, Paris, Economica, 2004.
Symonds, Craig, *Histoire navale de la Seconde Guerre mondiale*, Paris, Perrin/ministère des Armées, 2020.
Urbina, Ian, *La Jungle des océans. Enquête sur la dernière frontière sauvage*, Paris, Payot, 2019, rééd. 2021.
Vercel, Roger, *Visages de corsaires*, Paris, Albin Michel, 1996.

Questions militaires, aériennes et spatiales

Brustlein, Corentin, Durand, Étienne de, Tenenbaum, Élie, *La Suprématie aérienne en péril. Menaces et contre-stratégies à l'horizon 2030*, Paris, La Documentation française, 2014.
Kennedy, Paul, *Le Grand Tournant. Pourquoi les Alliés ont gagné la guerre 1943-1945*, Paris, Perrin, 2015.
Pasco, Xavier, *Le Nouvel Âge spatial. De la guerre froide au* New Space, Paris, CNRS Éditions, 2017.
Pelopidas, Benoît, *Repenser les choix nucléaires*, Paris, Presses de Sciences Po, 2022.
Roche, Nicolas, *Pourquoi la dissuasion*, Paris, PUF, 2017.
Vandier, Pierre, *La Dissuasion au troisième âge nucléaire*, Paris, Éditions du Rocher, 2018.

Questions politiques, culturelles et intellectuelles

Chapoutot, Johann, *Le Grand Récit. Introduction à l'histoire de notre temps*, Paris, PUF, 2021.

Delsol, Chantal, *Le Crépuscule de l'universel. L'Occident postmoderne et ses adversaires, un conflit mondial des paradigmes*, Paris, Les éditions du Cerf, 2020.

Duclos, Michel (dir.), *Le Monde des nouveaux autoritaires*, Paris, L'Observatoire, 2019.

Lau, Astrid du, *Quand l'irrationnel souffle sur le monde*, Villiers-Saint-Josse, HDiffusion, 2020.

Lequesne, Christian (dir.), *La Puissance par l'image. Les États et leur diplomatie publique*, Paris, Presses de Sciences Po, 2021.

Obadia, Nathalie, *Géopolitique de l'art contemporain. Une remise en cause de l'hégémonie américaine ?*, Paris, Le Cavalier bleu, 2019.

Rist, Gilbert, *Le Développement. Histoire d'une croyance occidentale*, Paris, Presses de Sciences Po, 2013.

Roberts, Anthea, Lamp, Nicolas, *Six Faces of Globalization. Who Wins, Who Loses, and Why It Matters*, Cambridge, Harvard University Press, 2021.

Slobodian, Quinn, *Les Globalistes. Une histoire intellectuelle du néolibéralisme*, Paris, Seuil, 2022.

Winder, Robert, *Soft Power. The New Great Game*, Londres, Abacus, 2021.

Questions religieuses

Birnbaum, Jean, *La Religion des faibles. Ce que le djihadisme dit de nous*, Paris, Seuil, 2018.

–, *Un silence religieux. La gauche face au djihadisme*, Paris, Seuil, 2016.

Chélini-Pont, Blandine, Dubertrand, Roland, Zuber, Valentine, *Géopolitique des religions. Un nouveau rôle du religieux dans les relations internationales ?*, Paris, Le Cavalier bleu, 2019.

Chouet, Alain, *Sept pas vers l'enfer. Séparatisme islamiste : les désarrois d'un officier de renseignement*, Paris, Flammarion, 2022.

Crouzet, Denis, Le Gall, Jean-Marie, *Au péril des guerres de religion. Réflexions de deux historiens sur notre temps*, Paris, PUF, 2015.

Cuchet, Guillaume, *Le catholicisme a-t-il encore de l'avenir en France ?*, Paris, Seuil, 2021.

–, *Comment notre monde a cessé d'être chrétien. Anatomie d'un effondrement*, Paris, Seuil, 2018.

Lacorne, Denis, Vaïsse, Justin, Willaime, Jean-Paul (dir.), *La Diplomatie au défi des religions. Tensions, guerres, médiations*, Paris, Odile Jacob, 2014.

Larroque, Anne-Clémentine, *Géopolitique des islamismes*, Paris, PUF, 2021.

Pitte, Jean-Robert, *La Planète catholique. Une géographie culturelle*, Paris, Tallandier, 2020.

Vermeren, Pierre, *La France en terre d'islam. Empire colonial et religions XIXe-XXe siècles*, Paris, Tallandier, 2020.

Approches globales et régionales

Baczko, Adam, Dorronsoro, Gilles, Quesnay, Arthur, *Syrie. Anatomie d'une guerre civile*, Paris, CNRS Éditions, 2020.

Badel, Laurence, *Diplomaties européennes XIXe-XXIe siècle*, Paris, Presses de Sciences Po, 2021.

Barr, James, *Une ligne dans le sable. Le conflit franco-britannique qui façonna le Moyen-Orient*, Paris, Perrin/ministère de la Défense, 2017.

Benoist-Méchin, Jacques, *Ukraine, le fantôme de l'Europe*, Paris, Éditions du Rocher/Valmonde, 1991.

Bernard, Nicolas, *La Guerre du Pacifique, 1941-1945*, Paris, Tallandier, 2016.

Bouquet, Olivier, Pétriat, Philippe, Vermeren, Pierre, *Histoire du Moyen-Orient de l'Empire ottoman à nos jours*, Paris, Publications de la Sorbonne, 2016.

Bürbaumer, Benjamin, *Le Souverain et le marché. Théories contemporaines de l'impérialisme*, Paris, Éditions Amsterdam, 2020.

Dorronsoro, Gilles, *Le Gouvernement transnational de l'Afghanistan. Une si prévisible défaite*, Paris, Karthala, 2021.

Frémeaux, Jacques, *La Question d'Orient*, Paris, Fayard, 2014.

Gildea, Robert, *L'Esprit impérial. Passé colonial et politiques du présent*, Paris, Passés/Composés, 2020.

Hansen, Peo, Jonsson, Stefan, *Eurafrique. Aux origines coloniales de l'Union européenne*, Paris, La Découverte, 2022.

Hiro, Dilip, *Cold War in the Islamic World. Saudi Arabia, Iran and the Struggle for Supremacy*, Londres, Hurst & Company, 2020.

Kaplan, Michel, *Pourquoi Byzance ? Un empire de onze siècles*, Paris, Gallimard, 2016.

Kepel, Gilles, *Le Prophète et la pandémie. Du Moyen-Orient au djihadisme d'atmosphère*, Paris, Gallimard, 2021.

–, *Sortir du chaos. Les crises en Méditerranée et au Moyen-Orient*, Paris, Gallimard, 2018.

Khanna, Parag, *The Future is Asian*, New York, Simon & Schuster, 2019.

Luizard, Pierre-Jean, *Les Racines du chaos. Irak, Syrie, Liban, Yémen, Libye. Cinq États arabes en faillite*, Paris, Tallandier, 2022.

Mankoff, Jeffrey, *Empires of Eurasia. How Imperial Legacies Shape International Security*, New Haven, Yale University Press, 2022.

McRae, Hamish, *The World in 2050. How to Think About the Future*, Londres, Bloomsbury Publishing, 2022.

Soutou, Georges-Henri, *Europa ! Les projets européens de l'Allemagne nazie et de l'Italie fasciste*, Paris, Tallandier, 2021.

Specter, Matthew, *The Atlantic Realists. Empire and International Political Thought between Germany and the United States*, Stanford, Stanford University Press, 2022.

Thépaut, Charles, *Le Monde arabe en morceaux. Des printemps arabes au recul américain*, Paris, Armand Colin, 2020.

Warlouzet, Laurent, *Europe contre Europe. Entre liberté, solidarité et puissance*, Paris, CNRS Éditions, 2022.

Allemagne

Bismarck, Otto von, *Mémoires*, édition présentée et annotée par Jean Paul Bled, Paris, Perrin, 2021.

Brézet, François-Emmanuel, *Hitler et la mer*, Paris, Perrin, 2019.

Clark, Christopher, *Histoire de la Prusse*, Paris, Perrin, 2014.

Husson, Édouard, *Paris-Berlin : la survie de l'Europe*, Paris, Gallimard, 2019.

Korinman, Michel, *Quand l'Allemagne pensait le monde. Grandeur et décadence d'une géopolitique*, Paris, Fayard, 1990.

Kundnani, Hans, *The Paradox of German Power*, Londres, Hurst & Company, 2014.

MacGregor, Neil, *Memories of a Nation*, Londres, Penguin Books, 2016.

Simms, Brendan, *Hitler. Le monde sinon rien*, Paris, Flammarion, 2021.

Tooze, Adam, *Le Salaire de la destruction. Formation et ruine de l'économie nazie*, Paris, Perrin, 2016.

Arabie saoudite

Benoist-Méchin, Jacques, *Ibn-Séoud ou la naissance d'un royaume*, Paris, Albin Michel, 1955.

Conesa, Pierre, *Dr. Saoud et Mr. Djihad. La diplomatie religieuse de l'Arabie saoudite*, Paris, Robert Laffont, 2016.

Davidson, Christopher, *From Sheikhs to Sultanism. Statecraft and Authority in Saudi Arabia and the UAE*, Londres, Hurst & Company, 2021.

Dazi-Héni, Fatiha, *L'Arabie saoudite en 100 questions*, Paris, Tallandier, 2020.

Hourani, Albert, *Histoire des peuples arabes*, Paris, Seuil, 1993.

Hubbard, Ben, *MBS. The Rise to Power of Mohammed bin Salman*, New York, Crown, 2021.

Mouline, Nabil, *Le Califat. Histoire politique de l'islam*, Paris, Flammarion, 2016.

Ockrent, Christine, *Le Prince mystère de l'Arabie. Mohammed ben Salman, les mirages d'un pouvoir absolu*, Paris, Robert Laffont, 2018.

Riedel, Bruce, *Kings and Presidents. Saudi Arabia and the United States since FDR*, Washington, Brookings Institution, 2018.

Ruthven, Malise, *L'Arabie des Saoud. Wahhabisme, violence et corruption*, Paris, La Fabrique éditions, 2019.

Chine

Cabestan, Jean-Pierre, *Demain la Chine : guerre ou paix ?*, Paris, Gallimard, 2021.

Doshi, Rush, *The Long Game. China's Grand Strategy to Displace American Order*, New York, Oxford University Press, 2021.

Ekman, Alice, *Rouge vif. L'idéal communiste chinois*, Paris, Éditions de l'Observatoire, 2020.

Ekman, Alice (dir.), *La Chine dans le monde*, Paris, CNRS Éditions, 2018.

Gipouloux, François, *Commerce, Argent, Pouvoir. L'impossible avènement du capitalisme en Chine XVIe-XIXe siècle*, Paris, CNRS Éditions, 2022.
Khan, Sulmann Wasif, *Haunted by Chaos. China's Grand Strategy from Mao Zedong to Xi Jinping*, Cambridge, Harvard University Press, 2018.
Li, Yifei, Shapiro, Judith, *China Goes Green. Coercive Environmentalism for a Troubled Planet*, Cambridge, Polity Press, 2020.
Lincot, Emmanuel, Véron, Emmanuel, *La Chine face au monde : une puissance résistible*, Paris, Capit Muscas Éditions, 2021.
Luttwak, Edward, *The Rise of China vs. The Logic of Strategy*, Cambridge, Harvard University Press, 2012.
Mabille, Victor, Neveu, Arthur, *Demain, la Chine ouverte ?*, Paris, Les Docs de la Fabrique, Presses des Mines, 2021.
Mahbubani, Kishore, *Has China Won ? The Chinese Challenge to American Primacy*, New York, Public Affairs, 2020.
Mao, stratège révolutionnaire, textes choisis et présentés par Gérard Chaliand, Paris, Pocket, 2019.
Meyer, Claude, *Le Renouveau éclatant du spirituel en Chine. Renaissance des religions, répression du Parti*, Paris, Bayard, 2021.
Niquet, Valérie, *Taïwan face à la Chine. Vers la guerre ?*, Paris, Tallandier, 2022.
Scobell, Andrew *et al.*, *China's Grand Strategy*, Santa Monica, Rand Corporation, 2020.
Small, Andrew, *The China-Pakistan Axis. Asia's New Geopolitics*, Londres, Hurst & Company, 2020.
Weber, Isabella, *How China Escaped Shock Therapy. The Market Reform Debate*, Londres, Routledge, 2021.
Xuetong, Yan, *Leadership and the Rise of Great Powers*, Princeton, Princeton University Press, 2019.

États-Unis

Ahmed, Salman, Engel, Rozlyn (dir.), *Making U.S. Foreign Policy Work Better for the Middle Class*, Washington, Carnegie Endowment for International Peace, 2020.
Colby, Elbridge, *The Strategy of Denial. American Defense in an Age of Great Power Conflict*, New Haven, Yale University Press, 2021.
Kandel, Maya, *Les États-Unis et le monde de George Washington à Donald Trump*, Paris, Perrin, 2018.
Kapstein, Ethan, *Exporting Capitalism. Private Enterprise and US Foreign Policy*, Londres, Harvard University Press, 2022.
National Intelligence Council, *Global Trends 2040. A More Contested World*, March 2021.
Posen, Barry, *Restraint. A New Foundation for U. S. Grand Strategy*, Ithaca, Cornell University Press, 2014.
Schmidt, Éric, Cohen, Jared, *The New Digital Age. Reshaping the Future of People, Nations and Business*, New York, Alfred A. Knopf, 2013.

Steil, Benn, *Le Plan Marshall à l'aube de la guerre froide*, Paris, Les Belles Lettres, 2020.

Zoellick, Robert, *America in the World. A History of U.S. Diplomacy and Foreign Policy*, New York, Twelve, 2021.

France

Amable, Bruno, *La Résistible Ascension du néolibéralisme. Modernisation capitaliste et crise politique en France (1980-2020)*, Paris, La Découverte, 2021.

Anceau, Éric, *Les Élites françaises. Des Lumières au grand confinement*, Paris, Passés/Composés, 2020.

Badie, Bertrand, Vidal, Dominique (dir.), *La France, une puissance contrariée*, Paris, La Découverte, 2021.

Charillon, Fédéric (dir.), *La France dans le monde*, Paris, CNRS Éditions, 2021.

Chivvis, Christopher, *The French War on Al Qa'ida in Africa*, New York, Cambridge University Press, 2016.

Coutansais, Cyrille, *L'Empire des mers. Atlas historique de la France maritime*, Paris, CNRS Éditions/musée national de la Marine, 2022.

Deluermoz, Quentin (dir.), *D'ici et ailleurs. Histoires globales de la France contemporaine*, Paris, La Découverte, 2021.

Endeweld, Marc, *L'Emprise. La France sous influence*, Paris, Seuil, 2022.

Fayol, Clément, *Ces Français au service de l'étranger*, Paris, Plon, 2020.

Fernandez, Julian, Jeangène Vilmer, Jean-Baptiste, *Les Opérations extérieures de la France*, Paris, CNRS Éditions, 2020.

Fourquet, Jérôme, Cassely, Jean-Laurent, *La France sous nos yeux. Économie, paysages, nouveaux modes de vie*, Paris, Seuil, 2021.

Garnier, Emmanuel, *L'Empire des sables. La France au Sahel 1860-1960*, Paris, Perrin, 2018.

Gouttman, Alain, *La Grande Défaite 1870-1871*, Paris, Perrin, 2015.

Goya, Michel, *Le Temps des Guépards. La guerre mondiale de la France. De 1961 à nos jours*, Paris, Tallandier, 2022.

Hecht, Gabrielle, *Le Rayonnement de la France. Énergie nucléaire et identité nationale après la Seconde Guerre mondiale*, Paris, Éditions Amsterdam, 2014.

Larosière, Jacques de, *40 ans d'égarements économiques. Quelques idées pour en sortir*, Paris, Odile Jacob, 2021.

Lorot, Pascal, *La France dans le grand jeu mondial. Pour un nouveau leadership*, Paris, Hermann, 2022.

Maigret, Bruno, *Opération Poker. Au cœur de la dissuasion nucléaire française*, Paris, Tallandier, 2021.

Montferrand, Bernard de, *Vergennes. La gloire de Louis XVI*, Paris, Tallandier, 2017.

Neiberg, Michael, *When France Fell. The Vichy Crisis and the Fate of the Anglo-American Alliance*, Cambridge, Harvard University Press, 2021.

Noiriel, Gérard, *Une histoire populaire de la France. De la guerre de Cent Ans à nos jours*, Marseille, Agone, 2019.

Soutou, Georges-Henri, *La Guerre froide de la France, 1941-1990*, Paris, Tallandier, 2018.

Todd, David, *Un empire de velours. L'impérialisme informel français au XIXe siècle*, Paris, La Découverte, 2022.

Villiers, Patrick, *La France sur mer. De Louis XIII à Napoléon Ier*, Paris, Fayard, « Pluriel », 2015.

Inde

Boquérat, Gilles, *L'Inde d'aujourd'hui en 100 questions*, Paris, Tallandier, 2021.

Grare, Frédéric, *India Tuns East. International Engagement and US-China Rivalry*, Londres, Hurst & Company, 2016.

Jaffrelot, Christophe, *L'Inde de Modi. National-populisme et démocratie ethnique*, Paris, Fayard/Ceri, 2019.

Jaishankar, Subrahmanyam, *The India Way : Strategies for an Uncertain World*, HarperCollins Publishers India, 2020.

Madan, Tanvi, *Fateful Triangle. How China Shaped US-India Relations during the Cold War*, Washington, Brookings Institution Press, 2020.

Markovits, Claude, *India and the World. A History of Connections, c. 1750-2000*, Cambridge, Cambridge University Press, 2021.

Menon, Shivshankar, *India and Asian Geopolitics. The Past, Present*, Washington, Brookings Institution Press, 2021.

–, *Choices. Inside the Making of India's Foreign Policy*, Washington, Brookings Institution Press, 2016.

Iran

Azizi, Arash, *The Shadow Commander. Soleimani, The U.S., and Iran's Global Ambitions*, Londres, Oneworld Publications, 2020.

Colosimo, Jean-François, *Le Paradoxe persan*, Paris, Fayard, 2009, rééd. 2020.

Daher, Aurélie, *Le Hezbollah. Mobilisation et pouvoir*, Paris, PUF, 2014.

Djalili, Mohammad-Reza, Kellner, Thierry, *L'Iran en 100 questions*, Paris, Tallandier, « Texto », 2022.

Dudoignon, Stéphane, *Les Gardiens de la révolution islamique d'Iran. Sociologie politique d'une milice d'État*, Paris, CNRS Éditions, 2022.

Hourcade, Bernard, *Géopolitique de l'Iran. Les défis d'une renaissance*, Paris, Armand Colin, 2016.

Razoux, Pierre, *La Guerre Iran-Irak 1980-1988*, Paris, Perrin, 2013.

Saikal, Amin, *Iran Rising. The Survival and Future of the Islamic Republic*, Princeton, Princeton University Press, 2019.

Therme, Clément (dir.), *L'Iran et ses rivaux. Entre nation et révolution*, Paris, Passés/Composés, 2020.

Royaume-Uni

Barr, James, *Lords of the Desert. Britain's Struggle with America to Dominate the Middle East*, Londres, Simon & Schuster, 2018.

Bermann, Sylvie, *Goodbye Britannia. Le Royaume-Uni au défi du Brexit*, Paris, Stock, 2021.

Cottret, Bernard, *Histoire de l'Angleterre*, Paris, Tallandier, « Texto », 2019.

Dalrymple, William, *Anarchie. L'implacable ascension de l'East India Company*, Lausanne, Les Éditions Noir sur Blanc, 2021.

Edgerton, David, *The Rise and Fall of the British Nation. A Twentieth-century History*, Londres, Penguin Books, 2019.

Ferguson, Niall, *Empire. How Britain Made the Modern World*, Londres, Penguin Books, 2004.

Hill, Christopher, *The Future of British Foreign Policy. Security and Diplomacy in a World after Brexit*, Cambridge, Polity, 2019.

Lescœur, Bruno, « La politique énergétique du Royaume-Uni. Un point de vue », Ifri, *Études de l'Ifri*, février 2017.

Lovell, Julia, *La Guerre de l'opium. 1839-1842*, Paris, Buchet-Chastel, 2017.

Marriott, James, Macalister, Terry, *Crude Britannia. How Oil Shaped a Nation*, Londres, Pluto Press, 2021.

Niblett, Robin, *Global Britain in a divided world. Testing the ambitions of the Integrated Review*, Chatham House, Research Paper, Director's Office, March 2022.

–, *Global Britain, global broker. A blueprint for the UK's future international role*, Chatham House, Research Paper, Europe Programme, January 2021.

Global Britain in a competitive age. The Integrated Review of Security, Defence, Development and Foreign Policy, March 2021.

Rondeau, Benoît, *Le Soldat britannique. Le vainqueur oublié de la Seconde Guerre mondiale*, Paris, Perrin, 2021.

Stephens, Philip, *Britain Alone. The Path from Suez to Brexit*, Londres, Faber, 2021.

Thiériot, Jean-Louis, *Margaret Thatcher. De l'épicerie à la Chambre des lords*, Paris, Perrin, 2011.

Russie

Belton, Catherine, *Putin's People. How the KGB Took Back Russia and Then Took on the West*, Londres, William Collins, 2020.

Colin Lebedev, Anna, *Jamais frères ? Russie-Ukraine, une tragédie post-soviétique*, Paris, Seuil, 2022.

Colosimo, Jean-François, *L'Apocalypse russe. Dieu au pays de Dostoïevski*, Paris, Fayard, 2008, rééd. 2021.

Dullin, Sabine, *L'Ironie du destin. Une histoire des Russes et de leur empire (1853-1991)*, Paris, Payot, 2021.

Foucher, Michel, *Ukraine-Russie. La carte mentale du duel*, Paris, Gallimard, « Tracts », 2022.

Galeotti, Mark, *Brève Histoire de la Russie. Comment le plus grand pays du monde s'est inventé*, Paris, Flammarion, 2021.

Gustafson, Thane, *Klimat. Russia in the Age of Climate Change*, Cambridge, Harvard University Press, 2021.

Heller, Michel, *Histoire de la Russie et de son empire*, Paris, Flammarion, 1999.

Hoesli, Éric, *L'Épopée sibérienne. La Russie à la conquête de la Sibérie et du Grand Nord*, Genève-Paris, Éditions des Syrtes/Éditions Paulsen, 2018.

–, *À la conquête du Caucase. Épopée géopolitique et guerres d'influence*, Genève, Éditions des Syrtes, 2006, rééd. 2018.

Laruelle, Marlène, *La Quête d'une identité impériale. Le néo-eurasisme dans la Russie contemporaine*, Paris, Éditions Pétra, 2007.

LeDonne, John, *The Grand Strategy of the Russian Empire, 1650-1831*, Oxford, Oxford University Press, 2004.

Lieven, Dominic, *La Fin de l'empire des Tsars. Vers la Première Guerre mondiale et la révolution*, Genève, Éditions des Syrtes, 2015.

–, *Empire. The Russian Empire and Its Rivals*, Londres, Pimlico, 2003.

Lo, Bobo, *Russia and the New World Order*, Washington, Brookings Institution Press, 2015.

Lopez, Jean, Otkhmezuri, Lasha, *Les Maréchaux de Staline*, Paris, Perrin, 2021.

Mandeville, Laure, *La Reconquête russe*, Paris, Grasset, 2008.

Miller, Chris, *The Struggle to Save the Soviet Economy*, Chapel Hill, The University of North Carolina Press, 2016.

Monaghan, Andrew (éd.), *Russian Grand Strategy in the Era of Global Power Competition*, Manchester, Manchester University Press, 2022.

Plokhy, Serhii, *Lost Kingdom. A History of Russian Nationalism from Ivan the Great to Vladimir Putin*, Londres, Penguin, 2018.

Primakov, Evgueni, *Le Monde sans la Russie ? À quoi conduit la myopie politique*, Paris, Economica, 2009.

Teurtrie, David, *Russie. Le retour de la puissance*, Paris, Armand Colin, 2021.

Thom, Françoise, *Comprendre le poutinisme*, Paris, Desclée de Brouwer, 2018.

Werth, Nicolas, *Poutine historien en chef*, Paris, Gallimard, « Tracts », 2022.

Turquie

Bozarslan, Hamit, *Histoire de la Turquie. De l'Empire à nos jours*, Paris, Tallandier, 2015.

Cagaptay, Soner, *Erdoğan's Empire. Turkey and the Politics of the Middle East*, Londres, I. B. Tauris, 2021.

Colosimo, Jean-François, *Le Sabre et le turban. Jusqu'où ira la Turquie ?*, Paris, Les éditions du Cerf, 2020.

Denizeau, Aurélien, « Mavi Vatan, la "Patrie bleue" : Origines, influence et limites d'une doctrine ambitieuse pour la Turquie », *Études de l'Ifri*, Ifri, avril 2021.

BIBLIOGRAPHIE INDICATIVE

Lebel, Julien, « Turkish Airlines : un outil stratégique turc à l'international », *Études de l'Ifri*, Ifri, avril 2020.

Monnier, Fabrice, *Atatürk. Naissance de la Turquie moderne*, Paris, CNRS Éditions, 2017.

Perrier, Guillaume, *Dans la tête de Recep Tayyip Erdoğan*, Paris, Actes Sud, 2018.

Schmid, Dorothée, *La Turquie en 100 questions*, Paris, Tallandier, 2017.

Index des noms de personnes

Table des cartes

Table

Certifié PEFC

Ce produit est issu de forêts gérées durablement et de sources contrôlées.

PEFC 10-31-1510

pefc-france.org

Achevé d'imprimer par
Corlet Imprimeur
14110 Condé-en-Normandie

Réalisation : Nord Compo à Villeneuve-d'Ascq
Dépôt légal : janvier 2023
ISBN : 979-10-210-5611-4
Numéro d'édition : 4856-1
Numéro d'impression : 23040087
Imprimé en France